ENTRE JESUS E A ESPADA

De Aldo
P/ Mamãe com amor
23/12/2012

ENTRE JESUS E A ESPADA

Psicografia de
CHRISTINA NUNES
Pelo espírito
CAIO FÁBIO QUINTO

LÚMEN
EDITORIAL

Entre Jesus e a Espada
pelo espírito *Caio Fábio Quinto*
psicografia de *Christina Nunes*

1ª edição – agosto de 2008

Direção editorial: *Celso Maiellari*
Preparação de originais: *Alessandra Miranda de Sá*
Diagramação: *Tatiana Yamada / Casa de Idéias*
Arte da Capa: *Daniel Rampazzo / Casa de Idéias*
Impressão e acabamento: *Bartira Gráfica*

Dados Internacionais de Catalogação na Publicação (CIP)
(Câmara Brasileira do Livro, SP, Brasil)

Quinto, Caio Fábio (Espírito).
Entre Jesus e a Espada / pelo espírito Caio Fábio Quinto ; psicografia de Christina Nunes. — São Paulo : Lúmen, 2008.

1. Espiritismo 2. Psicografia 3. Romance espírita
I. Nunes, Christina. II. Título.

08-07112 CDD-133.9

Índices para catálogo sistemático:
1. Romance espírita : Espiritismo 133.9

LÚMEN EDITORIAL

Rua Espírita, 64
São Paulo - SP
CEP 01527-040
Tel/Fax (0xx11) 3207-1353

visite nosso site: www.lumeneditorial.com.br
fale com a Lúmen: atendimento@lumeneditorial.com.br
departamento de vendas: comercial@lumeneditorial.com.br
contato editorial: editorial@lumeneditorial.com.br

Apresentação

NASCER E RENASCER

Por quanto tempo inda estarei a tua espera,
e a dor atroz que o coração me dilacera,
serão estrofes de saudades nestas liras?
Por que me perco pelas dobras do infinito,
vagando ao léu por tantas vidas, qual proscrito,
a renascer por entre amores de mentiras?

Às vezes penso que o amor não mais existe,
que é fantasia dum poeta insano e triste
que chora rimas pelas noites consteladas!
É quando a angústia dentro d'alma se me adentra,
estrangulando o coração em dor sangrenta,
nesta saudade de almas gêmeas separadas!

Procuro, em vão, pelas estrelas nosso amor
que se perdeu nos escaninhos desta dor,

em longa espera neste céu sem dimensão!
Mas na certeza de seguir no rumo norte,
buscando a vida que se segue após a morte,
eu te acompanho nos teus versos de emoção!

Então eu sinto que este amor existe sim,
é doce sina que do berço habita em mim,
é força estranha que carrego de outra esfera!
E fito o céu a reluzir em negro e prata
a me envolver na luz azul que te retrata
emoldurando de ternura esta quimera!

Nelson de Medeiros
Publicado no Recanto das Letras em 02/05/2005

Sumário

Introdução

Mergulhados na matéria, amesquinhamos a potencialidade de toda a jornada. Aprisionamo-nos nos torvelinhos estanques do ressentimento ressequido, jungidos a um passado que não mais viceja e não mais aproveita; avistamos, apenas, os calores extenuantes, embora transitórios, da reta, ignorando o frescor da ressurreição do ânimo na curva mais adiante; confiamos no fatalismo cego e irrefletido do pouco que alcançam os nossos sentidos, abstraídos da verdade absoluta de que todo o sentido real da vida hodierna repousa em princípios e leis regentes da existência absolutamente imensuráveis, pelo aparelhamento moderno, em toda a sua extensão.

Por trás das paisagens diárias, todo um infinito de paisagens estonteantes; para além dos picos das cordilheiras ensolaradas nos céus do poente, novos céus reverberam cores desconhecidas na renovação contínua dos dias terrenos; de entremeio ao universo visível, vida esfervilhante no Universo invisível à percepção física — infinito, incomparavelmente maior —, transmutando nossas experiências materiais em meros minutos, e nossas preocupações de momento, quase num nada perante a revolução constante dos movimentos que tudo transformam, imperceptivelmente para os que ainda não abriram, suficientemente, os "olhos de ver".

Por trás do homem-matéria, um outro homem: insuspeitado, ignorado, e praticamente desconsiderado pelos atropelos hipnóticos da vivência carnal — o homem real, acima e a despeito de tudo. O homem verdadeiro; o homem adormecido!

Só este sobreviverá à passagem inexorável dos séculos. Só este, um dia, depurado pelas experiências ríspidas, porém benéficas como o remédio amargo e eficaz, olhará para trás, para o rastro vertiginoso da sua evolução nas dobras insondáveis dos tempos — e talvez que rirá de si mesmo por, em alguma época obscura, ter se desconhecido e ignorado, bendizendo, enfim, toda a excelsitude da eternidade que lhe estava reservada desde sempre, como herança, no imo de suas mais insuspeitadas e adormecidas atribuições divinas.

A presente obra fala-nos de um desses estacatos de percurso em paragens celestes, de entremeio a novos desafios carnais no aprendizado sublime do amor, em tempos imediatamente posteriores aos que o Amor Celestial, em pessoa, baixara ao solo material ríspido das nossas mazelas, por compaixão das nossas fraquezas, nivelando-se ao degrau mesmo dos que pretendia alavancar rumo a luminosos destinos íntimos mais íntegros, mais elevados e mais dignos para o ser humano.

Não foi reconhecido; e, duramente ultrajado por quem se via ofuscado e crestado pelo farol luminoso e dispensador, antes de qualquer coisa, de excelsitude e plena saúde de alma, nem por isso falhou na Sua missão, cujo rastro luminescente nos serve de guia seguro, ainda mesmo na suprema turbulência dos Tempos Chegados dos dias atuais.

Que a presente leitura sirva de remanso e de alento a todos os que não perdem de vista a lucificada esperança na Majestade Suprema do Cristo e dos desígnios do Criador; é o nosso maior intento.

Ficam dirigidos, nestas linhas, aos leitores, o nosso afeto e testemunho permanente de amizade.

CAIO FÁBIO QUINTO
(Marcus Flavius Quintiliano)

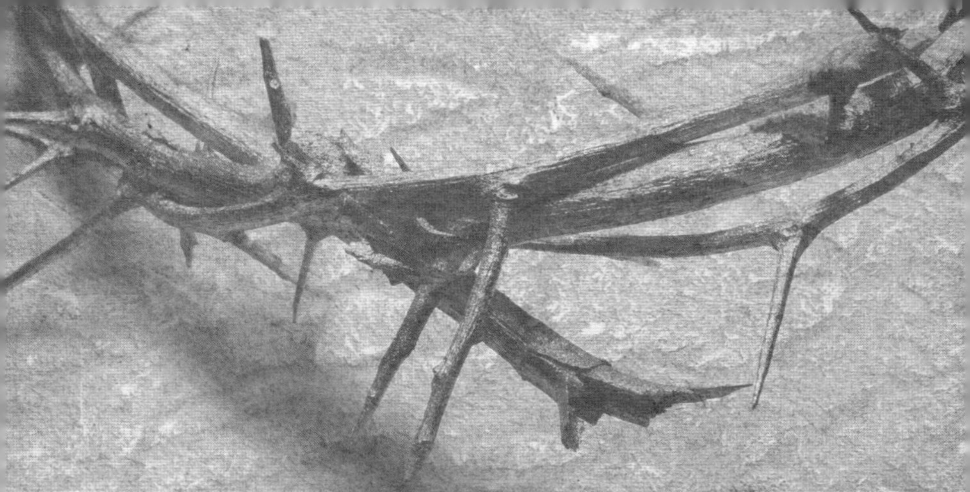

Capítulo I

No Elysium

Passeando por esplendoroso e bucólico jardim ornado por uma profusão inimaginável de flores perfumadas, dos mais variados matizes multicores, e por chafarizes murmurantes e enevoados por uma chuva tênue de gotículas, a se desfazerem, mágicas, em tanques de mármore branco imaculado, Caio foi chamado de dentro do seu mundo íntimo, onde estivera mergulhado em pensamentos na última hora.

Sério, reflexivo, embora assenhoreado por indefinível paz de espírito naquele ambiente silencioso e iluminado pelas mais reconfortantes claridades espirituais, levantou os olhos algo melancólicos, de um azul intenso como a tonalidade do céu límpido e ensolarado daquela manhã, na direção de quem se lhe acercava cordialmente.

— Caio, meu irmão...

Ao reconhecer de pronto o personagem que assim o abordava, um sorriso amistoso desenhou-se, instantâneo, em seus lábios, amenizando um tanto a aparência preocupada que, distraído, exibia minutos antes.

Tratava-se daquele que lhe fora pai numa das últimas jornadas físicas, austero ancião romano que, como ele próprio, dedicara integralmente devoção e lealdade às armas das legiões obedientes a mais de um dos imperadores da Antiguidade: Públio Crasso.

— Ainda causa-me estranheza ser tratado por esta forma por ti, meu pai... — Caio comentou, de coração aberto, sem subterfúgios. Não escondia que ainda ansiava acentuadamente por esclarecimento e orientação, desde que descerrara, pela última vez, os mistérios para além da morte.

— Aprendemos rápido aqui, em Elysium, que perante os deuses somos todos filhos obedientes às suas diretrizes, e portanto irmãos em jornada sem fim, rumo às glórias celestes, Fábio! Para ti, lúcido como sempre te mostraste, fácil será esta compreensão! Mas, agora, é necessário que me acompanhes, sem demora; é chegada a hora da tão aguardada entrevista com os Emissários[1], o que aliás reputo urgente no teu caso, em observando-te o indisfarçável abatimento!

Caio sorriu esmaecidamente, pouco disposto.

— De ti não há como esconder as razões... — revidou, apenas. Mas Crasso, de dentro do amor sem limites que sempre nutrira por aquele filho dileto, abraçou-o, enquanto andavam,

1 Eram assim denominados os Instrutores Espirituais mais elevados nesta época recuada: como Emissários dos deuses, com os quais haveríamos de nos reunir, e acatar-lhes os conselhos e sábias diretrizes com vistas à prosperidade e à felicidade no nosso futuro. (Nota do Autor Espiritual)

lendo-lhe a descoberto na alma, e plenamente inteirado dos dilemas que o perturbavam.

— Tua têmpera sempre tem sido inquieta, Caio! Aflige-te esta inércia, quando guardas os pensamentos absorvidos pelos enredos terrestres que deixaste para trás, por mais te encontres, agora, sob as bênçãos dos nossos deuses, no Elysium das nossas tradições e aspirações mundanas. — O filho apenas ouvia, deixando entrever um assentimento tácito, e permitindo ao pai discorrer à vontade sobre o assunto, como num preâmbulo da reunião que estava prestes a se iniciar, e a qual temia, até certo ponto. — Além disso, padeces de uma solidão emotiva crônica, que te faz sofrer, cheio de dúvidas, unicamente por uma pessoa... — notou, lúcido. E, como o outro não o contestasse, deteve-se, olhando-o de frente, transparecendo a inabalável segurança que sempre lhe fora inerente, e à qual Fábio era habituado. Aliás, fora mais de uma vez esse traço de personalidade acentuado no pai que o influenciara decisivamente nas últimas vidas físicas, por semelhança de temperamentos, e moldando-lhe o perfil no líder nato e enérgico que sempre revelou, determinando-lhe a atuação repetida de comando das tropas romanas. — Caio, confia na bondade e na sabedoria infinita dos Emissários, ao reunir-te com eles para as deliberações do teu destino. São amigos sinceros e inigualáveis que, como enviados dignos de Júpiter, sempre nos querem bem.

Olhando-o, Caio ouvia cada palavra com a totalidade do seu coração. E, nada obstante sua característica de homem pragmático, e as incertezas agudas da hora que atravessava, acreditava piamente no que lhe assegurava aquele seu pai terreno, e amigo de tantos séculos.

— Eu confio, pai... — após apenas, com leve meneio. — Vou ficar bem!

Crasso o conduziu até os portões prateados e artisticamente trabalhados de um alvo edifício que vinham de alcançar, em meio aos extensos jardins.

— Então vai, filho meu; ainda nos encontraremos, antes que partas rumo aos teus próximos objetivos! Sobretudo, esteja tranqüilo quanto àquela que mora no teu coração tão profundamente. Vem sendo assistida por mim, entre outros, e logo entenderás a necessidade deste breve período em que te vês dela apartado.

Caio dirigiu-lhe o olhar dominado por um novo brilho, mais alentado.

Diante dos magníficos portões, trocaram abraço forte e cheio de amorosa cumplicidade. Depois, Crasso ali ficou, observando enquanto o filho, imerso em expectativa e conjecturas, adiantava-se até a entrada, onde amistosamente o aguardavam algumas pessoas.

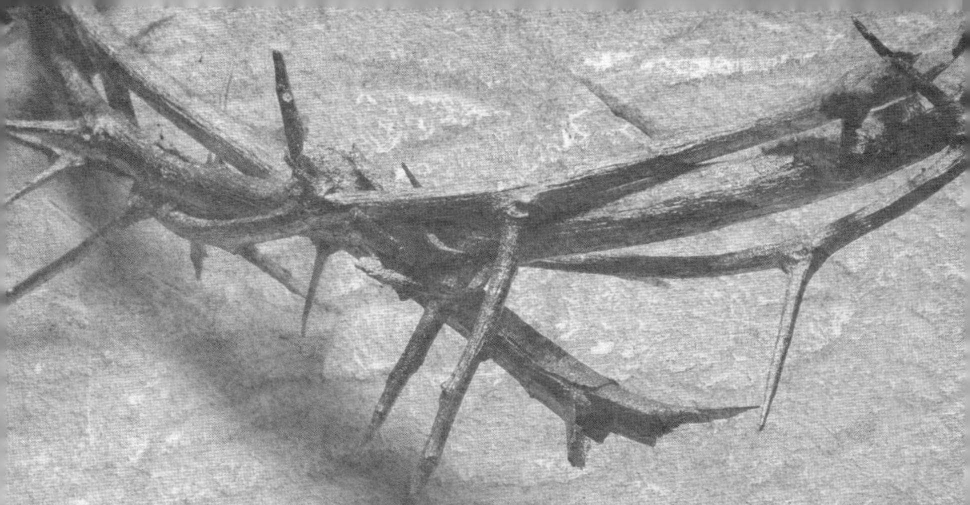

Capítulo II

Diante dos Emissários

Em sala ampla, confortável e suavemente banhada pela luz perolada e reconfortante da manhã, Caio foi gentilmente convidado a sentar.

À sua volta, em semicírculo, outros assentos brancos, em número de três, reservavam-se certamente a quem estava por entrar no recinto.

Seus amigáveis condutores despediram-se, solicitando que se pusesse calmo e à vontade, pois que logo os Emissários viriam ao seu encontro. Deixaram a sala, e Caio ali ficou, fundamente curioso, percorrendo a vista pelo ambiente agradável e, aqui e ali, florido e ornamentado com discrição, sobriedade e bom gosto, ao modo clássico romano que lhe era familiar.

Tão mergulhado se achava na contemplação admirativa das cercanias, que não notou logo a aproximação discreta de três agradáveis e nobres personagens: uma mulher que aparentava a beleza elegante da idade madura, trajada à maneira simples, respeitável e austera das matronas romanas, e dois homens: um mais idoso, que denotava a faixa etária de Crasso, e outro, regulando com a sua aparência, a abeirar-se dos quarenta anos, idade em que deixara a vida terrena pela última vez. Ambos de aspecto sóbrio e venerável, embora sua postura inspirasse de imediato a mais profunda admiração, sugerindo a certeza pacífica de se estar de fato na presença de indivíduos dotados de espírito e inteligência superiores.

Por outro lado, o modo como se trajavam reconfortou Caio, transmitindo-lhe a sensação de se achar entre pares, aos quais se habituara à convivência como militar freqüentemente cercado de tribunos, cônsules e senadores.

Ao afinal perceber-lhes a entrada, instintivamente Fábio se pôs de pé, empertigando-se em sinal de respeito. Em virtude do que o mais novo dos três recém-vindos, acenando-lhe com jovial cordialidade, alegou, a título de cumprimento:

— Sê bem-vindo, Caio Fábio! Não precisa nos prestar continência. Somos teus irmãos em caminhada, um pouco mais experientes, talvez. Senta-te, portanto, e coloca-te à vontade. Muito temos que conversar!

Surpreendido e bem impressionado, sem ousar falar nada, no entanto, Fábio meneou de leve em concordância. Tomou assento e, junto com ele, e diante da sua contemplação entre fascinada e admirada, os três respeitáveis visitantes.

— Bem... Caio Fábio Quinto; Raphtah... — a mulher de aparência venerável e maternal demorou um instante a trocar breves pareceres com seus dois acompanhantes, aparentemente consultando dados em folhas com anotações, que sugeriam um tipo qualquer de ficha individual ou relatório. — Aqui temos afinal o nosso irmão, que anda bastante precisado de orientação e reconforto! — notou, bondosa; ao que, diante do aturdimento inicial de Caio, o outro visitante confirmou, dirigindo-se agora diretamente ao recém-chegado das experiências materiais terrenas.

— É para isso que aqui estamos, e fomos enviados, Fábio; para os devidos esclarecimentos. Precisamos analisar juntos os últimos acontecimentos da tua vida, e o que de mais importante se delineou para o teu futuro, agora que aqui te achas, sem muita noção de direção! Sabemos o quanto essa ordem de coisas te perturba — a ti, um homem habituado a liderar, dar diretrizes na maior parte do tempo...

— O caso é que te achas aqui, no Elysium, numa condição de vida inteiramente diversa daquela que vieste de deixar há pouco, filho, com valores e circunstâncias inteiramente díspares das que usualmente governam os interesses humanos — o mais idoso dos homens completou o comentário do companheiro de aparência mais moça.

— Imagino que sim... — Caio arriscou um aparte, cauteloso. — O Elysium é do domínio dos deuses! Entendo que haveria de encontrar aqui situação bem diferente daquela a que me habituei durante a vida.

— Sim... — o Emissário mais moço anuiu, apondo. — Os deuses inspiram os homens em inumeráveis situações. Aqui, porém, não prevalecem os interesses da hora que passa na jornada que antecede a morte. É da vontade deles que se viva honradamente os compromissos assumidos, enquanto naquele outro setor da existência; daqui, entretanto, a visão da vida se torna mais ampla, assim como as metas a serem alcançadas por cada um de nós, porque se levam em consideração, acima de tudo, o benefício coletivo e os rumos mais vastos, tendo em conta a eternidade comum a todos, romanos quanto celtas, germanos quanto hispânicos — e, como Caio agora se limitasse a escutar, intuindo, em seu proveito mesmo, que lhe cabia mais ouvir que questionar ou impacientar-se, naquele momento que adivinhava decisivo para o seu futuro, o outro prosseguiu:

— Do Elysium, Fábio, temos presenciado os séculos sucessivos da expansão e das conquistas da tua pátria; grandiosas, é verdade, mas alcançadas ao preço freqüente e indesejável do massacre impiedoso de vidas valiosas! Sem embargo, agrada aos deuses das tuas tradições o avanço cultural e o progresso indubitável das coletividades, ao travarem contato com Roma e assimilarem a nata das suas realizações, certamente louváveis! À nossa percepção não escapa nenhum dos fatores determinantes; contudo, temos a te transmitir que é chegado o tempo em que se faz necessária uma mudança de mentalidade, renovadora dos rumos daquele Império grandioso mas, de tempos a esta parte, estanque na fixação de valores duvidosos nas suas prioridades. Tanto é maior a responsabilidade pelo bom destino dos povos a que se conquista, quanto crescente seja a influência de uma nação sobre as demais! Roma governa o mundo, hoje, sob o beneplácito de muitos méritos; mas não detém o controle dos efeitos secundários desse feito na extensão total das suas conseqüências! O hálito do poder desmesurado, Fábio, sufoca e mata, implacável, quando impera destituído da nobreza maior dos sentimentos humanos!

Mario, o Emissário mais jovem, pausou o seu discurso, contemplando, por breve intervalo, com bondade, a passividade atenta com que era ouvido pelo examinado daquela palestra. Deu ensejo para que Aurélio, seu companheiro mais idoso, prosseguisse, depois de ter medido com precisão o alcance das palavras emitidas no espírito do silencioso Caio Fábio, que prosseguia a ouvi-los como se desejoso de compreender logo a solução final proporcionada por aquele encontro.

— Filho, como afeiçoados próximos teus, e inclusive anuindo às intervenções de parentes e amigos que muito te estimam, temos acompanhado, em particular, a tua vida e as tuas realizações. É por isso que nos coube o dever de alertá-lo para as coisas que estão por vir, na continuidade do teu caminho. Porque, em pouco, serás encaminhado de volta ao palco que deixaste há algum tempo, no prosseguimento tanto das tuas lutas quanto da perseguição das tuas aspirações; asseguramos-te que terás respeitadas as tuas inclinações e as tuas escolhas, fazendo-se imprescindível, porém, clareza de compreensão da tua parte no tocante a algumas alterações inadiáveis no teu modo de enxergar a vida, para que não incorras em erros graves, desavisadamente, no caso de manter-te incondicionalmente leal à educação e aos valores aos quais te vês estreitamente afinizado no decorrer dos últimos séculos!

Denunciando nova curiosidade inquiridora na fisionomia, Fábio olhou de um para outro.

— Falai, então, por favor, sem demora! Que estará por acontecer assim, de tão grave, para que seja necessária a modificação de coisas tão arraigadas quanto sejam os nossos princípios de educação e de valores?!

Só então, sorrindo generosamente, a respeitável Plácida intercedeu, apaziguadora.

— Mesmo aos deuses agrada, de tempos em tempos, a renovação de conceitos e de valores que não mais atendem aos propósitos da vida de maior relevância do que os já vividos, Fábio. A vida, em si, é renovação constante, para nossa maior felicidade.

Aurélio confirmou, explicando:

— Um Emissário Celeste de elevada estatura espiritual acaba de baixar à Terra, em missão de amor intraduzível nas suas implicações para o futuro da humanidade, Caio. Nasceu há pouco, na província da Judéia. Precisará de colaboradores preciosos doravante, principalmente no ambiente romano, mais suscetível de embargar-lhe os propósitos. Tu, com o teu valor e inegável nobreza de alma, certamente poderás ser de grande ajuda.

— Oh, trata-se de algum monarca influente e sábio que atuará a partir daquelas províncias? — admirou-se o antigo militar romano.

Indefinível sorriso pairou, enigmático, nos semblantes dos Emissários à sua volta. Soou a Caio que detinham o conhecimento e a visão de coisas importantes do porvir que, por ora, lhe escapavam por completo.

— Não se trata de um monarca, Fábio, porque muito acima dessas expressões do poder transitório se situa Este, a quem nos referimos! O verdadeiro poder deste Mensageiro dos deuses se origina nessas mesmas paragens celestiais. Dia virá que, ao influxo manso, porém irresistível desse poder, toda a violência brutal e tão lesiva, praticada até os dias de hoje contra os nossos semelhantes em jornada no mundo, será varrida da face da Terra, para dar lugar a uma era de paz e de amor incondicional entre os seres. — E, como Caio os fitasse, sem entender muito bem: — É um conceito novo, mas sublime, tanto para o teu espírito quanto para os de todos os que se acham em luta na vida, como a entendeste até então; não te mostres ansioso por isso, porém, porque já te encontras pronto, intimamente, para o aprendizado proveitoso dessas lições — arrematou Mario. E elucidou um tanto mais:

— Sim. Soldado probo e honrado que foste até a tua mais recente experiência, à exceção daqueles momentos profundamente passionais a que te deixaste arrastar pelo teu repertório afetivo, não atuaste, no cumprimento dos teus deveres, movido pelo gosto da crueldade sanguinária que dita a conduta de mais de um dos líderes da tua nação, na hora da desforra ambiciosa e odienta sobre os povos das nações anexadas ao Império Romano. Achas-te em condições, portanto, Fábio, de utilizar o teu terreno de ação para mais de um propósito: muito poderás mobilizar em benefício daqueles que doravante sofrerão, por implantarem no mundo essa visão de vanguarda, que situará, de futuro, os povos em convivência mais pacífica, mais destituída de dissensões e de ódios.

— Perdoe-me — Caio afinal atalhou, inquieto, em ouvindo esse vaticínio, obscuro ao seu espírito, do paciente Mario que, atencioso, escutou-lhe, compreensivo, a ponderação algo ansiosa —, mas custa-me entender como se me torna isso possível, em época de tanta efervescência política, qual a que Roma atravessa; mais ainda atuando no âmbito das legiões romanas, como me tem acontecido!

Foi Plácida quem o atendeu nas suas dúvidas:

— Caio Fábio, uma mudança dessa magnitude nunca se opera rápida e definitiva. A par de militar, tu foste lavrador; conheces, portanto, a necessidade do período de germinação da semente na terra. E que para o sucesso do plantio que reverterá no presente da colheita inúmeros cuidados, de mais de um colaborador, serão precisos! Assim o conhece também este Emissário Celeste, mais do que todos nós, com maestria, no concernente ao período necessário à germinação dos ideais maiores de melhoria nos valores vigentes nas almas, para a pacificação da humanidade. Tu, portanto, não conviverás com essas coisas sozinho! No tempo certo, muitos do teu conhecimento te acompanharão!

— E é aí que vem contribuir a faceta individual do teu concurso, no enredo mesmo a ser trabalhado na tua vida, filho – Aurélio acrescentou, atraindo, para si, o olhar admirado do rapaz. — Mais uma vez reencontrarás pessoas-chave do percurso que tens percorrido, valorosamente, é certo, meu caro Fábio; entretanto, também com muitos episódios violentos, lesivos à alma, cheios de ódio e de um rancor que, doravante, há que ser severamente extirpado de cada um de nós, porque não se coaduna com os propósitos pacíficos que os deuses pretendem para os destinos humanos. — E, em notando que a expectativa no semblante de Caio se acentuava, foi direto ao ponto que o interessava mais de perto. — Será dado a ti reencontrar a tua Lucilla novamente, filho. Mas esteja prevenido de que dentro de um contexto de vida que possivelmente não te permitirá, ainda, a realização daqueles sonhos de ambos, que em verdade não vos estão sendo negados; talvez que adiados para uma época e um momento em que possam vivenciá-los com maior plenitude, e de posse de uma visão mais enriquecida, mais sábia e mais equilibrada dos segredos preciosos incrustados no aprendizado da vida humana.

Um brilho quase feérico relampejou no olhar vívido e profundamente magnético do antigo militar romano.

— Lucilla!... — exclamou, sem poder se impedir. — Meu senhor, me será dado revê-la? Ando aflito por isso, desde que estivemos mais próximos durante longo período aqui, no Elysium! Após a sua recuperação definitiva, e decorrido determinado prazo em que nos foi dado usufruir do descanso e de uma convivência tranqüila nas delícias deste lugar cheio de luzes desconhecidas, outros Emissários dela se encarregaram, prometendome as explicações para este momento em que vos encontro.

Plácida assentiu.

— Sim, e com acerto, meu caro Fábio. Lucilla foi encaminhada para a preparação ao seu retorno à Terra, que se dará algum tempo depois da tua partida. Como tu, recebeu todas as instruções; e, de futuro, te aguardará, nascida em família de bem, na mesma Roma que já conheces.

Preso de tensa, aguda emotividade, Caio inclinou-se, ouvindo daquela mulher bondosa as revelações acerca dos lances vindouros que se fariam cruciais para o bom desenvolvimento não somente da sua jornada no mundo, mas para o de toda a humanidade, nos séculos que se seguiriam à vinda excelsa da Encarnação do próprio Amor Divino, na figura de um simples carpinteiro baixado aos cenários materiais.

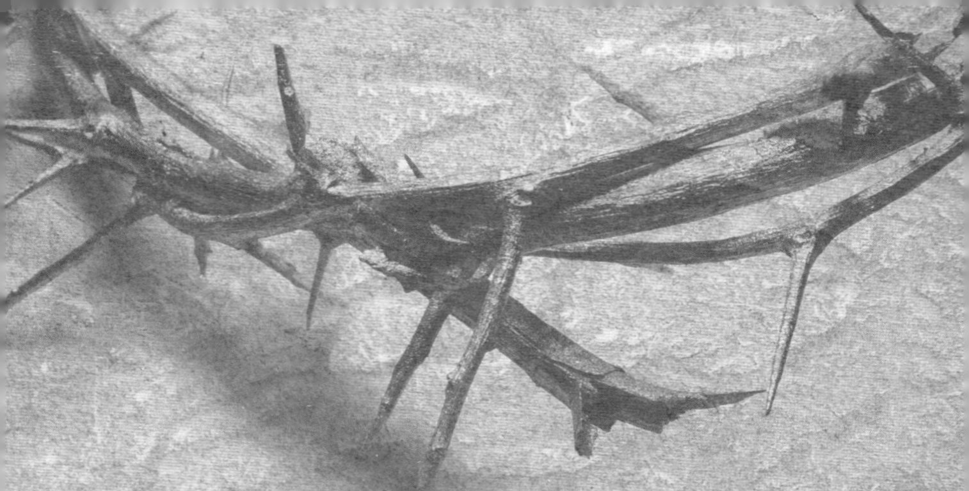

Capítulo III

Ano 65 da Era Cristã — Um sacerdote e sua esposa

— Bons tempos aqueles em que Roma era Roma!

O marido já ouvira aquele mesmo discurso muitas vezes antes — e mais ainda nos últimos tempos, de maneira que, homem austero e ponderado, Valério limitou-se mais uma vez a calar-se, naquele instante particularmente abafado da tarde, em que davam entrada na sua residência de retorno dos cerimoniais religiosos na presença do Imperador em pessoa.

Então Atília, em vendo o silêncio com que o sacerdote e seu marido respondiam ao seu comentário desassossegado, intentou prosseguir:

— Não é por menos que nossa filha vem apresentando conduta arredia em relação às obrigações religiosas! Houve tempo em que nossos ancestrais reverenciavam os manes e os bons e velhos deuses. — E, arrematando com ligeiro gesto eivado de desgostoso enfado: — Hoje nos vemos às voltas com os malabarismos sociais que nos impõem as extravagâncias sem sentido do Imperador!

— As extravagâncias sem sentido de Nero[2] não perturbaram o meu ofício como sacerdote do Templo de Apolo, Atília! Então deixemo-lo com os seus delírios, que não chegam a nos atingir diretamente, embora sejam verdadeiramente cansativos e fora de propósito — Valério afinal atalhou, satisfazendo a mulher na sua reincidente necessidade de debate do assunto. — Quanto à nossa Blanda, talvez que essa reclusão desgostosa, em refletindo identidade com a tua opinião, seja antes augúrio alvissareiro de que demonstre pendores francos para devotar-se ao grande deus! — opinou, depondo no pedestal o seu bastão sacerdotal talhado em ouro, e descaindo num assento próximo, com vistas a breve repouso.

— Blanda?! Sacerdotisa?! — a alusão de pronto despertou repulsa na matrona, zelosa dos destinos de sua terceira filha e, de todos (um moço engajado já de alguns anos no serviço das legiões, e outra moça, a do meio entre os três), a que lhe parecia mais digna de cuidados naquela fase casadoira em que vinha repelindo reiteradamente, para a sua irritação, vários e valorosos pretendentes. — Tira da tua cabeça essas idéias, Valério, de vez que nada de consistente no comportamento dela as justificam! — apressou-se a alegar, afobada, de vez que não era a primeira ocasião que o marido aventava aqueles planos e hipóteses.

— Talvez não da tua ótica, presa apenas às tuas preocupações maternas, relativas aos teus futuros netos, e à espécie de casa-

[2] Nero Claudio César Augusto Germânico. (N. do A. E.)

mento que aguarda as nossas filhas mulheres, Atília; mas, a meu turno, venho observando coisas que te escapam.

Havia certa nota obscura de preocupação entrevista no tom de voz com que o velho sacerdote se exprimia, e que Atília não apreendeu de pronto.

— A que te referes, Valério, que não à repulsa que Blanda experimenta, junto comigo, às inovações religiosas estrangeiras introduzidas a pulso por Nero nos nossos costumes e tradições?

A isso, contudo, Valério esquivou-se.

— Não te posso, por enquanto, afirmar nada com certeza! Talvez que o tempo, aos dois, nos melhor responda e esclareça.

E, em dizendo, levantou-se, afastando-se para o interior da casa, encerrando o assunto e deixando Atília ali, solitária e pensativa.

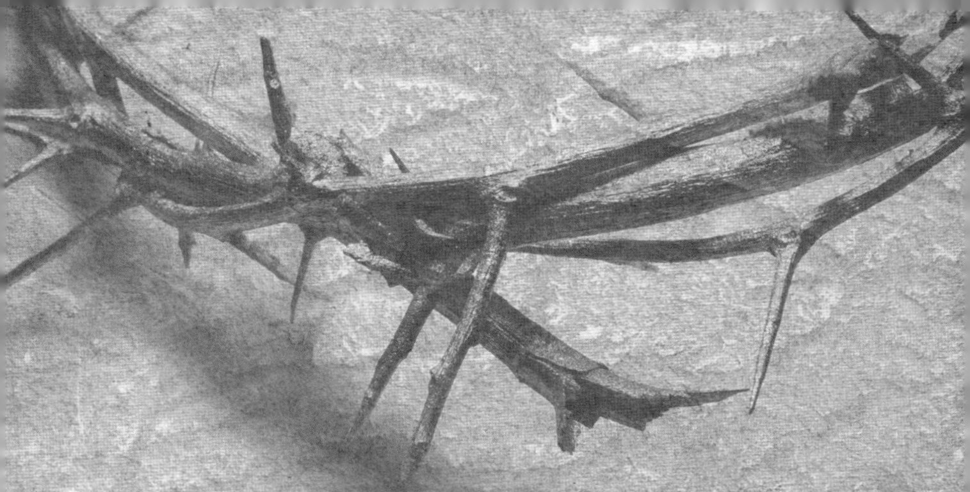

Capítulo IV

Dois pretorianos

Contornando as vias principais circundantes do Fórum a toda, em galope desabrido, um legionário sisudo e cônscio dos seus deveres enfim larga um suspiro aliviado, em avistando, mais à frente, seu superior imediato de armas em meio ao burburinho dos circunstantes.

— Comandante Marcus Flavius! Breno Gnaeus Graco apresentando-se, senhor!

Montado a postos por ali, no porte altivo e solene do costume, o aguçado olhar de um azul intenso meio franzido contra o excesso de claridade daquele final de tarde, o oficial pretoriano respondeu à continência esboçando leve sorriso, que de pronto serviu para descontrair o outro, eximindo-o de maiores desculpas pelo atraso à apresentação ao serviço, por conta da simpatia pessoal de que gozava junto ao seu comandante em função de amizade de cunho familiar.

Ainda assim, o soldado preocupou-se em apresentar maiores explicações, largando de seu lado, desta vez, um sorriso desafogado, ao estacar de abrupto a montaria resfolegante da cavalgada, emparelhando-a à de Marcus.

— Folgo que o plantão desta noite seja na tua companhia! De qualquer modo chegaria antes mesmo de tu, não fosse o tumulto que atravanca as vias a cada saída de Nero das suas exóticas festividades religiosas!

Marcus, a visão tranqüila percorrendo o movimento intenso característico das ruas altamente povoadas do centro de Roma, manteve o semblante desanuviado, ouvindo-o, embora fosse visível que tivesse os pensamentos ocupados por várias outras coisas simultâneas.

— Dado o caráter do serviço desta noite, indulto-te, com prazer, do atraso involuntário! Bom que te notes com disposição e com fôlego redobrado, posto que sabes de sobra sobre o que nos aguarda! Desse modo, também aprecio fazer contigo esta detestável vigília, que aliás reputo vazia de significados, contra o movimento dos cristãos. — Olhando-o, Breno notou que suspirava, denotando contida contrariedade e impaciência. — Sabes das minhas impressões a respeito deste problema; mas, de outro lado, como para nada contribuem, e sendo tu e os teus amigos próximos, meus e de minha família, conto, ainda desta vez, com a tua discrição!

Breno assentiu de bom grado; gastaram alguns momentos em silêncio, atentos aos acontecimentos triviais em volta, mas o filho de Valério Graco, mesmo diante da familiaridade amistosa com que o amigo abordara aquele assunto melindroso, preferiu manter-se quieto e não emitir opiniões. Afinal, achavam-se em ocasião protocolar ali, em obediência a ordens diretas e específicas do Imperador, justo quanto ao tocante dos temas a que aludiam.

— Com a expansão do Império e a miscelânea cultural que a anexação contínua de províncias propicia, não consigo enxergar mal em que cada povo, ainda que escravizado, ou incorporado à cidadania romana, conserve seus deuses particulares e respectivos delírios a isso associados — Marcus arrematou seu raciocínio; mas, como Breno se conservasse intencionalmente calado e respeitoso perante aquelas elucubrações, o oficial pretoriano expandiu mais o seu sorriso, deixando afinal a expressão divagadora para imprimir à palestra um tom mais familiar. — E que me dizes do evento que vens de deixar há pouco? Tua família certamente que ainda se mostra pouco afeita às celebrações bastante políticas que Nero acha por bem envidar a divindades egípcias e estrangeiras, no claro esforço de arrebanhar apoio político em províncias historicamente explosivas e insubmissas.

Breno riu-se das lembranças recentes que a pergunta do outro evocara. Todavia, conhecia que havia mais de um interesse camuflado sob as palavras que Flavius lhe dirigia numa naturalidade bem estudada; e, por isso, também ofereceu resposta de acordo com as expectativas.

— Meu pai permanece o bom e velho sacerdote do Templo de Apolo, fiel, entretanto, aos bons ditames das conveniências políticas. Minha mãe ostensivamente detesta estas ocasiões, e apenas cumpre o protocolo e a ética familiar; Drusila, ao contrário, e para a estranheza de todos nós, entusiasma-se inexcedivelmente com estas novidades vindas de fora e vigentes em Roma desde a sua meninice. — Pausou, calculadamente, olhando Marcus Flavius nos olhos, e sorrindo-lhe com intenção. — Já Blanda abomina tudo isso a um tal ponto que nem comparece, sempre que se apresentam ocasião propícia e uma boa desculpa! Não esteve lá hoje, portanto, pretextando atenção à prima Virgínia, adoentada já de há várias semanas, e a quem vinha devendo visitas! Mas, como você mesmo disse... não perdeu nada de interessante e, segundo essa visão das coisas, penso até ganhou: livrou-se do tumulto e de amofinar-se com o calor e com aqueles intermináveis e estranhos rituais que Nero promove, mas dos quais, ao mesmo tempo, e da maneira mais incompreensível, se protege obsessivamente, valendo-se do cerco maciço da guarda pretoriana à sua volta.[3]

Os dois militares riram com cumplicidade.

Marcus trocou com o subordinado e amigo um olhar que dizia coisas que o outro já sabia, e que não havia necessidade de repetir ali, naquela situação mais formal de serviço, em que deveriam concentrar a atenção noutras coisas, evitando palestras banais.

— Amo a tua irmã, Breno. Bem o sabes. E sempre acharei ocasião para perguntar por ela. — O oficial, contudo, ainda uma vez anotou, sem meias palavras, embora com um quê qualquer de desânimo na fisionomia e no tom da voz: — Quando será que contarei com uma chance oportuna aos meus propósitos?

— Sabes o que penso, Flavius: minha irmã, ouso afirmar, compartilha do teu sentimento, em virtude do que também sinto-me perplexo com a atitude ininteligível da parte dela a teu respeito.

Flavius ouviu e assentiu, apenas, porque, ao menos durante a ronda daquela noite, não voltariam a falar no assunto.

[3] Era um período de seu governo no qual Nero se portava sob um domínio obsessivo, caracterizado por mania de perseguição, considerando todos a sua volta inimigos potenciais, e confiando apenas — e sofrivelmente — naqueles poucos que acabou, no final das contas, matando friamente, no enredo violento e cruel que marcou seus últimos atos, antecedentes ao fim de sua tumultuada existência. (N. do A. E.)

O oficial manobrou a propósito a montaria, meneando para que o outro o acompanhasse e, a trote lento, mudou de abrupto o tom da voz e da conversa, abordando o tema atinente às atividades que mais os ocupavam nos últimos tempos, e que era o que consumia toda a Roma em palestras políticas, familiares ou informais.

— E que achas, afinal, a respeito das alegações de Nero acerca da autoria dos impressionantes incêndios ocorridos há algum tempo? Crês na culpa que imputa aos cristãos, no caso?

— Que interesse teriam os cristãos em calcinar a cidade que pretendem conquistar para o seu credo, como se evidencia em toda parte, onde vemos até romanos ilustres se deixando fascinar pelos alardeados sortilégios do tal Nazareno? Bobagem... há mais por trás disso — foi a resposta surda de Breno, seguindo emparelhado ao amigo, e desaparecendo ambos na primeira curva da movimentada avenida tomada por transeuntes misturados aos animais de carga, e à poeira morna que nublava o ar naquele final de dia.

Capítulo V

Duas irmãs

Esplêndida manhã se levantava em Roma. O sol brilhava num céu azul translúcido, e um perfume inconfundível, proveniente das colinas, banhava as vias mais largas e desobstruídas, na extensão da cidade eterna.

Nada obstante, a agitação costumeira de um começo de dia se mesclava à dos que faziam da noite o seu ganho e sustento. Assim, comerciantes, a população apressada em busca dos seus interesses, mercadores de escravos e de animais cruzavam em todas as direções, disputando espaço com vendedores ambulantes, liteiras e jovens metidos em trajes elegantes e palestras descontraídas, a caminho das termas.

Retornando de um passeio de liteira matutino ao qual fora praticamente arrastada, sob as invectivas barulhentas da mãe e da irmã Drusila, Blanda, a filha mais nova do sacerdote de Apolo, se demora, pensativa, na contemplação do movimento em torno, aparentemente apreciando apenas a luz cálida do sol e o perfume vívido e impressivo da manhã que se inicia. Pois Drusila, diferente da irmã em índole, e em todas as possíveis nuances, não perde nada, os olhos verdes e enérgicos vasculhando todas as novidades atraentes dos arredores, sem se dar muita conta do estado de espírito ausente da outra.

Em dado instante, contudo, a isso foi compelida pelo quase mutismo, apático e monossilábico, com que Blanda vinha respondendo às suas perguntas e comentários.

— Arre, Blanda! — apôs, deitando um olhar de censura na irmã, com impaciência confessa. — Teremos um dia maravilhoso; acabo de mencionar o festival onde Nero, em pessoa, se apresentará, cantará e recitará! O mundo esfervilha, e você, jovem e bela, mais lembra uma velha misantropa! Que se passa contigo ultimamente?!

— Tudo isso para mim é monocórdio, Drusila, já que desde crianças somos arrastadas a estas coisas! Sou diferente de tu: afeita aos campos e à tranqüilidade, prefiro, antes, o ambiente dos templos a esta espécie de mixórdia diária que aqui presencio, e que em nada me atrai!

A isso, Drusila largou uma risada mordaz, cristalina.

— Ah, Blanda! Tu não sabes desfrutar da tua mocidade e dos verdadeiros deleites da vida! No coração de um Império próspero e brilhante tu compareces com esta mentalidade tacanha e provinciana! Pois, ao contrário de papai, penso que Nero enriqueceu muito a qualidade da vida cultural da nossa cidade! Afinal, os festejos públicos e as cerimônias imperiais são esplêndidos, e insuperáveis em exuberância e atrativos!

Blanda apenas esboçou, com serenidade, um sorriso leve e gracioso, embora tisnado com um traço qualquer de melancolia.

— Brilhos e sedas por sobre o odor preocupante do medo e da opressão... Somos água e absinto, eu e tu, Drusila! Incrível que sejamos filhas de um mesmo ventre materno.

Silenciaram durante algum tempo em que o leve balançar da liteira as embalou em seus respectivos e distintos pensamentos, cada qual atenta a coisas diversas e opostas entre si. Blanda, ao seu mundo íntimo. Drusila, ainda e sempre, entusiasmada com o tumulto usual entrevisto nas ruas por onde transitavam, por entre a algaravia barulhenta do povo, dos pregões, dos cascos dos cavalos a galope, e das bigas em disparada.

Decorrido breve instante, Drusila empertigou-se, encurvando-se para observar, obviamente entusiasmada, algo do lado de fora que lhe atraíra de inopino a atenção.

— Ah, Marcus Flavius! Marcus Flavius, Blanda! — repetiu, balançando a irmã mais nova com mal contida euforia ao reparar que, a este seu anúncio, a insólita reação dela foi, antes, encolher-se mais no abrigo das sombras da liteira. E, como visse que o garboso oficial pretoriano se lhes acercava intencionalmente, no trote lento da sua montaria, exibindo o usual sorriso entre amigável e atencioso, acrescentou, às pressas e aos cochichos, zombeteiro comentário. — Eis que nos alcança, e com objetivos óbvios, gazela arisca! Nem adianta te esconderes aí!

— Por qual razão tu e mamãe insistis em me empurrar para este oficial, e em tentar me arranjar pretendentes que repudio?

— Porque, decerto quanto a luz de Apolo neste instante, tu não repudias Marcus Flavius, nem nos engana! E ele, de seu lado, não esconde as intenções a teu respeito. — Drusila teve tempo ainda de acrescentar, em tom nitidamente tisnado de acentuado despeito. — Ele é a esperança final de mamãe de te arrancar do teu doentio e incompreensível recolhimento às esquisitas idéias que abraças ultimamente acerca da vida e das tuas visões, preocupantes quanto extravagantes! — E num trejeito entre desdenhoso e contrariado: — Mas os deuses do amor insistem em conceder presentes valiosos justo a quem os despreza.

Teve de se interromper, afixando ao rosto alvo e graciosamente pintado com algumas sardas esparsas o sorriso adequado para a ocasião.

— Oficial Flavius! — cumprimentou com leve mesura, ao mesmo tempo que os escravos sustinham a condução, a um seu leve sinal.

Flavius, a seu turno, estacou, altivo e bem-disposto, o compasso de seu cavalo, respondendo ao cumprimento e meneando, respeitosamente.

— Como passas, Drusila?

— Aproveitamos, eu e Blanda, os bons ares desta manhã para um passeio que nos distraísse, e desenfurnasse um tanto Blanda das últimas preocupações — ela começou o assunto, bem a propósito, reclinando-se de modo a dar ao oficial bastante visão da irmã mais nova, encolhida lá no fundo da liteira. — Não sei se tomaste conhecimento da moléstia séria que acometeu Virgínia, nossa prima, e afeiçoadíssima de minha irmã, desassossegada desde que estas coisas desagradáveis principiaram a acontecer.

Flavius, a fisionomia transfigurada ligeiramente, inclinou-se um pouco na montaria. E deu, afinal, com os olhos na outra jovem que, a isso, dirigiu-lhe gentil e tímido cumprimento, sempre cordata e amável apesar de tudo.

— Blanda! Perdoe-me! Não a percebera ainda... — mentiu, na intenção de não constrangê-la. — Como estás?... — interessou-se, com sinceridade.

— Vou bem, oficial! Apenas que mesmo presa desses cuidados com quem tenho antes como amiga e outra irmã.

Ele anuiu.

— Em serviço comigo por esses dias, Breno me pôs ao corrente desses desagradáveis sucessos! Estimo o franco restabelecimento de Virgínia, colocando-me à disposição para o caso de qualquer auxílio que possa prestar! Aliás... — apôs, como de costume desenvolto e oportuno nas iniciativas —, neste momento, regresso para o descanso, após o serviço em palácio. Disponho de tempo para vos acompanhar até a vossa residência, em escolta, caso assim o desejais.

Drusila, sem querer perder um momento, já se dispunha a aquiescer, agradecida e alegando as conveniências de condução segura, numa via atravancada pelo povo, das duas filhas do sacerdote de Apolo. Mas Blanda, a isso, antecipou-se, adivinhando as intenções da irmã; e, num meneio gracioso, cuja polida autoridade desarmou Marcus, impondo obediência, aduziu:

— Não se faz necessário, oficial! Achamo-nos já bem próximas de casa; todavia, haveremos de parar ainda uma vez para a aquisição de objetos que pretendo escolher no comércio adiante com certo vagar! Agradecemos-te, contudo, com sinceridade, a devotada e usual elegância, com que sempre nos distingues.

— ... e acrescentamos o convite de sempre, para que compareças em visita à nossa família, Marcus! Entendemos tratar-se, tu, de homem atarefado no teu ofício de militar; contudo, negligencias demasiado, ultimamente, o convívio dos amigos, conforme bem lembrava Breno por estes dias — aludiu Drusila de pronto, pretendendo maquiar com cores mais leves a quase desfeita com que Blanda reagira ao oferecimento prestimoso do pretoriano.

Visivelmente satisfeito com a observação, e agradecido, nada obstante o desapontamento no que concernia aos seus objetivos mais íntimos ao se oferecer para escoltá-las, Marcus não se demoveu do seu bom humor e cavalheiresca disposição no modo de abordá-las.

— Certamente que esta minha negligência nada tem de voluntária, jovem Drusila, em virtude do que a reputo, talvez, perdoável. — E, deslizando irresistivelmente os olhos dela para a agora acanhada Blanda, metida claramente num esforço íntimo, embora inútil, para desviar-se do magnetismo forte com que aquele olhar a prendia: — Breno, de fato, é a maior testemunha, capaz de lhes dizer, por mim, da minha intenção inarredável de me tornar mais assíduo na tua família... por mais de uma razão — concluiu, num tom de voz nitidamente modificado durante aquela fugidia troca de olhares que pôde sustentar com a arredia Blanda. Após o que, sem querer detê-las mais do que o que convinha, e manobrando a propósito a sua montaria, despediu-se num meneio de cabeça altivo e cortês, e distanciou-se a trote lento, logo desaparecendo no ir e vir tumultuado do povo.

— Tonta! — Drusila logo atacou, desgostosa, a agora amolada e ainda mais taciturna irmã mais nova, tão logo o notou afastado o suficiente. — Em que tipo de devaneio incompreensível te vês metida, para desdenhares a sorte deste jeito?

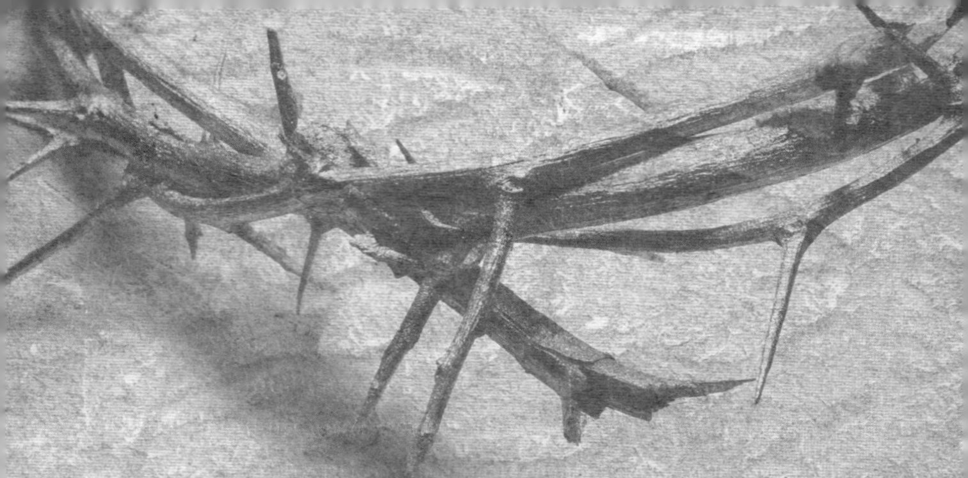

Capítulo VI

Virgínia

A noite descia calma e algo morna naquelas vias mais recuadas e seletivas de Roma, onde se situavam as residências privilegiadas das famílias de alguns magistrados ilustres, distanciadas do tumultuado centro, aposto do lado contrário do marulhento Tibre.

Era ali, onde o silêncio acalentador, de mistura com os perfumes noturnos, colhia em cheio as casas bem postas, que residia Virgínia, a mais nova dos três filhos de Pompílio Severo Graco, acometida, ultimamente, e para pesar da família, do mal indelével que paulatinamente lhe consumia o vigor da juventude, a saúde, e as boas cores.

Um tribuno de cavalaria dos exércitos dava entrada de volta nas sombras da residência àquelas horas. Marcelo, o filho mais velho do magistrado, mergulhado em seus pensamentos, saudou distraidamente a mãe, ao passar pelo peristilo, sem prestar atenção às suas perguntas habituais sobre o decorrer do seu dia no trabalho com as legiões, em outro destacamento do exército, diferente do de Marcus Flavius. Denotando preocupação, dirigiu-se direto ao aposento da irmã, onde entreouviu, logo de chegada, algumas palavras femininas, travadas discretamente entre Virgínia e a terceira filha do casal Severo, Claudia.

— Como vais passando, minha irmã? — Marcelo começou por perguntar, adentrando o recinto, e interrompendo a conversa reservada que mantinham, a cujo teor, ainda desta feita, preferiu fazer ouvidos moucos e ignorar, embora mais de uma vez as houvesse surpreendido ocupadas dele, já que, de perfil austero e propenso a certa linha rígida de pensar e de proceder, adivinhava o tumulto inevitável advindo à alusão exagerada, naquela casa, aos temas que ultimamente vinham ocupando, nos bastidores das tradições religiosas e cultos domésticos, as duas irmãs mais novas.

Nada obstante, levantando para ele o olhar lúcido e honesto, a alva e pálida moça aludiu:

— As visitas de Blanda têm sido imprescindíveis, Marcelo, e decisivas nos desdobramentos relativos à minha melhora; de modo que atribuo a elas, apenas, o arremedo de esperança que principio a nutrir na minha recuperação.

Largando o elmo do uniforme de serviço ali por perto, Marcelo sentou-se, ouvindo, para afinal aludir, cauteloso, mas na entonação decidida e firme do costume:

— Blanda vem se revelando, desde há bastante tempo, sem dúvida nenhuma, uma candidata natural aos ofícios religiosos atinentes aos serviços do templo do grande deus! Tio Valério pensa acertadamente quanto a isso, e de fato não compreendo o que ainda motiva a relutância dela em admiti-lo!

Virgínia e Claudia pausaram, trocando um olhar hesitante no qual, todavia, se lia nítida uma comunhão de idéias relacionadas ao assunto.

— Seja como for, Marcelo, sendo ou não esta característica de nossa prima resultado de um presságio, ou de um chamado de Apolo, o benefício prestado à Virgínia vem se mostrando inequívoco, e do qual não podemos prescindir. — E, tomando a irmã pela mão pálida, carinhosamente, Claudia olhou-a, analítica, observando com um sorriso afável e reconfortador: — Repara nas boas cores retornando às faces da nossa linda irmã!

— E que tem dito nosso pai disso tudo? — indagou Marcelo, algo preocupado, interrompendo-a.

— Penso que compartilha tuas opiniões — voltou Claudia, após breve pausa. — Mas mamãe, por sua vez, procura não se imiscuir nestes assuntos, para deter-se somente nos resultados visíveis no quadro de melhoras de Virgínia, agradecendo à nossa prima os valiosos benefícios e o carinho advindo da amizade que nos proporciona.

— Também folgo com os indícios visíveis da tua recuperação, Virgínia! — confirmou de pronto Marcelo, levantando-se. — Retorno agora do serviço com as legiões, e desejo deixar-te à vontade com Claudia, sem mais importunar-te com os assuntos de um homem. — Os olhos negros enérgicos acompanharam o leve sorriso que lhes dirigiu, antes de deixar o quarto. – Como raramente tenho ocasião de vê-la, transmite à Blanda, também, os meus cumprimentos e agradecimentos pela amizade que vem te dispensando. Penso, particularmente, entretanto, que será um acontecimento grato a todos, quando afinal ela se decidir a oficializar o serviço ao deus, na dispensação dos bons eflúvios de cura, servindo como sacerdotisa do grande templo. Até mais ver...

As duas moças responderam delicadamente à saudação amistosa do irmão mais velho.

Claudia esperou, assegurando-se do distanciamento efetivo de Marcelo corredor afora, para arriscar, novamente, retomar o assunto que mantinha com a jovem enferma antes da sua chegada, reclinando-se perto dela no leito confortável de estofados brancos.

— Como te dizia, Virgínia, Blanda retornará amanhã na companhia do aludido João. Trabalha na residência de tio Valério como jardineiro, e ela é de opinião que a visita dele selará os resultados da tua recuperação definitiva, porque mantém convivência direta com Josias, o ancião que vem se afamando em toda a Roma pelos benefícios de cura prestados em nome do Nazareno!

— Mas como se aviará Blanda para introduzir, aqui, este moço? — Virgínia ouvia a respeito daquelas providências com uma ponta nítida de preocupação na fisionomia abatida.

— Acalma-te... — Curvando-se graciosamente, Claudia sorriu-lhe, confortadora. — Já combinamos tudo! A pretexto de conduzir-te o presente de alguns objetos e de uma grande cesta de flores, João acompanhará Blanda na categoria de ajudante. Ademais, exatamente no horário estipulado para a visita, haveremos de estar sozinhas, porque mamãe se ausentará em visita a Cornélia que, de retorno de Capri com a família, chega cheia de presentes e de novidades picantes.

Claudia apertava-lhe, afável, a mão, ao confiar-lhe estas coisas a que Virgínia atentava com um suave sorriso afinal mais alentado.

— Temo, contudo, por Blanda neste cometimento, Claudia! — atalhou, consciênciosa. — Conheces o temperamento de Drusila e, mais que tudo, de tio Valério. Compreendes as razões da sua relutância em adotar oficialmente o serviço religioso, mas — ai dela! — haverá de cair em infortúnio se a família de titio se inteirar dos verdadeiros móbeis que ditam a sua conduta — aludiu, denotando o teor real dos seus receios.

Claudia suspirou.

— Sim; neste pormenor, compartilho das tuas impressões. Desde criança Blanda manifesta estes dons incomuns, e geralmente próprios das candidatas naturais aos ofícios das sacerdotisas ou vestais. E concordo que, se hesitação existiu até o momento em tio Valério para impor-lhe o ingresso definitivo no Templo, esta desapareceria, implacavelmente, se por qualquer descuido ou infelicidade descobrisse que, conscientemente, ela vem associando seus dons extraordinários à aplicação da doutrina do tão polêmico Nazareno, em comunhão espontânea com os seus princípios. — Manifestando certo grau de incerteza e desamparo, contudo, Claudia arrematou, na intenção de não deixar esmorecer na combalida Virgínia a chama tênue da esperança de melhoria no seu estado de saúde, que a atual conjuntura lhe sugeria: — Oremos aos deuses para que tal não se dê! Blanda é boa, e age a teu favor imbuída da melhor das intenções! Tudo há de se arranjar da melhor forma.

Capítulo VII

Um magistrado pródigo

— Oficial Flavius!

Marcus parou no meio da passada, e voltou-se à chamada forte do seu superior de armas. Àquelas horas, como de costume nas últimas semanas, ele deixava o palácio ao final de seu turno de plantão, liberado para dirigir-se aos seus negócios e interesses particulares. Por isso mesmo que aquele chamado fora de hora do próprio prefeito de sua legião armada soou-lhe, de imediato, desconfortável: boa coisa não viria, intuiu.

Entretanto deu continência, de prontidão, presto e altivo como se pedia.

Maximo alcançou-o no salão luzidio, a passadas firmes, comunicando sem rodeios, a entonação enérgica, enquanto passava-lhe um pergaminho enrolado que continha ordens; e explicou, concisamente, num meneio firme.

— Quem te renderia no plantão foi acometido sem mais nem menos de febre escaldante e difícil de debelar. Pelas contingências dos horários de hoje, só tu restaste, Flavius, para ocupar devidamente o posto. Lamento contrariar tua licença e o andamento dos teus interesses, mas Glauco, de seu lado, não dá conta sozinho dos riscos da vigília noturna. Vai tu, portanto; dobra o teu regime de plantão, e conta depois com um dia de liberação.

Impassível, Marcus anuiu ao comando. Trocou com Maximo nova saudação enérgica, batendo o punho no flanco esquerdo, e seguiram em direções opostas, embora o enfado que a inusitada ordem involuntariamente lhe acarretara ao espírito.

— Maldita neurose religiosa! — protestou em pensamento, sem preocupar-se em ler o conteúdo do pergaminho, já seu conhecido de várias outras ocasiões, enquanto encaminhava os passos apressados para os pátios da cidadela militar, em busca de seu cavalo.

Noutro setor da tumultuada cidade, no recinto majestoso, e, àquelas horas, dominado pela quietude, do templo do deus dispensador da saúde e dos triunfos em variados setores da vida humana, dois homens de meia-idade entretêm-se em palestra reservada e familiar, encaminhando-se a passos lentos à escadaria ornamentada com estátuas no vestíbulo.

A conversa já dura mais de meia hora entre os irmãos, Valério Graco e Pompílio Severo, magistrado romano.

— Tuas ofertas ao templo, como de hábito, são generosas, Pompílio! Fico imaginando se não buscas de Apolo alguma espécie de graça especial, ou de favoritismo na boa proteção das tuas complicadas ocupações nesta época de tumulto político e religioso — aludia o mais velho, num bom humor que refletia, até certo ponto, alguma malícia oclusiva.

— A única graça que almejo — revidou Pompílio, como de costume altaneiro e imperturbável, devolvendo no mesmo tom, enquanto punha-se de frente para o irmão, sobre quem sempre desfrutara de grande ascendência — é ver nossos velhos e bons deuses e os seus cultos triunfando sobre esta escória que hoje em dia alastra feito praga, não apenas por Roma, mas noutras províncias contagiadas por tal excentricidade, graças ao liberalismo religioso incompreensível de Nero, que, se por um lado persegue encarniçadamente os adeptos de tal seita opróbria, de outro, escancara, pusilânime, as portas a todo tipo de extravagância importada de locais obscuros e remotos dos confins do Império. — E, arrematando, seguro e decidido: — A derrocada de tais cultos intrusos há de me poupar trabalho e tempo tomado com assuntos desagradáveis. Ando farto de denúncias de delatores piratas atrás de recompensas, que nos buscam mercadejando cristãos unicamente por fazer, disso, negociata rentável com o Império Romano! Devemos investir decisivamente em nossa honrosa tradição religiosa! Aliás, sobre este assunto... — anotou, mudando a fisionomia e o modo de olhar para algo mais intimista. — Quando, afinal, Valério, tua filha Blanda se iniciará nos ofícios religiosos? Tenho ouvido comentários no âmbito doméstico a respeito dos seus dons inequivocamente reveladores do dote divino.

Olhando-o, também reflexivo, e depois de certa pausa, Valério recomeçou a andar a passeio, obrigando o outro a acompanhá-lo.

— Ela vem recusando sistematicamente abordar tal assunto com seriedade de propósitos, o que me leva à constatação natural de que, apenas debaixo do uso inapelável da minha autoridade, cederá a este imperativo. — E, antes que Pompílio, sempre de raciocínio rápido e agudo, interpelasse novo argumento, acresceu, elucidativo: — Além do mais, Blanda conta com Atília e Drusila, que tecem planos de outra ordem, passíveis de mais ainda a afastarem dos votos religiosos. Intentam alinhavar, ao que entendo, o compromisso dela com o comandante das legiões, Marcus Flavius Quintiliano, que de há muito não esconde seus propósitos e motivações afetivas em relação à minha filha. Isso me deixa num dilema, Pompílio — concluiu o pensativo Valério —, porque não é exatamente inconveniente às minhas deliberações paternas o enlace de Blanda com um oficial dos exércitos romanos que, diga-se, como toda a guarda pretoriana, andam envolvidos na perseguição aos cristãos que tanto nos incomodam!

Enquanto fazia estas ponderações, Valério não havia atentado nas quase imperceptíveis alterações fisionômicas que se operavam no atento Pompílio, mais ainda ao tecer as considerações finais do seu discurso.

— Ah, sim... — o magistrado objetou, aparentando casualidade. — Mas como, por outro lado, reage Blanda a estas alusões e projetos maternos? Como responde às pretensões de Marcus Flavius?

Foi a vez de Valério voltar a interromper o passo, encarando-o, não sem esconder certa perplexidade.

— Refuta toda esta história, com a mesma relutância com que reage à questão de ordem religiosa! O que me faz pensar bastante sobre o que possa estar ditando tal comportamento incompreensível e incoerente para com a sua idade, de vez que não sobra a uma jovem, nos tempos em que vivemos, opções outras, ou muito distintas de um bom casamento ou de uma boa posição na sociedade. — E, como Pompílio, cauteloso, se limitasse agora a ouvi-lo, atento, e expressando franca incerteza no semblante sério, Valério bateu-lhe no ombro, com familiaridade, dispondo-se a acompanhá-lo até os grandes pórticos de acesso.

O sol já declinava.

Na relativa quietude daquela avenida mais a salvo do comércio e da agitação dos passantes, três vultos esgueiram-se, a passos mais ou menos apressados, em meio aos ventos leves que sopravam em redemoinhos, levantando poeira por ali.

São duas mulheres jovens e um homem também moço, em trajes de serviçal, sobraçando alguns volumes indistintos e uma cesta. Trocando palavras sóbrias e comentários baixos no percurso, os três se tomaram de um sobressalto quando uma gritaria súbita começou a tomar vulto, cada vez mais próxima, quebrando o silêncio do final de tarde.

Entreolhando-se, entre incertos e indecisos, recuaram às pressas quando, de uma esquina próxima, dois homens surgiram, ganhando em disparada a avenida, dominados por claro e tétrico terror estampado em seus semblantes.

Sob o espanto patente do trio em expectativa, a assistir a tudo de uma saliência nos muros da construção mais próxima, os dois fugitivos apavorados não lograram se distanciar de quem lhes vinha no encalço, a galope desenfreado: dois oficiais da elite do exército romano.

Ambos ganharam o espaço aberto da rua poeirenta a toda. Mal se aperceberam dos assistentes assustados parados próximos dali; mas um dos oficiais quase se deteve na perseguição encarniçada, chegando a puxar de abrupto as rédeas da montaria resfolegante, ao reconhecer num dos três uma jovem, que teve seu manto arrancado de sobre os longos cabelos castanhos pelos ventos fustigados pela passagem vertiginosa dos dois soldados.

— Blanda! Que fazes por aqui, domina ? — perguntou, perturbado.

— Marcus Flavius! — ela exclamou involuntariamente, por sua vez, sobressaltada, não apenas em função do encontro inesperado, mas também pela má impressão do que, de improviso, presenciava; mais ainda quando, impaciente com a estacada incompreensível do parceiro, o militar mais à frente se voltou, esbravejando:

— Marcus! Por Marte! Os malditos cristãos vão sumir de vista. Que te deu? Não é hora de cortejares mulheres nas ruas.

Tonto, encolerizado com o aparte estabanado que, além de inoportuno, o comprometia perante Blanda pelo seu teor sumamente inconveniente, Flavius não teve escolha que não disparar a toda, emparelhando com o soldado, ao passo que lhe berrava em resposta, enraivecido:

— Cala-te, desgraçado! Não falava com "mulheres na rua", mas com a filha do sacerdote de Apolo! Da próxima vez, pago-te esta insolência com chibatadas.

Distanciaram-se, sob a nuvem intensa de poeira, sumindo de vista metidos em acalorada discussão.

No silêncio restabelecido na rua enevoada do pó suspenso pelo repentino tumulto, a atordoada Blanda, a seu turno, sentindo o coração disparado, trocou com a prima, Claudia, e com João, o moço cristão, um olhar francamente amargurado e enevoado por lágrimas, por mais de uma razão.

Compreensiva daqueles dilemas na alma da prima, Claudia repôs-lhe o manto sobre os cabelos gentilmente, aludindo:

—Vamos, querida. Não te deixes oprimir desta forma! Lembra-te de que Marcus é um pretoriano. Sigamos, porque as horas passam apressadas, e não podemos, de nosso lado, pagar o favor do nosso bom João expondo-o a riscos.

Blanda assentiu de pronto, apesar do inegável transtorno íntimo, em vista do que logo se repuseram a caminho.

Capítulo VIII

Um romance cristão

A espaçosa moradia do magistrado Pompílio Severo se achava silenciosa por aquelas horas.

Presentes num dos cômodos, o quarto da jovem Virgínia, apenas sua irmã mais velha, Claudia, na companhia da prima em visita, Blanda, e do moço cristão, conforme haviam planejado dias antes.

Naquele instante, embora não sem experimentarem elevada apreensão pelas arriscadas circunstâncias, conversavam em surdina. Claudia, especialmente, temia no seu íntimo uma chegada inusitada do irmão, Marcelo, que por vezes aparecia em momentos diferentes do dia em razão de alguma licença de serviço ou necessidade improvisada no decorrer dos seus afazeres.

Sentada no leito ao lado da pálida Virgínia, de mãos dadas com ela, Blanda comentava:

— Não me sinto, como pude comentar há pouco com Claudia, durante o nosso trajeto, autorizada intimamente para evocar, em meu próprio nome, a intercessão do Nazareno, ainda que em favor da priminha adoentada, João, já que sou devota dos deuses de minhas tradições romanas, embora esteja certa de que o Mestre, com a sua história de amor intraduzível em favor dos homens, se situe muito acima de qualquer destas considerações — sorria, algo melancólica. — Por isso sinto-me confiante e reconfortada com a tua presença aqui neste momento!

— Sim — confirmou Claudia, emocionada, e bem impressionada pelos modos entre modestos e cativantes do rapaz, de quem irradiava acentuada aura de bondade, reconfortante para as circunstantes. — E expresso também o franco agradecimento, meu e de Virgínia, João, tendo em vista o te colocares em delicada situação de risco ao concordares em empreender este tentame em favor da nossa querida paciente.

A isso, contudo, João lhes sorriu, apenas, com reconfortante cordialidade, respondendo de dentro da simplicidade inerente a todo o sincero seguidor dos ensinamentos de Jesus naqueles tempos.

— O Mestre nos ensina que, onde quer que um ou mais estejam em seu nome, lá Ele estará, também — afirmou, com tranqüila convicção, contagiando todas as três moças ali reunidas pela tocante verdade com que se expressava. — Todos são dignos do amor do Pai e, portanto, de rogar-Lhe auxílio, em Seu Nome! Estou certo de que, aqui reunidos, teremos atendida, convenientemente, a nossa intercessão em favor da nossa irmã Virgínia!

Não podendo esconder o encantamento pelo doce enlevo daquele momento, em que as energias espirituais saneadoras do ambiente se faziam presentes através da imantação poderosa inerente à pureza daquele ato de legítima fé, as duas moças silenciaram, apenas, em atitude respeitosa, observando enquanto o risonho João se acercava da curiosa Virgínia e, sem maiores demoras, impunha-lhe sobre a fronte febril as mãos, carinhosamente, assegurando-lhe:

— Nada temas, querida irmã! Afinal, os deuses ligados à cura, em qualquer crença, intercedem, antes de tudo, pela felicidade humana! Basta-nos sinceridade e amor no coração para nos fazermos dignos de suas graças em nossas vidas; o Mestre nos ensina a amar a todos como a nós mesmos, sejam eles os romanos devotos dos deuses do Olimpo, os nubianos ou os germânicos! Seu amor pelos homens não os diferencia em função de crenças religiosas, de situação social ou de origem étnica. Assim, roguemos a Sua intercessão neste momento, confiantes nos efeitos da autenticidade do amor nos corações de todos nós, aqui reunidos, pela nossa querida irmã convalescente.

Virgínia o escutava, a princípio pouco à vontade, e de dentro de um sorriso algo inseguro e tímido, experimentando, contudo, uma sensação indefinida entre aconchegante fascínio e repousante reconforto. No entanto, o timbre bondoso da voz daquele jovem, assim se exprimindo na sua natural simplicidade, e a forte aura tranqüilizante que se desprendia de sua presença, aos poucos apaziguaram-lhe extraordinariamente o espírito até então conturbado e mergulhado nos dilemas da dúvida e do desânimo. Assim que, em nenhum momento, a partir do decorrer daquele instante inesquecível em que se sentiu, nitidamente, outra poderosa Presença Amorosa a mais, intercedendo, decisiva, na cura definitiva de seus males orgânicos, Virgínia nutriu mais dúvidas acerca do efetivo progresso de sua recuperação, como de fato se confirmaria com a sucessão natural das horas, para assombro dos seus familiares e funda e insuspeitada emoção nos corações das duas outras jovens ali reunidas.

Correram os dias sobre estes importantes acontecimentos, e em certa manhã perfumada Blanda esquiva-se, furtivamente, do ambiente doméstico, para abordar o moço João nos jardins da residência, em momento oportuno.

Tendo estado até ali ocupado nos cuidados aos canteiros profusamente floridos, em dando com a presença da jovem, imediatamente ele se empertigou, entre gentil e atencioso.

— Como estás, domina? Em que posso servi-la?

Contida nos gestos e nas palavras, embora se visse presa da mais franca alegria entrevista em seu semblante, Blanda fez-lhe um gesto discreto, eximindo-o de maiores formalidades naquele instante.

— Oh, João! Venho novamente trazer-te os nossos agradecimentos, meus, de Virgínia, e em nome de sua família.

O sorriso gentil na fisionomia honesta do rapaz expandiu-se, franco, embora sempre respeitoso.

— Ah, que boas notícias me trazes, então? Com o que adivinho que a nossa irmãzinha se vê em franca convalescença!

— Nem fazes idéia do tanto, João, assim como, desta feita, não fazes idéia também do tanto que é impagável a providência que envidaste a favor de Virgínia, tão desprendidamente, e de dentro de tanto risco para a tua pessoa.

Blanda sorria, expressando um desafogo enorme no coração opresso, já de há tanto tempo, com aqueles problemas. Olhava em torno, ao mesmo tempo, zelosa principalmente da integridade do bondoso rapaz.

— O Mestre não nos falta, domina. A Ele, somente, devemos dirigir o nosso reconhecimento — João assegurou, expressando sincera satisfação.

—Virgínia é mais do que parenta para mim; sempre foi. É amiga e irmã querida. Nunca, portanto, poderei agradecer-te o suficiente, João, e teu Mestre é, de fato, digno das maravilhas que reputam os ditames presentes hoje, por todo lugar em Roma, da parte dos muitos que já lhe reconhecem a genuína procedência celeste!

— O amor presente em nossos corações é poderoso agente de cura, domina — voltou o moço, convicto, compartilhando, franco, de sua alegria. Mas uma interrupção brusca na conversa veio sobressaltar Blanda, fazendo-a voltar-se, de inopino.

Era Drusila, chamando-a da entrada dos jardins.

— Blanda! Que fazes aí, debaixo do calor intenso desta hora do dia? —estranhou.

No entanto, havia nítida e incômoda nota insidiosa no seu tom de voz, em convocando imperiosamente a irmã mais nova daquela forma.

O tranqüilo João, nada obstante a pouca idade, manteve-se sereno e íntegro na disposição e na expressão fisionômica, o que serviu para aliviar Blanda, até certo ponto, porque anotou-lhe, na rápida troca de olhares que permutaram, à guisa de despedida.

— Agradecido, domina! Sinto-me profundamente felicitado pelas boas notícias! Fico à disposição para o que precises.

E, em assim dizendo, encurvou-se, em saudação humilde, ao que Blanda respondeu com a delicadeza que lhe era própria.

— Conta comigo sempre, João, em qualquer dificuldade! Lembra-te, em todo caso, de socorrer-se de mim, caso se faça preciso — sussurrou, dirigindo-lhe encantador sorriso e saindo depois, apressada.

— Que tanto te demoras em conversas com o jardineiro?! — interrogou Drusila em entonação quase arrogante, e claramente desaprovadora. — Olha que papai não é dado a conferir intimidades à criadagem, e ficará profundamente desgostoso em te ver às voltas com assuntos entre os serviçais.

— Sempre me agradam os passeios nos jardins, Drusila, e observava o trabalho de João[4], aliás, exímio jardineiro, nos canteiros de acácias — foi a resposta algo amolada e inquieta. — De outro lado não me agrada esta tua mania de me fiscalizar os passos como sombra, ultimamente. Que aconteceu, afinal, para me abordares tão intempestivamente deste jeito?

— Para comunicar-te o recado de mamãe! Deseja conversar conosco sobre o compromisso de hoje com o templo! É o mês consagrado a Apolo; haverá cerimoniais em vários dias, e não te eximirás, por hoje, da presença no culto onde papai oficiará, fazendo questão da presença de nós todas — Drusila informou, com uma ponta de ironia, adentrando o recinto doméstico; mas, a isso, Blanda não quis acompanhar-lhe os passos. Adiantou-se, irritada, para o interior dos cômodos, ouvindo ainda a maliciosa nota que a irmã acrescentou, seguindo-a de perto: — Mesmo Breno há de comparecer, Blanda, e certamente Marcus Flavius, cuja família é fielmente devotada ao templo do deus dispensador de vitórias, de beleza e de saúde!

Ria-se. Mas Blanda não lhe deu atenção, sumindo-se na curva do terraço, em busca da mãe.

---

[4] João era plebeu, nascido em Roma, em decorrência do que, sem desfrutar de posição de destaque na sociedade, e também sem ter nascido de família ilustre, exercia ocupação modesta no rastro do pai, servidor antigo da casa de Valério, de quem aprendeu os ofícios da jardinagem. (N. do A. E.)

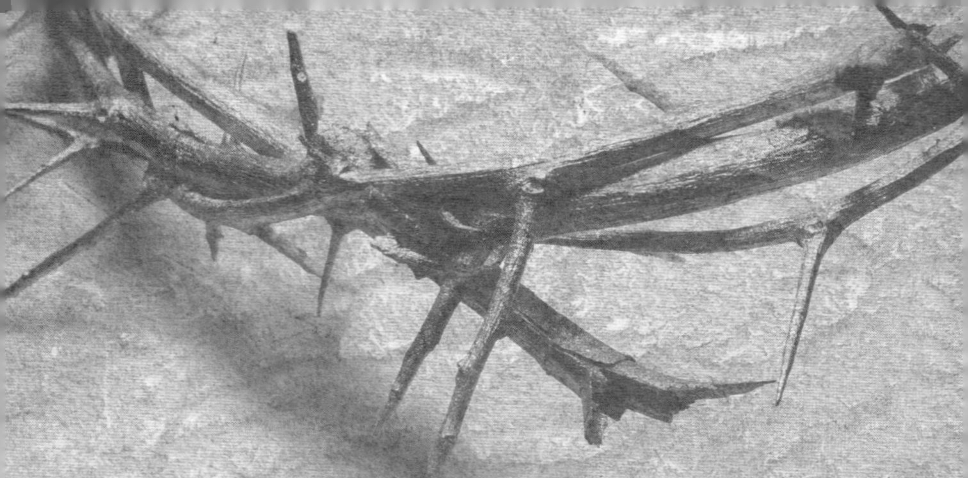

Capítulo IX

Um insuspeitado reencontro

A estranha impressão que Blanda experimentava ao encontrar o altivo Marcus Flavius era uma incômoda e desconcertante certeza de que bem, e bastante, já o conhecia, pela lógica de seu coração desde muito antes dos poucos anos que fazia em que foram apresentados, em decorrência das contingências do trabalho de seu irmão Breno com as legiões romanas. Olhava-o, e experimentava aquela insólita sensação de familiaridade, involuntariamente. Experimentava, paralelo a isso, por outro lado, irresistível fascínio pelo aspecto belo e, a um só tempo, enérgico do altaneiro oficial romano. Não saberia de modo algum explicar a origem deste seu estado peculiar de espírito, mas o fato é que existia, e se via inevitavelmente dominada por ele.[5]

---

[5] O reconhecimento que acontece, corriqueiro, em nível espiritual, entre almas de há muito vinculadas pelo afeto em vidas físicas anteriores e na sua continuidade, nas dimensões invisíveis, em se reencontrando em novo estágio na materialidade. (N. do A. E.)

Era o que mais uma vez acontecia naquele final de tarde tumultuado diante do Templo de Apolo, quando mais uma cerimônia se encerrava em honra ao poderoso deus governante das diretrizes de vários aspectos da vida social romana, tendo contado com a presença do próprio Nero, interessado em deitar oferendas pródigas ao templo com vistas à prosperidade em certas negociações políticas e na sua cota de popularidade na cidade, estremecida desde os inauditos e misteriosos eventos dos incêndios, que haviam calcinado impiedosamente grande fatia da cidade meses antes. Com efeito, os romanos andavam supondo ser o governo de Nero amaldiçoado, em conta do que houve que se providenciar, às pressas, um bode expiatório a que se atribuísse a responsabilidade pelo sinistro, reconhecidamente criminoso por parte das autoridades.

Em vista do indizível transtorno que se formava nas ruas circundantes e no próprio recinto religioso a cada vez que o Imperador em pessoa comparecia a estes cerimoniais, difícil se tornava, para quem se achava lá dentro, evadir-se em busca de seus lares ou de outros destinos. A isso somavam-se o calor, o barulho, a poeira, a indescritível confusão armada em torno de áulicos circundantes do monarca e das tropas montadas pretorianas que fechavam o cerco barulhentamente em formação de proteção contra a turba alvoroçada, e com isso estava formado o clima extremo de desassossego e de declarada impaciência que muitos experimentavam, em oposição aos que se deleitavam com o atrativo turbulento destes eventos populares. E Blanda estava entre os primeiros.

Ela avançava sofrivelmente ao lado da eufórica Drusila em busca da liteira conduzida por escravos particulares da residência do sacerdote, irritando-se mais ainda com a forma como a irmã mais velha detinha-se a todo momento para trocar comentários acerca de frivolidades com um ou outro conhecido, ou para buscar, uma vez mais, com os olhos ansiosos por novidades, a visão de Nero deixando o templo na companhia de sua numerosa comitiva. Mas o Imperador já se havia ausentado tão vertiginosamente quanto se fizera presente, e ficara o povo atolado na saída, sem dispersar, impedindo-lhes o avanço.

Súbito, eis que Blanda escuta um chamado forte e algo ansioso.

— Blanda! Um momento, domina!

A isso, ambas as irmãs se voltaram, e logo deram com o vulto alto de Marcus, abrindo a pulso caminho entre a multidão à força dos braços, na companhia de mais dois pretorianos. O modo como se apresentava, envergando o uniforme oficial das tropas romanas, indiciava que se achava por ali a serviço de segurança, o que logo se evidenciou assim que as alcançou, obviamente manobrando a situação de maneira feliz aos seus interesses, como lhe era próprio. Com efeito, de dias a esta parte, ele não mais se continha de ansiedade para trocar com a filha mais nova de Valério uma palavra que fosse, desde o incidente de perseguição aos cristãos naquela tarde abafadiça.

Acercando-se, presto e decidido, embora momentaneamente conservando a postura sóbria e autoritária que se pedia para a ocasião de trabalho, ele anunciou, num meneio firme, em tom que não permitia apartes:

— Escoltamo-vos até o vosso veículo. — E, num gesto de comando a seus dois parceiros, fecharam o cerco em torno das duas moças. — Onde se acham os vossos pais, Drusila? — quis saber da mais velha, que mal escondia a satisfação que lhe causava a inevitável distinção que a situação naturalmente lhes conferia.

— Mamãe acha-se na companhia da família de Virgínia, Marcus, porque, ainda convalescente, embora já tenha vencido a nefasta moléstia, ainda não se encontra apta ao abafamento destes tumultos — elucidou, alteando a voz para se fazer ouvida.

Marcus, que havia se colocado de maneira oportuna ao lado da silenciosa Blanda, assentiu de leve, apenas com a atenção momentaneamente presa no barulhento movimento dos circunstantes em debandada. Então, enquanto avançavam com lentidão por entre o povo, voltou-se, afinal, para a jovem que tinha rente a si, sorrindo, jovialmente.

— Paciência, domina... Faz-se coisa inútil a pressa em um momento desses! Melhor seguirmos com cautela.

— Não estou apressada nem impaciente, Marcus. — A jovem sorriu-lhe de volta, amável, embora claramente estivesse evitando-lhe o olhar enérgico com que irresistivelmente a fitava. — Já me habituei ao inevitável destas situações. Submeto-me a elas, sabendo que daqui a algumas horas já terão ficado para trás.

O militar sorriu de leve. Olhando em torno, deu ordem a um dos subordinados que auxiliasse no desfazimento de um tumulto criado próximo dali por uma discussão entre dois homens, que mais ainda atravancava a passagem do povo. Depois, tornou a depositar a sua atenção na moça; sentia vívida emoção com aquela proximidade, o que afinal o levou a encorajar-se para abordar o assunto que há tantos dias o vinha preocupando.

— Que fazias tu, Blanda, naquela tarde, e naquela rua deserta, na companhia da tua prima e daquele desconhecido? Em serviço, não pude deter-me por mais tempo para falar contigo, mas segui preocupado, de vez que aquela região da cidade em particular, e àquelas horas, não se fazia segura nem desejável para a caminhada de duas jovens.

O olhar de Blanda brilhou àquela alusão. Por um momento corou vivamente. Não soube o que dizer, e isto levou o lúcido e perspicaz Marcus a conter-se.

— Perdoe-me, Blanda, se sou inoportuno na minha menção — murmurou-lhe, quase afetuoso. — Sabes, por outro lado, que me importo sinceramente contigo, e este apenas é o móbil do meu comentário, longe de qualquer intenção de impertinência.

A moça, então, enfim dirigiu-lhe os grandes olhos castanhos. Via-se que o assunto de fato a perturbava, embora a ele não ficassem claras, de início, as possíveis razões.

— Não te desculpes, Flavius! Compreendo-te o propósito e o zelo! — E explicou, um tanto evasiva, debaixo da atenção mal disfarçada que a irmã ao lado prestava ao diálogo: — Naquele dia seguia Claudia em visita à prima Virgínia, e o estranho que nos acompanhava, em verdade, era o serviçal da nossa casa, que carregava os nossos presentes.

Baixou a vista. Não pôde encará-lo para além destas palavras, mas estava clara a Flavius a sua nítida e incompreensível consternação, visível nas entrelinhas, cujas razões pensou adivinhar.

— Blanda... — disse, após breve intervalo ocupado no esforço de resguardá-la da confusão em torno —, espero que não tenhas ficado mal impressionada a meu respeito pelo que te foi dado presenciar naquele momento. Eu estava em serviço, e, naquela ocasião específica, em perseguição a...

Viu-se, contudo, inesperadamente interrompido pela consternada filha de Valério.

— Por favor, Marcus! Não te demores em explicações sobre um assunto que não me deves!

Para a surpresa de Marcus, o tom era quase nervoso, contrariado. Ficou indeciso entre atribuir aquilo ao desassossego da situação onde ora se viam, ou a algo mais, oclusivo ao seu entendimento, mas que lograva, talvez, compreender por intermédio de um palpite íntimo qualquer.

Movido por este sentimento, ousou, ainda, um acréscimo de esclarecimento. Não escondia a preocupação sincera que o compelia a fazê-lo.

— Perdoe-me, Blanda; permite-me apenas comunicar-te que não se trata, aquilo, de ocupação que me confira nenhum tipo de realização pessoal ou profissional. Mas penso que me conheces o bastante para que o saibas, antes que te diga algo a respeito.

Trocaram outro olhar, durante alguns instantes, e ela notava, ostensiva, transparente naquele momento, toda a carga de indisfarçável emotividade refletida na tonalidade azul intensa dos olhos que o militar lhe dirigia, insistente. No entanto, ele se viu obrigado a interromper de abrupto aquele velado idílio entre ambos, quando o tumulto em volta, ocasionado pela briga entre os dois estranhos, cresceu subitamente, desencadeando uma ondulação violenta na turba que se esforçava entre evadir-se para escapar da confusão repentina ou aproximar-se para observar o que se passava. Com isso, Marcus Flavius e seu parceiro se viram separados de chofre com suas protegidas — o legionário foi involuntariamente arrastado a um ângulo de parede, ocupado em defender Drusila com energia dos percalços da situação; e Blanda foi arremessada ainda mais de encontro a Flavius, que a amparou, enlaçando-a protetoramente enquanto, de outro lado, encolerizado, berrou outras ordens para os componentes do seu destacamento da guarda ao alcance do seu comando.

— Viriato! Arregimenta mais quatro e dispersa logo aqueles crápulas. Rechaça esta maldita briga, que Plutão me valha!

Blanda olhou-o, notando-o rubro, as veias das têmporas latejantes na emergência da situação. Muito jovem então, e nunca tendo estado na presença do oficial em circunstância tão perigosa e ingrata, terminou se enervando, assustada. Quando Marcus voltou para ela novamente a sua atenção, notou-lhe os bonitos olhos marejados, e a sentiu trêmula em seus braços.

— Domina, perdoe-me o desconforto deste momento — disse-lhe, inclinando-se para fazer-se ouvir mais de perto. — Drusila ali está, mais adiante com um dos meus soldados. Vem comigo, que vou arredá-la daqui mais rapidamente, por um outro atalho — pediu-lhe, retendo-a com ternura contra si. Fez, dali mesmo, um sinal firme ao outro soldado, trocando entendimento a distância, e, enérgico e aos berros, para que pudesse se evadir com a moça da barulhenta massa humana, foi com ela abrindo caminho à força do escudo, o seu imponente traje da guarda pretoriana, usualmente respeitado e temido por toda a Roma, fazendo-se obedecer mais eficazmente do que a própria autoridade contundente dos seus brados.

Marcus Flavius finalmente alcançou as proximidades do trecho da avenida onde, a pouca distância, se via a liteira de Blanda e Drusila guardada pelos escravos à espera para conduzi-las de retorno à casa do sacerdote.

Notou que a jovem que amparava já se recompunha um tanto do susto, mas que demonstrava, sem embargo, impaciência para se livrar daquela situação e colocar-se, afinal, no abrigo de seu veículo.

— Aqui, Blanda, estás, finalmente, segura. Convém, no entanto — notou, com segunda intenção, qual a de demorar-se mais alguns instantes em palestra com a moça —, que esperemos aqui pela tua irmã, para que nos aviste com facilidade. Faço-te companhia. — Dirigiu-lhe, então, um sorriso, na tentativa de apaziguar de vez o sobressalto e o constrangimento ainda visíveis no todo do aspecto empalidecido da filha de Valério. — Conversemos um pouco enquanto isso, já que há tanto tempo planejo demorar-me contigo para saber a teu respeito sem que me seja dada esta oportunidade, pelas contingências nada calmas do meu serviço ultimamente.

Blanda olhou-o, outra vez tímida, sem poder sustentar-lhe por muito tempo o olhar franco e afetuoso.

— Sim? — ela devolveu, amável como de costume, apesar de tudo. — Como tens passado, Marcus?

E ele, nada obstante sempre um soldado, agora também um tanto sem jeito na maneira de abordar com ela um assunto qualquer, meneou, de início comentando:

— Roma nunca mais teve sossego após aqueles inauditos acontecimentos que calcinaram toda a cidade. A guarda pretoriana anda com sobrecarga de serviço por conta disso.

— Mas é o que aprecias fazer — Blanda notou, gentil.

Marcus assentiu, de certa forma. No entanto, preferiu mudar de assunto.

— E tu, querida? Com Breno no meu destacamento temos sempre oportunidade de conversar, e ele me deu conta nos últimos tempos da possibilidade do teu ingresso no serviço religioso do templo... principalmente depois da cura verdadeiramente admirável da tua prima Virgínia.

Notava-se um quê qualquer de ansiedade mista a certa decepção no comentário, que surpreendeu Blanda, até certo ponto. Ela tornou a voltar para ele o olhar entre emocionado e brilhante de uma estranha luz.

— Breno precipita as coisas. Não descarto totalmente esta possibilidade, mas ainda não me decidi. O serviço religioso é rigoroso, Flavius, e, apesar de tudo, ainda não estou certa de minha compatibilidade com tal gênero de confinamento em devoção exclusiva ao deus, embora não seja minha intenção desacatar a subida distinção de um chamamento pessoal de Apolo. — E, em notando que ao que dizia o agora silencioso Marcus apenas a ouvia com concentrado interesse, dirigindo-lhe um sorriso algo triste e um olhar, por sua vez, declaradamente enamorado, como em tantas outras vezes já acontecera: — Amo minha liberdade apesar de tudo, Marcus —ela completou, desviando-se para os arredores, algo perturbada —, e o poder ir e vir de um lado para o outro, aos passeios nos campos e a lugares de veraneio! Ficarei tolhida nestas coisas se afinal me decidir pelo voto, que é em caráter de toda uma vida!

— Nestas e noutras tantas, também importantes, domina. Não cogitas de, algum dia, formares tua própria família? — E, como se a isso nova e velada luz se acendesse, tímida, no olhar da jovem, encorajou-se a acrescentar, dominado por visível emoção no tom de voz com que se pronunciava: — Sei de alguém bem do teu conhecimento que vem desejando ardentemente interpelá-la a respeito deste assunto, só não o tendo arriscado até agora por não saber bem qual reação esperar de ti.

Blanda novamente corou, e por breve momento perdeu as iniciativas. Condoído, por temer a impetuosidade com que abordara a questão ali, num lugar talvez impróprio, Marcus interrompeu-se, e ia levando-lhe ao rosto delicado uma das mãos, carinhoso, quando foram colhidos por um chamado alto.

Glauco afinal se aproximava, cansado e irritadiço pelo calor do tumulto que vinha de deixar com a sua protegida. Com isso,

Flavius recobrou compostura, embora lamentando intimamente a intervenção do soldado justo naquele momento.

— Comandante Marcus! Eis a senhora, e perdoe-me o demorado da tua espera, mas foi-nos quase impossível deixar logo aquele inferno.

Marcus apenas assentiu, o pensamento dispersivo. Com a mente presa no momento que dividira com Blanda até então, mal ouviu o que o legionário lhe comunicou, assim como não prestou atenção ao sorriso esfuziante com que Drusila lhe agradeceu a intercessão em favor de ambas, nada obstante o enorme contratempo da situação que, na irmã mais nova, provocara, antes de qualquer satisfação, acentuado e consternado mal-estar.

O comandante das tropas romanas acompanhou as duas jovens até o veículo, depois de despachar o soldado de volta ao serviço de guarda na saída do templo ainda tomado pelo grande tumulto do povo dispersando.

— Penso que agora estão seguras. — Marcus dirigiu-lhes respeitoso cumprimento, quando ambas instalaram-se no veículo. E, antes de dar sinal aos escravos para que as conduzissem, trocou com Blanda um último olhar. — Quererei, de futuro, continuar contigo a conversa agradável para a qual agora, infelizmente, não dispusemos de tempo suficiente para a concluirmos, domina.

Blanda sorriu-lhe, entre insegura e graciosa. Tinha, naquele minuto, o espírito dominado por ininteligível perturbação, porque não podia mentir para si mesma quanto ao intenso sentimento que o militar lhe despertava, sempre reavivado a cada contato mais próximo entre os dois.

— "Conversa agradável"... — Drusila riu, maliciosa, para a irmã, tão logo se puseram a caminho ao comando de Marcus que, após breve aceno, retornou ao serviço que o aguardava junto aos companheiros. — Observo progressos, Blanda! Mamãe haverá de gostar de saber que mantiveste "conversa agradável" com o oficial hoje!

— Não imagines coisas, Drusila! Marcus prestou-nos valioso concurso em meio a todo este transtorno, e foi tudo! Não deves alimentar fantasias a cada vez que ele nos distingue com as suas atenções somente gentis, antes de qualquer outra coisa —voltou Blanda, amolada, embora também se visse presa de involuntário alheamento, tentando apaziguar em si mesma a exaltação emocional que lutava por ocultar, principalmente, da argúcia que sabia acentuada em Drusila.

No entanto, era um esforço inútil, porque a outra logo aduziu:

— Marcus prestou a ti — frisou — um valioso concurso — ria-se. — Pergunto-me por que se colocou de imediato do teu lado, quando poderia encarregar qualquer um dos outros legionários do seu destacamento para fazer-te a guarda, e não junto a mim, por exemplo. — Como sempre, havia certa dose de despeito na sua voz, despeito este que só não se desenvolvia para além desses motes em virtude de ser ela mesma, por sua vez, interessada em Marcelo, o irmão de Virgínia, também um militar dos exércitos de Nero. — E não penses que não vi o arremate interessante da tua conversa com ele! — Como Blanda corasse vivamente, olhando-a, entre revoltada e vexada, Drusila riu ainda mais. — Há, há, há. E queres te passar por indiferente perante este valoroso oficial pretoriano! Melhor que te decidas logo, Blanda, antes que papai, por sua vez, resolva por te enfurnares definitivamente no serviço religioso, com a fama de pitonisa que, por outro lado, involuntariamente tu vens alimentando! Há, há! Imagine se eu hesitaria uma vez que fosse entre um guerreiro do quilate de Marcus e as paredes sombrias de um templo, silencioso e vazio de calor humano como um féretro.

Aborrecida, mais aquela vez, com aqueles rompantes inconseqüentes, Blanda não haveria de adivinhar que o contratempo maior não fora, ali, durante o seu colóquio com Marcus, o testemunho inconveniente da irmã — mas o de uma outra pessoa: o de um homem poderoso, a quem não agradava pessoalmente, sem que ninguém o supusesse, a iminência do envolvimento que se delineava entre o oficial romano e a sua sobrinha: Pompílio Severo.

De saída do templo por um acesso lateral, ele flagrara, a distância, justo o momento de maior ternura do diálogo entre ambos. Observara o suficiente, sem ser percebido, e depois se evadira noutra direção.

Capítulo X

Escolhas de uma época

O jovem João entregava-se, como de costume, ao seu trabalho nos jardins da casa do sacerdote. Ventos leves e perfumados sopravam àquela hora da manhã, o que talvez tenha propiciado a que, distante dos bancos de repouso espalhados ao longo dos bosques, ele escutasse um rumor ligeiro, algo parecido com soluços femininos, abafados e discretos.

Sempre sensível ao sofrimento humano a despeito da pouca idade, não pôde se furtar a procurar saber o que ocorria, apesar do zelo imediato do pai, que trabalhava a seu lado.

— Onde vais, João? — o homem quis saber, preocupado, porque também entreouvira o que a audição aguçada do filho tinha captado.

— Ouço um choro aqui por perto, pai. Preciso ver o que se passa; pode se tratar de alguém precisando de ajuda.

Antonio meneou.

— A casa é farta de circunstantes, João, e, em se tratando de choro feminino, e talvez das senhoras da casa, não caberá ao jardineiro oferecer auxílio num caso desses...

— Não me custa nada verificar, sem perder a ocasião de um possível alívio a quem dele necessita — sorriu-lhe o rapaz. — Não te preocupes, pai; serei cuidadoso.

Afastou-se. O pai apenas o observou durante algum tempo, para depois menear, sério, voltando às suas ocupações com uma ruga de inquietação vincando-lhe a fronte bronzeada pelo trabalho diário debaixo dos rigores da luz do sol.

Avançando, cauteloso, por entre os arbustos circunvizinhos, João orientou-se pela proximidade do ruído ouvido a distância, até que, surpreso, parou, ao descobrir de quem se tratava: justo de Blanda.

A moça achava-se entregue ao mais absoluto desconsolo, por uma razão desconhecida qualquer que, nada obstante, naquele instante pelo menos a arrancara da habitual serenidade inata aos seus modos. Sentada num banquinho de mármore entre um bosquete florido, tinha o rosto quedo nas mãos, e os soluços irrefreáveis erguiam-lhe os ombros delicados.

Francamente penalizado, João sondou em volta por um momento. E, certificando-se da ausência total de circunstantes naquele ponto ermo dos terrenos da residência, encorajou-se a se aproximar, abordando-a respeitosamente.

— Domina, que te aconteceu? Precisas de auxílio? — perguntou, quase num sussurro, encurvando-se.

Blanda sobressaltou-se ligeiramente, mais pelo seu grau excessivo de alheamento do que pela intercessão inesperada, propriamente. Perturbada, olhou o moço com o rosto lavado de lágrimas, e por breve instante não soube como reagir.

— Algo te sucedeu, domina? — João indagou, ainda uma vez, condoído, porque era recíproca a simpatia de espírito existente entre ele e a filha mais nova de Valério.

Ela, por sua vez, recobrando um tanto o prumo, e sempre bem impressionada pelos modos respeitosos do jovem, de quem não alimentava a menor dúvida acerca de seu caráter e bondade, mais ainda após a sua maravilhosa intercessão em favor da priminha tida como irmã, logo se desarmou interiormente e fez-lhe um gesto amável, buscando secar, às pressas, as lágrimas e recompor um tanto o aspecto fragilizado que a dominava toda.

— Senta-te, João. Talvez que me confiras algum alívio ao espírito, porque me acho mergulhada num dilema!

Impressionado, e assim solicitado em confiança, João obedeceu de pronto.

— Ficarei sempre agradecido se de alguma forma me for dado auxiliar-te! — notou, bondoso.

Blanda ainda cuidou de olhar em volta por um momento.

— Não quero comprometer-te — observou com delicadeza. — Mas agrada-me a tua presença, João, e a serenidade dos teus conceitos em determinadas ocasiões. São um bálsamo incomparável aos males da alma, a que nem sempre os nossos deuses atendem satisfatoriamente.

— Que te importuna assim, por esta forma, domina? Veremos se, de dentro da precariedade das minhas condições, não te posso ofertar algum alento.

A moça olhou-o. Naquele instante experimentou urgência em expressar-se, porque nunca se sentia segura ao palestrar com os serviçais da casa, em virtude do rigor de princípios com que a família se posicionava em relação a isso.

Inclinou-se, fitando o rapaz de dentro de sofrida franqueza.

— Oh, João, tu conheces já de algum tempo aquilo que, me sendo inerente sem que o tivesse escolhido, no entanto, vem determinando o risco de uma guinada decisiva no curso da minha vida.

João assentiu, com calma e simplicidade.

— És bondosa de coração, domina, e parece que apraz a Deus, em virtude disso, te colocar a serviço do próximo, em determinados momentos.

— Pois ouve! Agora há pouco, ouvi sem querer a conversa que mantinham minha mãe e minha irmã! Mamãe contava a Drusila que papai vem cogitando com maior seriedade, por estes dias, impor-me a diretriz religiosa que entende de meu dever, em decorrência do que te foi dado presenciar no episódio da recuperação da minha prima. Em conversa com tio Pompílio, este aventou a urgência desta medida, alegando que os desmandos do governo de Nero vêm provocando a ameaça de uma revolta, e que, por estar o povo aventando estar Roma amaldiçoada, é necessário atrair as atenções aos prodígios religiosos que assegurem confiança e tranqüilidade a todos, restabelecendo a ordem na crescente turbulência observada na cidade.

João meneou.

— É verdadeiramente infeliz toda esta sorte de ocorrências vistas diariamente, domina, porque quase ninguém fica ileso a elas. O dom de que te fazes portadora, num caso desses, pode te ser gerador não só de satisfação íntima, mas também de conflitos, dependendo da forma como te posiciones.

Blanda ouvia, nitidamente aflita.

— Que pensas a respeito, João? Assusta-me a possibilidade de dedicar-me definitivamente ao ofício de sacerdotisa, porque não guardo ainda, no meu íntimo, o todo da dimensão das conseqüências desta decisão no percurso da minha vida. — E, num trejeito quase desamparado: — Apraz-me o dom, que me proporciona prestar auxílio a muitos, mas, de outro lado, os rigores dos rituais e a imposição de confinamento me assustam, e não se afinizam com a minha maneira de ser.

Durante breve instante os dois jovens trocaram mútuo olhar de compreensão e de entendimento.

— Entendo os anseios da tua alma, domina. Tua simplicidade de ser não se coaduna com as pompas, mas com a essência da religiosidade; com a alegria da ajuda, pura e simples. — E ousou comentar, dada a empatia natural que experimentavam, na expansão singela dos seus idealismos de juventude: — É pena que não tenhas nascido entre aqueles que puderam usufruir mais de perto, e com maior liberdade, das práticas cristãs. É vida que corre de dentro de um contexto mais simples, domina, longe do regime de castas romano, mas que nos presenteia com as alegrias puras da doutrina legada pelo Mestre que com todos conversava em meio ao perfume dos campos, sem distinguir entre judeus, romanos, pobres ou ricos!

Dominada por crescente enlevo, como sempre acontecia nestas palestras furtivas com o jovem cristão, Blanda agora apenas ouvia; mas algo na fisionomia dela confiava ao rapaz que, se suas palavras tocavam no cerne do problema, ainda não o solucionavam a contento, de vez que alguma outra coisa, ora obscura, prendia a moça interiormente em perturbação cujas causas talvez se fizessem mais truncadas do que aparentavam de início.

— Lágrimas ainda te escorrem dos olhos, domina — João notou, de acréscimo, expressando sincera preocupação. — Quisera poder te auxiliar na solução do que te aflige assim, tão pungentemente.

— É porque não apenas o problema relacionado ao meu serviço religioso me atormenta, João! Meu dilema se prende, ainda, a um outro fator. — Baixou momentaneamente os olhos, diante do silêncio agora respeitoso do outro, que preferiu conferir-lhe liberdade para desabafar-se até onde queria, sem a isso instigá-la, com o risco de incorrer em inconveniência. Ela voltou a fitá-lo, após aquele breve intervalo, a expressão perdida acentuando-se nos traços delicados e pálidos da sua fisionomia. — Meu coração prende-se, por amor, a um homem que também me pretende. Mas trata-se de um militar romano! Um pretoriano, que, de acréscimo, anda envolvido na perseguição encarniçada aos cristãos, que tanto abomino. Não porque seja mau, mas pelas imposições do seu posto de comando.

João anuiu, bondoso e compreensivo.

— O oficial Flavius...

— Sim! De resto, então, João, e embora fosse a vontade maior de minha mãe, que me livraria, por outro lado, da imposição de meu pai, apesar do sentimento forte que nos une em plena correspondência, como posso, de meu lado, decidir-me à união com um homem cuja vida se desenrola neste contexto? E quando ele viesse saber da minha afinidade com os preceitos do Cristo, e da aplicação que, vez por outra, imprimo, deles, nos lances eventuais do meu cotidiano?

Um soluço embargou-lhe as palavras. Grossas lágrimas rolaram-lhe novamente, intensas, pelo rostinho vincado pela amargura, e outra crise emocional empolgou-lhe o espírito jovem e inexperiente.

— Oh, João! São decisões graves a tomar, e sinceramente não sei como proceder.

Quedou o rosto novamente nas mãos postas, entregue ao desconsolo e aos soluços, diante da honesta consternação do moço cristão que, em prece muda, rogava inspiração para aquela contingência tão extemporânea que se apresentava, cobrando-lhe aconselhamento — dele, um mero jardineiro de casa romana — à filha do destacado representante da tradicional e austera religião daquele poderoso Império.

Enfim, após muito ponderar, o jovem externou suas impressões, de dentro de contrita humildade.

— Penso que, apesar do quadro desfavorável das pressões que te cercam neste momento, domina, o teu universo íntimo só a ti pertence. Nada te impede, desta forma, buscar arrimo e consolo nas deliberações sábias do Mestre, que sempre haverão de nos falar ao íntimo em hora de necessidade. Assim, socorre-te deles; mas, se a força das circunstâncias te encaminharem ao inevitável que se delineia, talvez, em função das tradições da tua pátria e da tua família, usa com valor, como o tens feito até então, em favor do próximo, os benefícios dos teus dotes incomuns de espírito, e resguarda no imo sagrado do teu coração a legitimidade dos teus sentimentos por aquele que te corresponde aos anseios de união pautada em amor! Entrega ao Altíssimo as soluções que advirão, naturalmente, para este dilema, e espera com fé. — E, tomando-lhe, gentil, qual irmão, a mãozinha delicada e trêmula, endereçando-lhe o olhar profundamente dócil e amoroso: — Confia, irmã! Ora e espera!

Trocaram cândido sorriso. E encerrou-se, daquela forma, para aquele momento, a palestra, que serviu para infundir na jovem algo de inefável bem-estar, lhe devolvendo ao menos parte do seu sossego íntimo.

Marcus Flavius residia do outro lado do Tibre. Era membro de uma família numerosa, cujos componentes homens, eminentemente, serviram às armas romanas num sem-número de gerações passadas. Assim, era ele o mais velho de seis outros filhos homens, com uma única irmã que não residia em Roma, tendo deixado a cidade por ocasião de seu casamento com um tribuno que fora de servir em província afastada, ocupando posição importante de representação, naquelas terras, do Império Romano.

Assim, salvo a presença de Lélia, a esposa do general aposentado, Marcus Túlio Flavius, era comum na casa a reunião freqüente de membros do exército e da guarda pretoriana, volta e meia presentes nas festividades familiares, ou trazidos em visita pelos filhos do militar, em razão do que os assuntos da ordem do dia nos meios imperiais sempre se faziam, no ambiente da residência, atualizados e vivamente discutidos.

Era o que acontecia agora, naquele final de tarde, numa das ocasiões em que Marcus obtivera a sua licença sem maiores impedimentos e se reunira ao parceiro, Breno, e ao primo deste, Marcelo, a quem encontraram casualmente nas ruas, também retornando do plantão cumprido no mesmo período do dia. Ao seu convite, ambos concordaram em dividir algumas horas de descontração regada a bom vinho, a fim de discutirem os assuntos em voga na cidade ultimamente, e trocarem impressões a respeito.

Nada obstante Marcus e Breno serem amigos por afinidade natural de ideais e de temperamentos, Marcelo, no entanto, se lhes constituía no contrário. Pois trazia impresso na sua índole enérgica e combativa o perfil dúbio do pai, a par da extrema argúcia e frieza de raciocínios que lhe era própria. Assim, Marcelo compartilhava com Pompílio do seu modo pragmático e oportunista de lidar com as complicações advindas das extravagâncias do atual governante; bem como com o seu aproveitamento calculista da situação, para fazer também fogo cerrado contra a ameaça dos cristãos, aventada por Nero mesmo, embora manobrando com a circunstância em interesse próprio — ao contrário de Marcus e Breno, simpatizantes discretos do que sugeriam os últimos boatos acerca das ameaças de um levante da parte de Galba, da Espanha, com a participação dos membros da guarda pretoriana, para depor o ditador. Com efeito, à exceção de alguns movidos por interesses de ordem particular, a ninguém mais agradava os desmandos de um governo que, se bem andou nos seus primórdios, agora destrambelhava para todo o tipo de aberrações possíveis, entremeadas de assassinatos bárbaros e de perseguições arbitrárias, disseminando conseqüências desastrosas em todos os setores da sociedade.

Era este, portanto, o teor do assunto que mantinham naquela tarde, na presença do experiente Marcus Túlio, participando da conversa mantida em torno do triclínio[6], enquanto criados serviam o vinho e um lanche composto de algumas frutas e iguarias.

Naquele momento, contudo, o teor da entrevista corria descontraído e às gargalhadas, enquanto discorriam sobre o acontecimento que, de dias àquela parte, era o mais comentado, às ocultas nas turbas e albergues, ou nas reentrâncias palacianas, em surdina.

— ... e como se saiu Otávio diante desta cômica emergência? — Quem indagava era o próprio Marcus Túlio, prazeroso na audição das notícias sempre renovadas trazidas ao seu conhecimento pelos filhos e amigos nas eventuais visitas. — Não quero crer que o próprio Nero tenha chegado ao cúmulo de expor-se desta maneira sórdida! Queres, então, dizer que era ele, o parvo,

[6] Sala de jantar com três ou mais leitos inclinados, ao redor da mesa, sobre cada um dos quais se podiam recostar três convivas. (N. do E.)

acreditando-se incógnito sob um reles manto durante as orgias costumeiras das noites romanas?

Marcelo apenas anuiu, num dar consternado de ombros, provando uma fruta cristalizada.

— Não quereria eu estar no lugar do coitado do Otávio. Efetivamente, em se tratando de soldado de escalão menor, como proceder em tal contingência?

— O homem quase o moeu de pancadas, e creio ter sido este pormenor, por outro lado, que o isentou de maiores complicações! Porque, a pretexto de apartar a briga e prestar socorro a um pobre-diabo, talvez tenha se aviado o infeliz a cumprir satisfatoriamente o seu dever, ao mesmo tempo que livrava a excelente pele deste nosso digno governante. Imagino os governadores das províncias e soberanos dos outros países de posse destas novas: o Imperador romano em pessoa às voltas com meretrizes e vagabundos em bordéis noturnos, metendo-se em contendas com eles e apanhando vergonhosamente, para arremate — elucidou Breno, enquanto virava à metade a segunda caneca com vinho e descaía-se para trás, a estentóricas gargalhadas.

Marcelo, àquilo, apôs um riso seco, pressuroso.

— É perdoável, Breno, o teu rompante. Estes surtos, efetivamente, descarregam o cansaço e a insuportável tensão presentes em todos nós nestes últimos tempos, e compensam a rigidez de sobriedade imposta à tua postura como membro da guarda pretoriana, noutras ocasiões. Não é o que também pensas, Marcus? Nunca vi antes Breno se abandonar a tamanha hilaridade... — E agora ele, rindo-se, contido, uma sombra fugidia transparecendo em seus olhos escuros. — Ah, se cai nos ouvidos de Nero que os próprios componentes da sua guarda de elite andam troçando dele desta forma.

— Como chegaria aos ouvidos dele, Marcelo? — foi a vez de Marcus atalhar, arguto; nunca o agradava a eventual dubiedade com que Marcelo se exprimia. Invariavelmente, aquela nota no caráter do outro inspirava-lhe desconfiança; a sensação de que, embora diante de um colega de armas, não se achava, quando na sua presença, diante de um igual, de um camarada de profissão em quem pudesse confiar cegamente.

À pergunta, contudo, Marcelo foi diplomático.

— Estamos na tua casa, na presença do teu pai, e entre amigos, Flavius. Mas sei Breno maduro e experiente o bastante para saber que colocaria a cabeça a prêmio se caísse na infelicidade de tecer estas considerações em ambiente e em companhias inadequados.

Marcus apenas ouviu, e não quis acrescentar mais comentários. Seu pai, todavia, deduziu daquilo outras especulações, que de momento preferiu guardar para si. Conhecia bem Pompílio Severo e, por extensão, seu filho. Sabia que eram feitos de matéria semelhante, e nunca lhe escapava a forma pouco escrupulosa com que aprazia a pai e filho se orientarem na vida social, militar e política, em dependendo da situação e dos interesses envolvidos.

— Qual a solução, afinal, emprestada para desfecho deste lastimável incidente, pelo desafortunado Otávio Sergio? — perguntou, retomando o teor do assunto que tratavam antes.

Breno, a par dos detalhes do incidente, respondeu desta vez, contendo o acesso de riso e ignorando as insinuações de Marcelo, de vez que o vinho, de fato, havia lhe alterado beneficamente o humor.

— Ora... Otávio ensaiou empregar a força para desapartar os brigões, mas, em caindo o manto de um deles, tomou inaudito susto, duvidando do testemunho dos sentidos. Tinha chegado a dar uns sopapos de efeito moral nos dois, enquanto era auxiliado por Fabrício Lúculo. Mas, nada obstante a bebedeira, Nero efetivamente acordou com a dor dos sopapos. — Ameaçou abandonar-se ao riso novamente, mas conteve-se. — Empertigou-se, então, e, diante do indescritível susto dos legionários, desferiu ele, por sua vez, um soco na direção do rosto de Sergio, que desviou-se. E Nero, de tão trôpego, não apenas não acertou o golpe como ainda beijou o pó novamente! Teve, afinal, de ser rebocado pelos soldados até o palácio, às ocultas nas sombras da noite. Entregaram-no aos cuidados do prefeito da guarda e evadiram-se, antes que o tirano voltasse a si e resolvesse descarregar sobre eles a sua cólera por se ver assim, flagrado nos seus horríveis desregramentos.

Ao término do relato, riram-se com vontade ele e Marcus Flavius. Marcelo apenas meneava, desaprovador, sem ousar reprimenda ou deboche, mas foi o velho general quem primeiro se exprimiu com maior seriedade acerca do aspecto grave daquela situação.

Pensativo, após um intervalo em que esperou o filho e os outros esgotarem comentários inconseqüentes e risadagens acerca do ocorrido, aludiu, olhando de um para outro:

— Algum de vocês já imaginou Júlio César metido em tal gênero de destempero?

Os três rapazes silenciaram, afinal, voltando-lhe a atenção.

Marcus Túlio continuou:

— Sem embargo é um quadro calamitoso que não poderá permanecer durante muito tempo nos cenários políticos de Roma.

— Júlio César também foi afamado por algumas extravagâncias — alegou Breno, serenizando-se.

— Júlio César foi acima de tudo um estadista; teria se consolidado como Imperador, não fossem os sucessos inauditos do seu assassinato justamente por parte daqueles que sabiam disso, e que o temiam. — O experiente militar meneou, com conhecimento. — Não, Breno, César sempre esteve no controle de tudo, e, antes de qualquer coisa, de si mesmo! Sabia da extensão do seu valor, soube administrá-lo no exercício férreo do poder; daí ter vencido Pompeu, um dos maiores generais romanos, e estruturado as bases do Império. No que diz respeito a Nero, contudo, tratamos, aqui, de um demente, um estouvado, elevado ao trono por intermédio de artimanhas políticas e ao preço do sangue dos representantes da sua própria estirpe familiar. O reconhecimento do povo consagrou Júlio César; temo que a insatisfação colérica deste mesmo povo o leve a, doravante, sublevar-se contra Nero.

Parou de falar e bebeu um pouco de vinho, reflexivo.

— Refere-se aos boatos a respeito de Galba? — Marcelo não se conteve em perguntar, perspicaz. — Acredita mesmo que ele contará com o apoio das legiões nos perímetros da cidade de Roma? Olha que o povo nada alcança sem o peso da intervenção das tropas pretorianas.

A isso, contudo, Túlio apenas riu-se.

— E crês de fato que Nero conta com a simpatia das tropas, após se ventilar ultimamente estar Sêneca[7], o seu amortecedor, com a vida ameaçada? Para as legiões romanas existem dois go-

[7] Filósofo e conselheiro de Nero, nos primeiros tempos áureos de seu mandato; morto, cogitou-se na época ter sido o próprio Nero o autor de seu assassinato, em virtude de discordâncias de Sêneca, que, com o passar do tempo, reiterada e abertamente, reprovava as inadmissíveis aberrações com que o Imperador conduzia a sua vida pessoal e política. (N. do A. E.)

vernos neronianos, Marcelo! O primeiro e verdadeiro governo extinguiu-se há muito tempo, desde a morte de Burrus[8].

O olhar escuro de Marcelo relampejou com aquelas observações, levando-o a tecer, delas, várias constatações que, de momento, resguardou apenas para si.

— Aderirias, tu, a tal levante, no caso de este se concretizar, Flavius? — indagou do colega de armas, sentado silencioso do outro lado do triclínio.

— Sou servidor leal de Roma, Marcelo. Assim sendo, penderei sempre para o lado que me parece justo e correto, no interesse de assegurar a ordem e a tranqüilidade da coletividade. As legiões romanas, historicamente, têm apoiado aqueles a quem o povo apóia — respondeu, de dentro de um discernimento lúcido e calculista, já que não lhe escaparam as intenções e especulações implícitas no questionamento do outro que, por sua vez, por ora, deu-se por satisfeito sobre o assunto, desviando a conversa para temas outros, banais.

[8] Prefeito da guarda pretoriana, braço direito de Nero, segundo Suetônio. Acabou assassinado pelo próprio tirano, nos arremates finais do seu tempo de governo. (N. da Médium.)

Capítulo XI

Durante os espetáculos

Correram semanas.

Num início de manhã, após o desjejum, Breno vai saindo apressado rumo ao serviço, sobraçando o seu imponente capacete, quando, a meio caminho, passando rente aos canteiros dianteiros da residência, avista sua irmã, notando-a, ainda desta vez, em palestra discreta com o jovem jardineiro da moradia; detém-se um pouco, sem ser percebido, observando.

— ... pois é mesmo uma pena que eu não disponha de meios de compartilhar desses maravilhosos momentos, João. Desejaria comparecer ao menos a uma destas reuniões com este respeitável ancião, que privou com o discípulo mais próximo do Cristo, e cujas histórias devem ser sublimes e ricas de ensinamentos úteis — concluía Blanda, naquele momento, em tom emocionado, arrematando, cabisbaixa e desanimada, ante o olhar sempre compreensivo e amigo de

João: — Em vez disso, outra vez hoje, mais tarde, deverei comparecer, acompanhando os meus, a mais um daqueles detestáveis recitais do Imperador, após o qual deverá ele, além de tudo, representar.

— Disponho-me, no entanto, a transmitir-te as novas acerca da reunião de hoje, domina, se te apraz que assim o faça — o rapaz logo ofereceu, prestimoso.

O olhar da moça acendeu-se com novo e entusiasmado brilho, em aprovação à idéia. Mas, inesperadamente, ouviu o chamado enérgico do irmão a distância, voltando-se, e só então se dando conta da sua presença na entrada dos canteiros.

— Devo ir, João! — declarou, acrescentando em tom urgente, aos sussurros, com gracioso sorriso. — Mas aceito, e mesmo exijo, que cumpras esta tua promessa. Até depois. Agora, devo despedir-me.

E, assim dizendo, correu com rapidez na direção de Breno, parado pacientemente à sua espera, mais adiante.

Em alcançando-o, e como se visse também com pressa e sem muito tempo, a caminho do serviço, Breno não fez rodeios para abordar a jovem irmã, falando diretamente a respeito do que o incomodava, entre severo e zeloso.

— Blanda, não é possível que não te dês conta, até agora, do perigo a que te expões!

Surpreendida por aquele inesperado e enérgico aparte, Blanda corou vivamente. Os olhos dilataram-se, brilhosos e interrogativos, mas, intimidada pelo rigor do tom com que o irmão mais velho se lhe dirigia, não teve coragem para, de início, falar o que quer que fosse. E ele valeu-se do seu assentimento tácito para se estender um pouco mais.

— Teu irmão é membro das tropas romanas, Blanda, de modo que nem podes alegar ignorância das novidades vigentes em

Roma hoje em dia. E, ainda assim, conhecendo aquilo a que me refiro, te expões desta forma, em palestras repetidas com este moço que, a par de serviçal, o que em si já contraria seriamente as diretrizes desta casa, ainda é suspeito de freqüentar a seita renegada, e alvo da perseguição encarniçada das forças militares do Imperador! — Meneou, francamente preocupado. — Não quero esperar que o teu destempero inexperiente te venha a meter, mais adiante, em complicações não apenas perante nosso pai, mas, principalmente, perante a sociedade romana. Daí o teor, que te pode parecer rude, do que ora te advirto, Blanda. Distancia-te deste jardineiro, do pai dele, e de quem quer que esteja sob suspeição de envolvimento com o credo do Nazareno.

Sobressaltada, Blanda teve subitamente os olhos pesados de lágrimas que não chegaram a escorrer.

— Breno, sei-te bom de coração, sempre justo, ponderado. Promete-me que não comprometerás João e sua família perante o nosso pai. Sabes do rigor excessivo, despótico, com que ele encara estes assuntos e costuma penalizar a criadagem da casa. Promete-me, Breno! — teimou, avançando e segurando-o, ansiosa, pelo braço. — Por mim, tu o farás. Diga que sim.

O irmão demorou o olhar, apesar de tudo carinhoso, na jovem irmã. Doía-lhe a convicção íntima de que o problema, no que a ela dizia respeito, ia bem além daquilo a que aludia naquele momento; assim, depois de grave ponderação, declarou, sem poder se demorar por mais tempo:

— De nada me adianta não comprometê-los, Blanda, porque todos os envolvidos com os cristãos nos dias de hoje, mais cedo ou mais tarde, são desmascarados e punidos severamente pelo Imperador, e a guarda pretoriana não pode se imiscuir nisso; já me arrisca o pescoço o fazer-te tal promessa, mas, se de um lado a isto me arrisco por amor de ti, de outro não te posso assegurar isenção, caso percas o juízo a ponto do envolvimento com os preceitos deste credo. Cuida de ti, portanto, Blanda! Aferra-te aos nossos cultos familiares e, para o teu bem, cede ao chamamento natural que te atrai para o ambiente de um templo consagrado pelas nossas tradições. Caso contrário, nada poderei envidar por ti. Estás avisada — arrematou, diante da forte comoção, visível na fisionomia desassombrada da irmã mais nova. — Mas, por agora, devo deixar-te, pois aguarda-me o serviço com as legiões. Até mais ver, no palácio. A propósito... — parou ainda uma vez, dirigindo-lhe um sorriso mais descontraído e sugestivo, na intenção de minimizar a rispidez do discurso anterior —, Marcus Flavius tem estado sempre comigo, e te manda reiteradas lembranças. Certamente quererá ter contigo no recital de hoje.

Deitou-lhe leve beijo na fronte febril, e afastou-se a passos firmes, deixando Blanda ali, imóvel por vários momentos, abatida por intenso e avassalador conflito íntimo.

Os salões de festas brilhavam e regurgitavam presenças ilustres em mais aquela noite de sarau artístico patrocinado pelo Imperador.

Desta feita, ele se apresentaria para áulicos e para os representantes das camadas mais destacadas da sociedade, para militares das mais altas patentes, e para componentes da guarda pretoriana e respectivas famílias, obviamente constrangidas a comparecimento pela rigidez do protocolo, diferentemente das vezes em que se apresentava ao público no Circo ou no Teatro, cuja assistência numerosa era assegurada mais pela avidez do populacho por qualquer festividade que se desse naqueles tempos de exuberância e de agitação social, do que propriamente em função de qualquer veia artística presente naquelas almas.

Efetivamente, Nero, nada obstante seus esforços e vaidade com pretensões em contrário, era tido como artista medíocre, de péssima articulação verbal, e timbre de voz desagradável. Mas quem seria louco de deitar opinião sincera sobre isso, em tempos em que qualquer pensamento convenientemente entreouvido e interpretado era pretexto bastante para um sacrifício em praça pública?

Assim, no calor excessivo daquele início de noite, lá se achavam as famílias representativas das principais rodas da sociedade romana; e, nada obstante a imunidade protocolar assegurada para várias outras ocasiões, como uma boa escusa de ausência, naquele caso em particular também a casta sacerdotal se via compelida a comparecer, de vez que aprazia a Nero determinada mistura artística indigesta, em que confundia as suas apresentações histriônicas com outras tantas, de pretenso teor moral e religioso, embora grotescamente caricatas.

Reunidas em certo setor da platéia, como predissera Breno, achava-se a sua família e a de Marcus Flavius, cujo encontro jamais falhava em ocasiões públicas, em decorrência da amizade estreita também mantida entre as matronas, Atília e Lélia. Elas sempre aproveitavam estas ocasiões para atualizar os assuntos e os planos que, em comum, alinhavavam em segredo para o futuro dos filhos, em assentimento mútuo ao envolvimento afetivo não apenas entre Blanda e Marcus Flavius, mas também, possivelmente, entre Drusila e o irmão mais novo de Marcus, Cássio, que costumava deitar olhares à moça inutilmente, contudo: para decepção de Atília, ela era irremovível na sua fraqueza afetiva pelo taciturno Marcelo Severus, seu primo e filho mais velho de Pompílio.

Àquelas horas um intervalo antecedia, já, a segunda apresentação da noite. A descontração irreverente e irrefletida da sociedade romana daqueles tempos levava os assistentes, no final das contas, e ademais regados pelo mais capitoso dos vinhos e pela perspectiva do brilhante banquete que se seguiria na presença do próprio Nero, a negligenciar a duvidosa qualidade artística do que era encenado. No entanto, nem todos sucumbiam ao enganoso efeito colateral da extrema extravagância daquelas situações, mantendo-se dentro da sobriedade e da lucidez. Marcus Túlio, Blanda, Claudia e Marcus Flavius eram alguns entre estes.

Efetivamente as duas jovens primas conversavam durante aquele intervalo, deixando as expansões entusiasmadas de Drusila para quem delas compartilhasse, no caso, o apesar de tudo circunspecto Marcelo, presente por ali a serviço, e algumas outras jovens damas das famílias ali reunidas.

Blanda, de seu lado, àquela altura já exausta da primeira longa e maçante apresentação recitada assistida, comentava discretamente para a prima, dividindo impressões idênticas.

— Oh, por Jano! Que voz horrível e maçante tem este homem; ele mais parece choramingar, roubando toda a musicalidade que se pediria de um recital. Como Sêneca o suporta? E quem, pelos deuses, o convenceu de que é um artista?

— Talvez Otávia, a esposa — ria-se a irreverente Claudia a seu lado, sempre dotada de bom humor, apesar de tudo. Ambas não notavam Marcus Flavius por detrás de si, também risonho do que ouvia, sentado ali por perto. — Quem haverá de saber? Seja como for, é o Imperador romano mais extravagante de que se tem conhecimento. Nem Tibério, penso, chegou a ser tão pouco político.

Blanda suspirou, devolvendo um sorriso entre desanimado e cheio de enfado.

— Não há comparação possível entre Tibério e Nero. O primeiro foi um monstro; o segundo, penso, é louco. Aprouve aos deuses roubarem-lhe a razão, ninguém há de saber o motivo. Talvez punir-nos, pois que todos, de uma ou de outra forma, vêm sofrendo e sentem-se inseguros diariamente, a cada novo estouvamento imperial de que tomamos conhecimento. — Ela o dizia sob a sensação de um esquisito e inusitado mau pressentimento.

Silenciou, momentaneamente, ouvindo em seguida, de improviso, a voz jovial do oficial que se lhe colocava próximo, sem ser até aquele instante percebido:

— Cuida do que dizes, querida. — E como Blanda, admirada, se voltasse, ruborizando: — Não que não concorde com o que afirmas; mas há ouvidos inconvenientes em torno de nós que não compreenderiam como se deve as vossas alusões!

Falou mais troçando, mais divertindo-se com as impressões impacientes da jovem, as quais também experimentava integralmente, de vez que o único prazer sincero que sentia nessas ocasiões se originava na chance de privar com o alvo de seus sentimentos.

Notando isso, Blanda relaxou um tanto, dirigindo-lhe outro encabulado sorriso em resposta. O que serviu para encorajá-lo a acercar-se mais das jovens, ocupando o lugar que oportunamente se fazia vago a seu lado. E Claudia, também bem-disposta, em o percebendo, recolheu-se um pouco nas expansões, abrindo chance a que Marcus travasse com a prima o diálogo obviamente pretendido.

Notando-se bem acolhido, Marcus externou o que lhe ia ao íntimo.

— A única atração digna nestes eventos, no que a mim diz respeito, não é propriamente o evento, domina...

Tomada de improviso pelo comentário, a moça pousou nele o olhar curioso. Não era dada a bem interpretar insinuações, nem ainda se acostumara à freqüência crescente com que o oficial a abordava, aparentemente disposto a alinhavar com ela um compromisso, expondo sem rodeios o que lhe empolgava o coração ousado de militar.

Todavia, sempre suscetível diante daquele assédio, de vez que era honesta demais para renegar o que também lhe fazia bater mais precipitadamente o coração sempre que o via, Blanda se descobria a cada dia mais entregue àquele envolvimento entre ambos. Sentia um desfalecimento emotivo franco toda vez em que se via debaixo da forte influência da sua presença e da expressão confessamente enamorada dos seus enérgicos olhos azuis céu.

— Ah, Marcus, que atração digna observas nestas ocasiões? — admirou-se. —Hoje, por exemplo, a par do aborrecido da apresentação em si, ainda atormenta-me o calor do dia! O abafamento esteve insuportável o dia todo.

Marcus ainda sorria com puerilidade da contrariedade quase infantil da jovem, cujo amuo lembrava o de uma criança que suportava pacientemente um castigo, às ordens dos pais. Mas foi logo claro nas explicações porque lhe interessava observar nela as reações; dispunha de poucas oportunidades para vê-la, e não suportava mais esperar por elas, no desenrolar de cada capítulo que lhe deslindaria aquele episódio acerca das suas pretensões afetivas.

— Para mim, apenas a chance de conversar contigo, Blanda. Que outra mais haveria?

Sorriu-lhe. Sentados muito próximos, pela primeira vez o rapaz ousou segurar-lhe com carinho a mãozinha delicada, coisa a que ela não resistiu, embora corasse vivamente, baixando de abrupto os olhos para a intensa movimentação em volta.

Foi desta movimentação que, de repente, um dos irmãos de Flavius, Tasso, surgiu. Parecia dominado por alguma sensação de urgência, porque emparelhou-se a Marcelo, próximo ao lugar onde sentavam-se Blanda e Claudia, e a primeira, ainda desviando-se devido ao encabulamento que a situação com Marcus lhe despertava, ouviu nitidamente quando ele abordou o seu primo.

— Marcelo, precisarão de ti extemporaneamente lá fora! Terás de deixar o festival; Cassiano descobriu uma conspiração, uma reunião de cristãos na noite de hoje, e as ordens de Nero devem ser cumpridas! Deves apresentar-te sem demora ao pretório.

O modo de se expressar era enérgico e apressado, o que lhe elevava o tom da voz para além do conveniente. Marcelo levantou de um pulo, interrompendo de chofre a conversa que mantinha naquele momento com o pai de Marcus e com Valério. Ajeitou precipitadamente a farda, falou com discrição nos ouvidos de Pompílio, mais adiante, e, em companhia de Tasso, deixou o local quase a correr.

A única que, a princípio, se dera conta do que acontecera num átimo de menos de um minuto fora Blanda, que, em decorrência, empalidecera de súbito. Quando voltou-se novamente para Marcus, este julgou o abalo visível na fisionomia da jovem uma reação motivada pela clara emoção que ela experimentava pelo diálogo que principiavam a manter. Achegando-se mais, de vez que estranhara qualquer coisa em seu olhar, apesar de tudo, Marcus murmurou-lhe:

— Domina, acaso sou inconveniente na forma de abordá-la? Sabes do sentimento que te voto, contudo; eu não...

Foi interrompido de abrupto, e Marcus desassombrou-se quando, segurando-o com firmeza pela mão, ela o puxou, pedindo, com entonação entre urgente e assustada, que lhe causou funda impressão:

— Marcus, vem comigo um pouco. Preciso falar-te sem demora sobre uma emergência! Preciso da tua ajuda, Marcus.

Impressionado, sem questionar, ele apenas a seguiu.

Noutro setor da cidade, ao cair da noite, e terminados os afazeres que lhes competiam na moradia de Valério, João e Antonio se preparam para a hora mais grata de que usufruiriam depois da movimentação intensa de muitas semanas.

Sem embargo, a expectativa da reunião da noite com Josias se constituiria sempre na promessa de funda recompensa a toda a gente simples naqueles tempos de medo e perseguição. Pois o efeito da opressão era diluído nos espíritos que usufruíam daqueles momentos de inigualável reconforto espiritual, quando o ancião palestrava acerca da sua convivência com Pedro e com João, o Evangelista, e com o próprio Mestre em tempos idos, às margens do mar da Galiléia, saboreando o frescor perfumado das brisas que varriam o silêncio das manhãs naquela região distante, e também o frescor da alma na torrente de luz que se desprendia de cada palavra pronunciada pelo Nazareno naquelas preciosas e inesquecíveis ocasiões.

João não disfarçava o ânimo renovado pela perspectiva do encontro; o pai, no entanto, era sempre mais contido e ponderado.

— Blanda pediu-me que lhe contasse a respeito do encontro de hoje. Pena que é filha de um sacerdote; isto dificulta tudo! Ela abraça o ensinamento do Mestre com a alma, pai, e sei, porque já me confidenciou, que adoraria comparecer às nossas reuniões para saber mais sobre os acontecimentos da vida d'Ele.

— No entanto, é possibilidade nula, de jeito nenhum aventável. Não podes te esquecer que qualquer membro da sociedade romana presente aos nossos encontros que não pertença às camadas mais humildes se converte em ameaça natural a todos os nossos, João. A moça não tem culpa — ele meneou a propósito, lamentando com sinceridade, já que também nutria simpatia espontânea pela filha mais nova do sacerdote —, mas o destino dela repousa noutros caminhos, diferentes dos palmilhados pelos cristãos.

— Ora, pai, o Mestre não rejeitava ninguém nas suas palestras e visitas. Não seremos nós a fazê-lo — devolveu o rapaz, bem-humorado, e sempre no seu modo bondoso de considerar todas as situações.

Antonio, contudo, achou melhor encerrar o assunto.

— Sigamos, meu filho, de vez que as sombras da noite principiam! Deveremos cuidar do trajeto; não convém que nos exponhamos nas ruas mais movimentadas em dias de festival.

No ambiente festivo dos salões do palácio, a segunda apresentação de Nero se iniciava, e Atília, a isso, olhou em volta com estranheza, dando pela falta da filha mais nova.

Inclinou-se, dirigindo-se a Drusila:

—Viste tua irmã? Estava aqui há pouco; já se reinicia o recital, e será difícil para ela orientar-se, agora que todos se recolocam em seus lugares.

À pergunta, contudo, a maliciosa Drusila riu-se a bom rir.

— Não te amofines, mamãe, porque Blanda aprecia um recital talvez mais primoroso que o de Nero. Saiu daqui ainda há pouco muitíssimo bem acompanhada, com Marcus Flavius. Notei que tinham as mãos dadas; creio que nossos propósitos em relação a ela afinal estão sendo satisfeitos.

Atília ouviu, sem poder esconder a satisfação que a novidade lhe evocou. Com isso aquietou-se, sem querer despertar mais atenção à ausência da filha no cuidado de que Valério talvez se aborrecesse com a notícia, encarando-a sob outros pontos de vista.

Afastados dali, com efeito, tão logo atingiram o silêncio deserto dos jardins, a ainda pálida Blanda abordou, afinal, intempestivamente, o assunto com o agora admirado Flavius.

— Marcus, certa feita te dispuseste a auxiliar no que fosse preciso, na ocasião da moléstia da minha prima. Agora, no entanto, te rogo, por Júpiter, Marcus! Ajuda aquele que foi, efetivamente, o responsável pela recuperação definitiva da minha priminha!

Tinha os olhos banhados de lágrimas, o que fez Marcus preocupar-se de imediato, no mais alto grau. Acercando-se mais, ele a atraiu naturalmente a si, entre zeloso e impressionado.

— Acalma-te, querida! O que te aflige desta forma, já que não estavas assim há pouco?

— Tu és um pretoriano, Marcus. O único que me pode valer numa hora dessas. Ajuda-me; do contrário perderei um amigo bom, da forma mais hedionda. — Na ânsia dolorida do momento, ela explicava, desnorteada, sem concatenar idéias direito, não permitindo a Marcus que a compreendesse de pronto.

Trazendo-a a um assento, ele fez por onde tranqüilizá-la, falando com sinceridade:

— Está mais do que claro que qualquer coisa envidarei por ti. Mas preciso que te expliques com calma, para agirmos com acerto. Acalma-te um pouco, então, e conte, Blanda, o que te aflige assim, tão terrivelmente!

Ele não adivinharia que o que ela lhe pediria em seguida o envolveria num dos maiores dilemas de sua vida.

Capítulo XII

Quando o inimigo é aliado

O que Blanda expunha, ali, do modo mais inopinado, em meio ao sereno frescor da noite do lado de fora dos salões do palácio de Nero, lançou Marcus no mais rude e profundo conflito íntimo, contra toda a sua expectativa.

Atraindo-a estreitamente para si, sentados no banco oculto pelos arbustos daquele trecho dos jardins, o militar secava-lhe, a intervalos, com as costas da mão, numa carícia terna e espontânea, as grossas lágrimas que lhe rolavam dos olhos vívidos e tomados por um brilho quase febril, enquanto ela lhe narrava os sucessos relacionados ao processo gradual da cura de Virgínia, e ao papel importante desempenhado no caso pelo moço cristão e trabalhador da residência de sua família.

Exprimia-se com urgência dolorida, buscando sintetizar quanto podia o teor do que intentava relatar, porque pressentia o tempo exíguo para as devidas providências desde o momento em que vira Marcelo evadir-se do salão, às pressas, acompanhado de Tasso. E, em notando a gravidade no semblante do oficial enquanto a escutava, somou-se à sua aflição pungente o temor de que talvez tivesse, na sua ingenuidade, apostado demais ao rogar dele um favor daquele jaez, visto tratar-se, antes de tudo, de um militar da elite, da guarda pretoriana, cegamente devotado ao serviço a Roma e ao Imperador.

Interrompeu-se, afinal, olhando-o entre pálida e consternada, sem saber o que esperar. Mas Marcus estivera antes refletindo seriamente durante o seu relato, mergulhado no embate repentino que lhe confrontava não apenas o senso do dever com os ditames do coração, no que a ela dizia respeito, mas também com o que a ele próprio era inerente naquela conjuntura, e na sua forma particular de considerar a questão que envolvia a perseguição aos cristãos.

Fosse a ele dada a mesma ordem transmitida a Marcelo há pouco, e sabia que lhe caberia apenas obedecer, a despeito do que sentisse ou pensasse a respeito. No entanto, a situação o colocava numa posição delicada e vulnerável; sabia que não conseguiria contrariar as diretrizes do seu coração ali, diante das lágrimas copiosas que vertia a jovem que amava de toda a sua alma havia já bastante tempo, depositando nele uma confiança absoluta ao apelar, daquele modo súplice e desamparado, pela sua intercessão — a única, ela estava mesmo certa, possível naquele contexto de desespero, para auxiliar as pessoas em questão.

Por outro lado, preocupava-o doloridamente a constatação patente do envolvimento da moça com o credo renegado. O teor do seu relato a isso não deixava dúvidas, e agora compreendia, com maior clareza, a razão provável da sua infindável indecisão para consagrar-se ao ofício como sacerdotisa do templo, ao lado do pai.

Marcus acordou um tanto destas reflexões desencontradas quando ela arrematou, a cada instante mais ansiosa, mais desassossegada.

— Marcus, pelos deuses, diga que vai me ajudar! Sei do local da reunião desta noite; só tu podes antecipar-te a Marcelo, que ainda deverá se apresentar ao comando da guarda, avisando a tempo Antonio e João, e talvez que livrando aqueles inocentes de um injusto e terrível martírio. — E segurava-o pelas mãos, angustiada. — Por favor, Marcus! Ser-te-ei eternamente grata. Conheço-te. És um militar, e entendo que te coloco em posição difícil e irregular com a minha súplica; mas, sobretudo, és um homem bom, de princípios. Rogo-te, por Júpiter, a quem dirigirei minhas preces todos os dias em tua intenção, por gratidão a ti.

Era o bastante; ele não permitiria que ela se consumisse naquele martírio emocional por mais tempo.

Silenciou-a com um beijo na fronte. Segurando-lhe entre as mãos fortes o rostinho escaldante e descomposto pelo choro, fitou-a, sério, e perguntou-lhe, decidido:

— Shh... dize-me, Blanda: onde se dará este encontro? Não precisas pedir, nem explicar mais nada; oportunamente, conversaremos melhor a respeito dessas coisas, já que não compreendo direito o mérito que atribuis a este jovem pela cura da tua prima, pois que, ao que me constava, tu, com as tuas sucessivas intercessões em benefício dela, é que o fizeste. Mas não podemos nos estender agora sobre este pormenor. Passa-me, somente, as informações; recompõe um tanto o teu abatimento, e volta para os teus no recital, antes que dêem pela demora da tua ausência! Requisitarei o assessoramento de Breno; resolvo isto, e, assim que me for possível, te procurarei com as novidades. — E, diante do feliz e pronto alívio refletido nos olhos da moça, o pretoriano voltou a atraí-la a si, zeloso, premindo-a num abraço. — Agora, Blanda, tranqüiliza-te. Fique bem... — Ergueu-lhe o rostinho gentilmente, dirigindo-lhe um sorriso entre preocupado e terno. — Que não haverei de fazer por ti? Com esta atitude, estarei cometendo nada menos que perjúrio e desobediência ao protocolo e ao regimento da guarda pretoriana, e incorrendo em conspiração perante os ditames das leis; mas não importa. Trago, quanto a esta decisão, a minha consciência tranqüila. Agora, querida, vai, e faz como te disse! Eu te procuro, assim que possível.

Levantaram-se. Blanda o abraçou calidamente, inundando Marcus Flavius de funda e apaixonada emoção, que o encheu de renovado ânimo quanto a uma breve solução para o envolvimento dos dois. Pois obteve ali, naquele instante, e durante a duração do calor daquele abraço, a convicção íntima de que os seus sentimentos eram, de fato, correspondidos pela bela filha do sacerdote de Apolo.

Inesperadamente Breno ouviu, de chofre, o chamado enérgico de Marcus Flavius, a quem não via havia já um longo intervalo, fazendo-o supor que o amigo e colega de armas havia se ausentado do festival.

— Breno, avia-te! Preciso do teu apoio numa ação de emergência!

A segunda apresentação de Nero aproximava-se de seu término, após o que haveria danças e encenações teatrais. O rapaz estivera durante aquele ato em companhia de outros camaradas de profissão, em razão do que nem deu por falta da presença da irmã mais nova. Ela, por sua vez, retornara ao seu lugar ao lado da prima, Claudia, que olhou-a entre bem-disposta e saudavelmente curiosa, em avistando-a de volta sozinha, quando momentos antes deixara o recinto na companhia de Marcus Flavius.

— Blanda, eis-te de volta. Onde está o teu digno par na festa? Olha que lucraste mais, certamente, entretida com ele, do que com o último ato do recital do Imperador. — E a moça riu-se com puerilidade, inclinando-se para segredar no ouvido da prima: — Que suplício, querida! Louvada seja Minerva, se foi esta a participação final de Nero esta noite.

Um tanto alheia ao movimento em torno, Blanda devolveu-lhe gentilmente o sorriso; tinha os pensamentos voltados para outras coisas, e, embora intimamente se visse mais aliviada das últimas preocupações, Claudia atribuiu ao seu distanciamento de espírito motivos outros, relacionados talvez ao militar com quem, de há tempos, já sabia andar a prima em iminência de envolvimento. Assim, até certo ponto jovial e irreverente por natureza, como o são os jovens de todas as épocas, ela ousou um acréscimo ao seu comentário quando viu que Blanda não se expandiu para além daquele sorriso devaneador.

— Oh, conta-me! Não haverá de ser para mim que resguardarás segredos quanto a isso. Tu e Flavius efetivastes compromisso, estou errada? Este teu ar não me engana — cochichou-lhe, sorrindo com humor.

Mas, a isso, Blanda foi contida nas efusões. Até porque, de fato, e embora o momento anterior na companhia do militar tivesse ocorrido intenso naquele sentido, tinha o espírito focalizado em pensamentos outros, nada pueris ou felizes. Porque temia agora não apenas por João e seu pai, mas também pelo homem que amava em segredo, a quem conscientemente envolvera no problema no seu desespero, e por não ter mais para quem apelar naquela emergência.

— Tu, mais do que ninguém, e sendo amiga a par de prima, Claudia, conheces o que existe em meu coração em relação a ele. Não vou negar que cada instante que divido com Flavius mais nos aproxima, inevitavelmente, mas desta vez outro foi o móbil da nossa entrevista a salvo de assistência. Noutra hora te contarei. Agora, contudo, convém que fique calada.

Claudia parou, e afinal fitou Blanda, refreando suas expansões descontraídas, compreensiva como sempre, e as duas trocaram um entendimento mudo, voltando a atenção para o desenrolar do evento que tinham à sua frente, sem que ninguém em volta desse por aquele diálogo significativo.

— Que está acontecendo? — O curioso Breno acompanhava seu superior de armas às pressas, a galope batido, enquanto tomavam atalho por vielas mais a salvo do povo àquelas horas. Interessava a Marcus não ser alvo de olhares curiosos naquele momento em particular, porque, conhecido das regiões que freqüentava com assiduidade em Roma em decorrência do peso da autoridade da sua farda, sempre acontecia de dar de frente com um ou outro conhecido, ou com gente que o conhecia de ouvir falar, ou pelo menos de vista.

— Preciso que me auxilies a auxiliar a tua irmã, Breno. Trata-se de ação de caráter particular em que usaremos a nossa intervenção militar, portanto é prioritário sigilo da tua parte. — Marcus afinal dispôs-se a explicar com mais clareza ao outro o cerne do que envidariam em seguida.

Em ouvindo a menção à irmã, Breno logo fechou o semblante e preocupou-se com seriedade, adivinhando de imediato a qual delas Marcus se referia.

— Por Marte, Flavius! Tu não vais me dizer que...

— Por ora te explico que precisamos atender a um rogo particular que me foi dirigido por Blanda momentos atrás, aos prantos. Os detalhes disso te exponho em outro momento, mas, por ora — ele determinou, num meneio firme de cabeça e num tom que, como sempre, desencorajava o outro de argumentar, porque afinal, fosse como fosse, fora mencionada uma ação de caráter profissional, em parte —, quero que me secundes numa abordagem urgente em casa cristã, sem comentários e sem pareceres. Não podemos perder um minuto, ou daremos de frente com Marcelo e com o seu destacamento, e poderemos ser presos como conspiradores.

Breno sobressaltava-se a cada instante com aquelas notícias.

— Não te entendo. Vamos prender cristãos, voluntariamente? Tu, Marcus Flavius? E a pedido de Blanda? Que se passa, pelos deuses, eu te rogo explicação — cobrou o rapaz, nervoso.

— Não, Breno. Vamos salvá-los, e livrar a pele, principalmente, de dois deles. Mas não me aborreça com apartes intempestivos e protestos por agora. Depois, entenderás tudo!

Breno emudeceu, impressionado e temeroso. Como subordinado, cabia-lhe obedecer sem refutar; mas, imerso em fundo transtorno íntimo, se questionava se o oficial se via no uso pleno do discernimento, visto que conhecia o que lhe ia ao coração em relação à irmã, e o tipo de disparate que toda gente cometia, usualmente, quando dominada pelos desvarios da paixão amorosa.

Seguiram, entretanto, em silêncio, levantando o pó das ruas banhadas pelas primeiras sombras noturnas, até que, enfim, distantes do centro da cidade, abordaram precipitadamente, apeando de um salto e a correr, uma casa simples, e aparentemente vazia naquele momento.

Lá dentro, no entanto, nos cômodos que davam para os fundos da moradia, reconfortante reunião desenvolvia-se numa pequena comunidade, composta de alguns idosos, e crianças acompanhadas de pais e de mães dominados pelo enlevo enquanto escutavam a palavra simpática de um velhinho em palestra, contando-lhes fatos pitorescos e curiosos.

— De fato o Mestre a ninguém excluía da prestimosidade do seu devotamento incondicional; entretanto, aos hipócritas, presentes em suas preleções com o intuito único de confundir os seus preceitos, manifestava inconfundível clareza de entendimento para aquelas intenções sub-reptícias, oferecendo juízo justo a cada palavra que lhe dirigiam com o objetivo único de distorcer-lhe os ensinamentos.

— Conta-nos sobre um desses episódios, irmão Josias — pediu um jovem entusiasmado presente no recinto, a beber avidamente de cada caso ali confiado pelo autêntico representante da palavra de Jesus na turbulenta Roma.

Josias prontamente o atendeu, exibindo um sorriso amigo e algo saudoso no rosto castigado pelos muitos reveses já suportados no decurso de seus longos oitenta anos de vida; parecia evocar as imagens que lhe vinham à mente a respeito do episódio relembrado.

— Um caso clássico foi o do cego a quem devolveu a visão, no recinto do Templo de Jerusalém, quando, cercado do povo assombrado, ao mesmo tempo, tanto pelo inusitado do acontecido, quanto pela impressão profunda que causava a presença do Mestre onde quer que fosse, alguns sacerdotes maliciosos e despeitados do que julgavam uma ameaça ao poder religioso estabelecido, naqueles tempos, na província judaica, acercaram-se, misturando-se ao ruído do povo e gritando apupos, no sentido de fazer passar o Mestre por mistificador, alegando falsidade da parte do mísero homem a quem acabara de atender com o benefício da cura. Homem cuja autoridade emanava sobretudo da lucificação plena de uma alma imaculada, Jesus apostrofou os delatores sem vacilar, chamando-os "sepulcros caiados", repletos de podridão por dentro a despeito do revestimento externo. Acusou-os, sem rodeios, de filtrar uma agulha para o benefício das almas, mas resguardarem a si mesmos um camelo — eles, sim, os verdadeiros guias cegos, que "nem entram no reino de Deus, como também não permitem que outros entrem", desviando-os de caso pensado das verdades divinas, e petrificados na pretensa ilusão de poder não só sobre as coisas da Terra, como também sobre as dos céus.

Foi neste ponto da palestra, em que a audiência o ouvia mergulhada em enlevo e contrito silêncio, que as batidas enérgicas na porta se fizeram ouvir, vindas da sala.

Josias interrompeu-se, e todos demoraram um momento se entreolhando, aturdidos. Acerbo temor logo se apoderou da pequena comunidade ali agregada, de vez que de ninguém presente era desconhecido o risco inerente a cada um daqueles encontros, mais de uma vez antes devassados pelas forças romanas por intermédio de delatores, ocasionando o suplício atroz infligido a muitos cristãos como conseqüência da cruenta perseguição do Imperador, que os inculpava sem cerimônia como os responsáveis das calamidades sucessivas ocorridas na cidade nos últimos tempos.

As batidas soavam urgentes, parecendo não admitir demora, e, enquanto os presentes ainda se entreolhavam um tanto perdidos, sem saberem direito que atitude tomar, foi o próprio Josias que, de onde se achava sentado, olhando em volta e sorrindo-lhes com brandura, enunciou, a voz timbrando calma e confiante, como se lucificada pela inspiração do mais alto:

— Tranqüilizem-se, irmãos, porque ainda não é chegada a hora do nosso testemunho.

Ao mesmo tempo uma voz forte soou do lado de fora.

— Abram! É Marcus Flavius Quintiliano! — o visitante inesperado identificou-se, o timbre de emergência transparecendo nítido no seu chamado.

Ninguém ali reconheceu com facilidade aquele nome; apenas dois deles, Antonio e seu filho João. O primeiro, pressuroso e sempre mais prevenido do que a generosidade um tanto descuidada do rapaz, anunciou para os outros, esclarecendo:

— É um pretoriano, comandante das legiões!

A este aviso, um sobressalto abrupto empolgou as almas de todos, de vez que a ninguém sobravam dúvidas de que a presença de um soldado romano num momento daqueles só poderia significar-lhes a ruína, em repetição aos sucessos lastimáveis de um sem-número de vezes em tantas outras reuniões de cristãos e de simpatizantes de Jesus, por aqueles dias.

Todavia, a voz soou fora novamente, ainda mais enfática.

— Nada temam; não comparecemos em nome de Nero. Abram, se lhes interessa salvarem suas vidas, sem mais demora!

Nova pausa em que todos hesitaram. Um pretoriano, se pronunciando naqueles termos?

— Isso certamente é uma cilada! Que fazemos, irmão Josias? — cobrou o dono da casa, Lucílio, olhando-o junto com a esposa de dentro de franca angústia estampada nas suas feições. Mas, antes que o ancião se pronunciasse, foi João quem falou primeiro.

— Podemos confiar nele. Sei quem é este soldado. Podemos confiar na sua palavra — replicou o moço, com simplicidade, tentando acalmar os ânimos.

— Mas... que dizes, João? — confundiu-se Antonio, ainda uma vez.

— Devemos atendê-lo sem demora. Ele é afeiçoado de Blanda, pai, e talvez que aqui esteja no intuito de nos prestar algum auxílio. — O jovem olhou-o, e aos demais, confiante.

A isso, Josias somou ao impasse a serenidade do seu parecer sempre lúcido.

— Atendamos à sugestão do nosso jovem amigo, Lucílio, que certamente nos será de valia. O Senhor, por vezes, nos estende a mão em momentos difíceis por intermédio de recursos insuspeitados.

Lucílio não discutiu mais. Embora ainda o dominasse atemorizado receio, correu a abrir a porta, dando passagem aos dois oficiais, que entraram, saudando-os apressados, e após o que, sem perder um minuto, Flavius os advertiu:

— Deveis dispersar daqui sem mais detença! Um destacamento do Imperador se dirige a este local neste mesmo momento, e nós o antecipamos apenas por insignificante vantagem de tempo.

— Quem vos envia, pretorianos? — Antonio ainda indagou dele, fundamente perplexo.

— Uma romana, simpatizante do vosso credo — explicou Marcus com sinceridade; mas cuidou de não enunciar o nome da moça, movido pelo instinto defensivo aguçado natural em todo militar. — Por favor, rogo-vos: não vos detenhais mais em hesitações ou perguntas. Saí deste lugar imediatamente, ou terá sido em vão a nossa interferência a vosso favor.

— Foi Blanda quem intercedeu por nós — João sussurrou ao pai, segredando, entre emocionado e convicto. — Ela sabia da reunião de hoje.

Em assim dizendo, todavia, e sem maior detença, de imediato os dois oficiais se evadiram, tão vertiginosamente quanto adentraram o recinto da casa, deixando o grupo preso de fundo estupor, durante apenas um instante a mais, porém, porque o próprio Josias, bondoso, e sempre justo em iniciativas, prontamente deu arremate à providência imprevista dos dois desconhecidos.

— Vamos, meus irmãos, apressemo-nos. Não nos detenhamos agora em possíveis causas ou conseqüências. Dispersemos rumo aos nossos lares, para que não tenha sido em vão a intercessão bondosa da irmã que tão gentilmente nos envia estes mensageiros em nosso socorro. Prosseguiremos a nossa palestra oportunamente.

Noutro setor de Roma, passado algum tempo, Marcus Flavius, de retorno com Breno ao palácio quase ao término do festival sem que ninguém, além do pai, tivesse dado pela sua ausência, acercou-se de Blanda discretamente. E, reparando logo no brilho vívido e impaciente que de imediato se acendeu no castanho-claro de seus olhos, a atraiu a um ponto oculto nas proximidades, sem querer prolongar-lhe o tormento íntimo.

Diante da sua dolorida expectativa, transmitiu-lhe o resultado satisfatório da sua intercessão, experimentando grato prazer ao notar de pronto, no rosto da moça, um como transbordamento de felicidade no sorriso radioso que lhe dirigiu, iluminando-lhe o semblante. Sem poder conter-se — e naturalmente correspondida —, mal ele acabou de falar, lançou-se em seus braços, esfuziante de grata emoção. E então, em distanciando-se um tanto, e trocando entre si um olhar transbordante de sentimentos já de há muito profundamente compartilhados, principiaram a selar, ali, o compromisso contra o qual ela tanto relutara — mas que sabia não poder adiar por muito mais tempo, dado o grau crescente e espontâneo de amor pelo oficial, que só fazia aumentar de intensidade, tanto mais quanto ela se mergulhava voluntariamente na indecisão e no dilema. Afinal, com a intercessão voluntária de Flavius a favor de dois cristãos, por mais ela soubesse ter ele envidado tal arriscada empresa, mais do que qualquer outra coisa, pelo amor que lhe sentia, com isso esvaía-se o seu último escrúpulo, responsável até aquele dia pela extrema relutância com que lidava com a sua inegável correspondência de sentimentos para com ele, em segredo, e com a possibilidade de unir o seu destino ao de um homem, talvez, inflexível quanto à perseguição implacável ao credo cristão, comandada por Nero, e levada a cabo impiedosamente por todo o exército romano e pelos membros da guarda pretoriana, não apenas em Roma, mas em muitas das demais províncias.

Abraçados, felizes, dizendo um ao outro uma infinidade de coisas no silêncio do olhar intenso que trocavam,[9] Flavius a atraiu com maior decisão, emocionado. Blanda o enlaçou, e beijaram-se apaixonada e prolongadamente nos lábios, ao abrigo do frescor das sombras noturnas.

Foi desta forma que se encerrou, de inopino, e a salvo para todos os participantes, aquela memorável reunião noturna entre

[9] Consumava-se, então, o reencontro tão ansiadamente aguardado, do espírito Caio Fábio Quinto com a Lucilla de vidas anteriores, planejado alhures, quando ainda desencarnados e nos domínios do Elysium, conforme descrito no início desta narrativa. (N. da Médium.)

alguns dos primeiros e sinceros seguidores de Jesus, de maneira que, passados, destarte, apenas quinze minutos, uma segunda escolta imperial cercou a casa estranhamente dominada pela quietude, tanto nos seus arredores quanto no interior.

Os componentes do destacamento invadiram intempestivamente a vivenda, em vão. Extremamente encolerizado, Marcelo constatou nada haver nos cômodos humildes que não alguns móveis e objetos, mergulhados na penumbra silenciosa da noite.

Capítulo XIII

Um diálogo infeliz

Na manhã seguinte ao dia daqueles acontecimentos, um sisudo Marcelo comparecia ao desjejum junto a toda a sua família.

Acercou-se dos presentes sem cumprimentá-los, acomodando-se e interrompendo o assunto que corria sobre os eventos do dia anterior. Sem embargo, de imediato olharam-no, interrogativos, as irmãs e a mãe, Aca, bem como o próprio Pompílio.

— Bons sonhos não te embalaram a noite, para aqui compareceres com este óbvio mau humor. Isto contamina de maus augúrios a refeição. Que se passa contigo, Marcelo? — o pai o questionou, na mesma hora, diante do silêncio admirado dos demais.

O rapaz, no entanto, não fez rodeios para se explicar.

— Não viste o que se passou ontem durante o festival?

— A que te referes? — a mãe somou a sua preocupação à do marido.

Marcelo voltou para ela o seu olhar taciturno.

— Tasso me abordou de repente, transmitindo uma ordem de serviço, para que me apresentasse sem demora ao comando. Havia uma reunião dos conspiradores em curso, e me cabia seguir liderando um destacamento até o local, e efetuar o flagrante e o aprisionamento. Aviei-me, o mais rápido que pude.

Pompílio assentiu.

— Falaste comigo à tua saída. Mas o que deu tão errado para que ainda no dia seguinte te vejas assim, sob as influências de Plutão?

— O que deu errado? — redargüiu Marcelo, esmigalhando nos dedos nervosos o seu pão, sem comê-lo. — O que deu errado é que, ou o comando foi mal informado, ou vítima de algum mal-intencionado, no intuito de deslocar toda uma escolta militar até aqueles confins do Averno para nada! Porque, em lá chegando, encontrei uma maldita casa escura e deserta, cheia apenas das sombras. Para acréscimo, os homens ainda ficaram mal impressionados; a seita renegada é cercada das mais horripilantes crenças acerca de sortilégios, e os soldados mal puderam conter o nervosismo, temendo algum golpe nefasto de feitiçaria sobre o destacamento. Afinal, o lugar é afastado do centro de Roma, e isolado da presença humana. Parecia a habitação de algum lavrador.

Levou, enfim, o pão à boca, degustando-o de má vontade, mergulhado em pensamentos conflituosos.

Pompílio se demorou um pouco reflexivo. Aquilo não fazia sentido. Sabia que os espiões a serviço de Nero não costumavam transmitir informações duvidosas, e delatores comuns, por sua vez, não se atreveriam com facilidade a ludibriar o comando da guarda pretoriana, até por andarem todo o tempo à cata de recompensas. Algo soava mal e incoerente. Claudia, contudo, sentada ali por perto, de seu lado, e sem que pudesse entender, evocou de improviso a lembrança da saída intempestiva de Flavius em companhia da prima a certa altura. Sem saber por que, sentiu que havia alguma associação desse fato com o que o irmão relatava; afinal, notou que, nada obstante Blanda tivesse retornado, Marcus demorara a voltar. E não podia esquecer que a moça chegara a lhe confiar que havia coisas importantes a lhe contar em outro momento. "Outro foi o móbil da nossa entrevista [...]. Agora, contudo, convém que fique calada. [...]" Ela recordou-se do que ouvira da prima, quando esta retornou ao recinto do festival. Todavia, isentou-se de tecer comentários, porque compartilhava com Blanda da sua simpatia pelo credo nazareno, deplorando a perseguição sangrenta que o Imperador infligia àqueles inocentes, unicamente no interesse de inculpá-los pelas agruras dos seus desmandos, e da conseqüente situação política frágil e insustentável criada no decorrer do seu governo.

— Terminei levando severa reprimenda de Abílio Tosca; ele alegou falta de presteza da minha parte na intervenção. Que Marte me valha! — o rapaz arrematou, profundamente irritadiço.

— Não havia sinais de vida na casa? — o pai afinal quis saber, orientado pela argúcia que lhe era própria.

— Sim, havia — Marcelo admitiu. — O forno se achava morno, o que me levou a supor a presença humana na casa havia pouco tempo. Mas e daí? Isto não me serve para nada.

— Serve como indicativo provável de que foram alertados a tempo, evadindo-se da prisão — voltou o pai, prontamente. — Não te esqueças de que esta escória conta, atualmente, com simpatizantes em todos os setores da sociedade, até mesmo nos mais ilustres, embora eles não se façam ostensivos.

O filho olhou-o, admitindo.

— Sim, o teu raciocínio é exato. Mas, para apresentar uma alegação dessas ao comando, precisaria também de provas, de nomes e de referências exatas. Abílio não mobilizará homens novamente em vão. E me arriscarei a ser severamente punido, se falhar noutra ação envolvendo este assunto em particular, que vem sendo o preferido entre as manias de Nero atualmente.

— Hum... — o pai demorou-se alguns instantes reflexivo, enquanto os demais membros da família apenas ouviam, sem emitir opinião. Virgínia, de seu canto, escutava aquelas notícias tendo o coração opresso, por razões óbvias. Porque sabia que ela e a irmã se achavam entre estes simpatizantes retraídos do cristianismo, mencionados pelo pai. — Quem dentre os presentes naquela hora te acompanharam na operação?

— Poucos havia de serviço naquela hora. Tasso, o portador da mensagem, foi um deles, o único dentre os irmãos de Marcus Flavius. De acréscimo, apenas Acácio e Rúculo.

O comentário de Pompílio em seguida fez Claudia tomar um sobressalto íntimo. Não supunha o pai tão perceptivo num momento como aquele, de descontração em meio a uma apresentação artística repleta do tumulto de dezenas de pessoas. Era que a atenção dele, sem que ninguém o supusesse, nunca se desprendia de Blanda, o que o levou sem querer a dar conta de toda a movimentação incomum acontecida entre a moça e o militar, na sua retirada dos salões. Desde então se indagara incansavelmente das possíveis causas daquilo, em vão. Mas isso Claudia não tinha como calcular; admirou-se sumamente, ouvindo, palpitante, o prosseguimento do assunto.

— Julguei que o próprio Marcus te acompanhara na tua retirada, pois o percebi ausente durante dilatado intervalo.

O olhar de Marcelo se acendeu com uma luz diferente e sombria, em ouvindo aquilo.

— Marcus não faz parte do mesmo regimento que eu. É comandante na Décima Terceira Legião. Mas por que se ausentaria ele, por sua vez, em pleno festival?

— Breno poderia te responder melhor, de vez que à sua saída o acompanhou. Mas retornaram aos salões depois de algum tempo. O que é digno de nota é terem deixado o palácio pouco depois da tua ausência...

As possibilidades aventadas naquelas observações eram muitas, e perigosas, mas não chegaram a ser articuladas em palavras para além daqueles comentários. Marcelo, afinal dispondo-se a tomar o seu desjejum, trocou apenas um olhar pensativo com Pompílio, prometendo a si mesmo colocar-se em alerta dali para diante em relação a uma série de possibilidades sombrias.

— Não adianta, Drusila. Desiste! Desta vez não haverás de me demover. Uma coisa é assistir, ainda que contrariada, àqueles detestáveis festivais artísticos de Nero. Outra é se comprazer com sangue e carnificina. Desta feita, não me arrastarás.

As duas jovens irmãs discutiam acaloradamente em casa, com o início de uma tarde que prometia temporais, dado o abafamento e a ventania fustigante que progressivamente toldava os céus de Roma com nuvens escuras e ameaçadoras.

— Ademais — arrematou a irritada Blanda, valendo-se também deste pretexto —, qualquer temporal em dias de espetáculos nos submete a horrível constrangimento e transtorno na hora do retorno. A saída do Anfiteatro torna-se um caótico tumulto. Portanto, não insistas. Não irei.

— Oh, criatura ranzinza e impertinente — amuou-se Drusila, também ela grandemente enraivecida. — Quem haverá de me acompanhar, de vez que não posso comparecer aos jogos sozinha?

— Chama Breno. É homem e está de folga; certamente não se importará de fazer-te companhia. Mas desiste de mim.

Blanda desfechou esta invectiva e enfurnou-se em seu cômodo, abrigando-se nas sombras perfumadas dos terraços. Reclinou-se num divã, e decididamente se pôs a entreter-se com a escolha de alguns tecidos para uma vestimenta nova.

— Grandessíssima sonsa! — exclamou-lhe Drusila, todavia, para fechamento do assunto. — Como se não soubesse que a razão maior do teu incômodo ultimamente é o ver-se arrancada dos teus devaneios acerca do teu saudoso Marcus Flavius. Pouco me importa, todavia; falarei com Breno e, conto, ele não me negará este favor.

Não o negou mesmo, até porque não foi permitido. Atília fora peremptória na exigência de que a filha mais velha só compareceria aos jogos daquela tarde na companhia do irmão. Assim, embora intimamente contrariado ante a perspectiva de ver lutas entre gladiadores e sangue na Arena, quando contava passar o dia de folga em companhia de amigos nas termas, aviou-se para acompanhá-la.

Isto devolveu à sempre entusiasta moça o seu ânimo, e, pouco depois, entre sorridente e com a empolgação costumeira, ela dava entrada com o irmão um tanto enfadado no ambiente barulhento do Anfiteatro, ocupando na assistência o lugar reservado às famílias mais bem posicionadas na sociedade.

Para sua ainda maior satisfação íntima, em chegando avistou Marcelo, sentado nas proximidades, acompanhado de alguns amigos. O rapaz também demonstrou prazer por reencontrá-los e acercou-se, acomodando-se todos, desta forma, reunidos.

— Vens sozinho ao Anfiteatro, Marcelo? Nenhum dos teus familiares aprecia os jogos? — indagou Breno ao acomodar-se, para início de algum assunto.

— Há! Imagina; com duas irmãs mulheres, resta-me meu pai, que de tempos a esta parte mostra-se inexplicavelmente sombrio, metido apenas com o seu trabalho, e com discussões políticas no Fórum. — E, num meneio de cabeça para os acompanhantes: — Saio habitualmente com os camaradas da guarnição.

De onde estava Breno reconheceu alguns dentre eles, inclusive Lúcio, um dos que compuseram o destacamento de busca aos cristãos na noite do festival, e que já servira outrora sob as ordens de Marcus Flavius no seu regimento.

Continuando no assunto, Marcelo voltou sua atenção para a agora emocionada Drusila; ela mal conseguia disfarçar o seu estado de espírito sempre que o encontrava. No entanto, estas ocasiões não se faziam muito freqüentes, determinando que nada se delineasse de certo entre eles, embora Marcelo desse claramente a entender que não descartava um envolvimento com a moça, de quem lhe agradavam tanto a beleza ostensiva, quanto os modos voluntariosos.

— Drusila; e tu, minha prima? Compareces a estes espetáculos sangrentos? Nunca anteriormente os jogos estiveram tão violentos, e talvez que impróprios ao gosto de algumas mulheres. É inesperado o vê-la por aqui.

Breno riu-se.

— Minha irmã, bem o disseste, possui gosto extravagante e um tanto diverso do destas algumas mulheres a que te referes, Marcelo. Aqui estamos porque fui intimado a acompanhá-la, já que Blanda recusou terminantemente. E não a culpo... — o rapaz arrematou, entre irônico e franco.

Marcelo compartilhou do humor.

— Mas não me surpreende a negativa de Blanda. Seu perfil não é o do temperamento amante das emoções fortes sempre presentes nestes espetáculos de hoje.

A isso, Drusila, arejadamente, e entusiasmada pela euforia ambiente e natural nas circunstâncias, começou a colocar Marcelo a par das novidades interessantes.

— Ah, caríssimo Marcelo! Como se fosse o recolhimento voluntário de Blanda fruto somente deste seu perfil sorumbático. Então não sabes que as coisas finalmente parecem ter começado a andar entre ela e o comandante Flavius?

— Deveras? — admirou-se Marcelo, ao passo que Breno, de índole mais contida nas efusões e nas palavras, olhou a irmã repreensivamente por um momento.

— Tu não te conténs nos mexericos, Drusila! Poupa a vida da nossa irmã dos assuntos do dia aqui, no ambiente do Anfiteatro. — E olhou em torno, pressuroso.

— Ora, Breno, quantos escrúpulos! Eu e mamãe, pelo menos, nos achamos felizes com isso. Pois afinal haverá ela de decidir-se quanto a um rumo importante em sua vida, que bem a desvie do seu isolamento doentio e daquela mania a que se apegou, de tempos a esta parte, de manter conversações com aquele cristão que...

— Cristão? — O brilho inquisitivo no olhar escuro do primo aumentou subitamente de intensidade, acendendo-se em instintivo alerta.

— Drusila, já descambas no teu palavrório para especulações infundadas — repreendeu Breno de novo, agora entre severo e preocupado. — Não temos certeza destas coisas, portanto contenha-te nas tuas expansões.

A curiosidade de Marcelo, contudo, fora aguçada ao máximo.

— Blanda anda às voltas com membros da seita amaldiçoada?

Mas isso se mostra de um risco inqualificável para uma filha de sacerdote. Aliás, ao próprio tio Valério. Tem ele conhecimento disso, Breno? — cobrou do primo, quase imperativamente.

Nervoso e ansioso por contornar as conseqüências inconvenientes do destempero verbal da irmã, Breno meneou, ao mesmo tempo que se valeu dos primeiros movimentos na Arena dando início às lutas do dia.

— Drusila é precipitada nas palavras, Marcelo. Blanda não tem contato com nenhum representante deste credo.

— Então quem é o indivíduo a quem ela se refere?

Drusila, todavia, sempre auto-suficiente e avessa a reprimendas, terminou por piorar o que de impróprio já manifestara.

— Referi o filho do jardineiro da casa, com quem ela mantém conversas infindáveis ultimamente acerca de temas soturnos, como o sentido mais profundo da vida. Mas, de fato, quanto a ser ele cristão, é apenas uma suspeita. Valha-me Jano, Breno! Não me interrompas mais desta forma — voltou-se para o agora aborrecido Breno, contrariada.

— Tua língua ainda te porá a perder em algum momento, Drusila. O espetáculo se inicia — avisou, cansado daquilo.

O assunto encerrou-se daquele modo, de fato, com o início dos jogos e sacrifícios[10]. Mas aquele momento geraria frutos lamentáveis para os que dali se achavam ausentes, mas presentes, agora, nas especulações íntimas do filho de Pompílio Severo.

---

[10] Datam desta época os sacrifícios de cristãos lançados às feras e ao extermínio sangrento. (N. do A. E.)

Capítulo XIV

Sob o ciúme de um Deus

Passados alguns dias, o silêncio profundo da madrugada nos arredores e no interior da residência de Valério Graco é perturbado repentinamente por uma barulheira despropositada.

Despertando sobressaltado, Valério julgou distinguir berros, e ordens sendo expedidas por uma voz de homem que não lhe era exatamente desconhecida; e ergueu-se do leito, de chofre, recompondo-se, ao mesmo tempo que algo entreouvido o deixou em imediato e acentuado estado de alerta.

— Não me interessa que o sacerdote esteja dormindo. Anda, homem néscio. Avia-te a chamá-lo com urgência, de vez que o estado do filho dele não permite demora nas providências.

Em meio à correria súbita da criadagem e dos vigilantes noturnos, que de pronto se puseram em polvorosa com aquele tumulto, a família, de um átimo, se pôs de pé. Inclusive as mulheres, já que uma delas reconheceu, na mesma hora, palpitante, o timbre enérgico daquela voz masculina. Blanda, efetivamente, foi a primeira a se recompor às pressas e acorrer para frente da moradia, já mortalmente pálida.

Alcançou os umbrais ao mesmo tempo que o pai; e sentiu o chão faltar-lhe, momentaneamente, ao dar com a cena pungente.

O irmão, Breno, era trazido para casa amparado por Marcus Flavius, ensangüentado e inconsciente.

— Marcus! — ela gritou, num ímpeto, apoiando-se, desfalecente, numa colunata. O velho e experiente Valério, no entanto, foi mais prático e objetivo, não obstante o seu susto em nada deixasse a dever ao da jovem filha.

— Blanda, melhor que adentres o interior da casa, querida, e deixes as providências por nossa conta. Teu irmão feriu-se num tumulto enfrentado pela nossa escolta, durante o plantão desta noite — o pretoriano apressou-se a informar, mas Valério cortou-lhe a palavra.

— Sem dúvidas que não podemos aqui permanecer, neste impasse. Avia-te! Traze-o para dentro — determinou, apesar de tudo calmo e senhor da situação.

No interior, reuniram-se com as demais mulheres da casa, num clima de grande consternação. Drusila lançou-se a uma crise histérica tão logo viu Breno naquele estado lastimável, inerte, sem dar maiores sinais de vida, e tendo o corpo banhado de sangue. A mãe ameaçou desfalecer. Foi Blanda, no final das contas, que, no primeiro momento quase ignorando Marcus Flavius, aviou-se para auxiliar o pai nos primeiros preparativos de socorro, os quais envidariam sem maiores tropeços porque, em sendo Valério sacerdote oficiante num templo votado, entre outras coisas, à cura dos males físicos, conhecia a fundo as artes medicinais necessárias ao emprego em tais emergências.

A moça, contudo, acercou-se, muda, do irmão, no primeiro momento, com as lágrimas escorrendo-lhe doloridamente pelo rostinho alvo e consternado.

Marcus, de seu lado, dividia agora a sua preocupação também com ela. Achegou-se com discrição, agachando-se ao seu lado e murmurando-lhe:

— Blanda, como te sentes, meu amor? Assustas-me com esta inércia; melhor que te recolhas ao leito, ou te assentes aqui. Venha, te conduzo... — Ele ensaiou ampará-la, afetuoso; mas foi gentilmente repelido no seu zelo.

— Por favor, Marcus; deixa-me com ele — replicou a moça, apenas. Junto ao irmão ferido e exânime tombado no assento reclinável próximo dali, não se dava conta, no seu estado exaltado de espírito, do tumulto das mulheres em torno, aviando-se por socorrer, por sua vez, Drusila na sua crise, e Atília no inopinado desmaio, do qual não voltava a si. Para apaziguar o ambiente, Valério expediu ordens enérgicas para que fossem conduzidas a seus cômodos, prometendo visitá-las em breve, assim que prestasse o devido e primeiro socorro ao filho abatido.

Aproximando-se dele, cobrou de Flavius, afinal, as explicações.

— Que se passou, no fim das contas, pretoriano?

— Fazíamos a ronda noturna, e demos conta de uma baderna infernal na porta de um prostíbulo próximo ao Tibre. Dois grupos de homens bêbados ameaçavam-se com facas, alguns engalfinhados, aos socos! Apeamos para apartar o tumulto, o que conseguimos envidar sem maiores dificuldades, já que éramos em maior número. Mas Breno foi atingido nesta região — apontou para a altura da cintura do moço desfalecido

— pela adaga de um deles; saiu de lá amparado por mim ainda consciente, mas começou a perder muito sangue, e desmaiou — explicou Marcus, concisamente, dividindo-se entre falar e prestar atenção à atitude contrita de Blanda, ajoelhada junto a Breno, silenciosa, apenas as lágrimas lavando-lhe, agora, as faces lívidas, que lhe denunciavam o enorme abalo íntimo que experimentava. — Valério, com o devido respeito... — o oficial não agüentou a preocupação, aventando com discrição para o pai da moça, agora ocupado com os rápidos preparativos do socorro. — Não seria mais saudável para Blanda retirar-se? Não a percebo bem.

A isso, contudo, para a sua surpresa, Valério meneou, calmo e seguro.

— Deixe-a, Marcus Flavius; ela não está apenas trânsida pela aflição com o irmão. Mantenha-se tranqüilo e calmo; ela intercede por Breno neste momento, e, asseguro-te, talvez que com maior eficiência do que eu.

Com isso, calou-se, pondo-se a limpar o ferimento do filho, após rasgar-lhe a parte atingida das vestes, e aplicando em seguida emplastros frescos, compostos de ervas misturadas a propósito durante alguns minutos. Obediente, de seu lado, e um tanto admirado, Flavius sentou-se ali por perto; quedou-se a observar os modos da jovem que, a seu turno, tinha os olhos fixos na fisionomia de Breno, e uma das mãos pousada delicadamente próxima à região vitimada pelo profundo corte, de onde o sangue brotava em abundância, mas que, logo com o passar dos primeiros minutos, estranhamente, e para pasmo do militar, começou a amainar o fluxo.

Valério deu-se por satisfeito com a aplicação do medicamento na região, assessorado por uma criada que apunha compressas úmidas na fronte do moço. Não parecia preso de grande preocupação com a inconsciência renitente na qual Breno se via mergulhado, tanto que comentou para o admirado militar parado ao lado, confiante:

— Ele não despertará tão cedo. Nos emplastros há um forte componente sedativo para a cura e para a dor, que haverá de provocar sonolência.

— Ele ficará bem? — quis saber Flavius acerca do colega de armas e amigo mais moço, sinceramente preocupado.

— Sim, sem nenhuma dúvida; o ferimento não foi desferido em região crítica, e, sob os cuidados de Blanda, de acréscimo, a cicatrização haverá de ser rápida.

— Que faz ela? — Marcus indagou, por sua vez, com discrição, em ouvindo aquilo.

Valério, a isso, porém, olhou-o com dubiedade.

— Já deves ter escutado a respeito da capacidade peculiar de minha filha para influenciar na pronta brevidade da cura em casos talvez mais graves. — E, de dentro de entonação até certo ponto orgulhosa e altiva, o sacerdote arrematou: — É evidente em Blanda o chamamento do deus para o serviço, Flavius. No entanto, embora a mim apraza esta perspectiva, não tenciono, de início, constrangê-la a algo que, mais cedo ou mais tarde, ela haverá de entender, por si, ser incontornável, porque não convém contrariar o chamamento de um deus poderoso qual Apolo.

Declarou tais coisas intencionalmente, em certa medida. Sabia, de seu lado, da iniludível inclinação do oficial pela jovem filha, e da correspondência inegável dela a esta disposição afetiva do militar, por sua vez. Mas não quis se estender para além dessas explicações, por julgar prematura e inadequada a ocasião.

A contragosto, relutante em deixar o local, por sua vez, Marcus aludiu com discrição:

— Preciso prestar contas do acontecido ao comando noturno. O destacamento, a esta altura, já terá retornado ao pretório, e se faz indispensável a minha presença perante o prefeito da guarda — declarou, levantando-se. — Se me permites, Valério, haverei de voltar amanhã, para me inteirar da recuperação de Breno e do vosso estado, nesta conjuntura...

Valério empertigou-se, devolvendo na usual amistosidade existente entre ambas as famílias:

— Minha casa permanece às vossas ordens, oficial! Venha e serás, como sempre, bem recebido!

Marcus respondeu com um meneio cortês ao oferecimento afável do sacerdote. Voltou a agachar-se ao lado de Blanda, que, agora, encerrada a sua intercessão em favor do irmão, apenas olhava-o condoidamente, acomodada ao seu lado.

Afagou-lhe amorosamente os cabelos, e sussurrou-lhe, atraindo-lhe, afinal, a atenção.

— Blanda, perdoe-me o susto e o desprazer involuntário que te causei com todo este tumulto. Valério assegurou-me que Breno vai ficar bem, e eu aqui voltarei amanhã, para saber do vosso estado.

A moça dirigiu-lhe um sorriso esmaecido, ainda pálida, as lágrimas agora escorrendo-lhe, esparsas, pelo rosto.

— Não precisas te desculpar, Marcus. Creio que amanhã já o encontrarás desperto. Ele vai, de fato, se recuperar rápido. Obrigada pelo teu concurso.

Sorriram um para o outro, com brevidade. Marcus depôs-lhe terno beijo no rosto e retirou-se, deixando a casa apressadamente; e encerrou-se, desta forma, aquele episódio difícil no decorrer de uma noite de ronda da guarda pretoriana.

Marcelo havia deixado o ambiente da Arena naquela tarde mergulhado em reflexões acerca do que ouvira da displicente Drusila. E, possuindo a argúcia como traço marcante de seu temperamento, a exemplo do pai, foi para casa metido em considerações sombrias sobre o que lhe impressionou na conversa da prima acerca de estar Blanda às voltas com pessoas do próprio ambiente da casa do tio, sob suspeitas de participarem do credo renegado, ao qual votava antipatia gratuita, sem imiscuir-se em méritos, adotando, sem pensar duas vezes, o modo de pensar de Pompílio sobre o assunto, que deplorava qualquer ameaça estrangeira aos seculares costumes religiosos estabelecidos solidamente em Roma. Jamais admitiria de boa mente, com efeito, Jesus competindo com o altaneiro e combativo Marte, que sempre valia as legiões em épocas de combates e de guerras.

Além do mais, apesar das negativas de Breno na ocasião, aquela história mencionada por Drusila vinha de encontro a certas impressões suas, experimentadas na época da convalescença da irmã mais nova, quando Blanda se fazia assídua na casa contribuindo francamente para a cura definitiva de Virgínia, fazendo uso dos dons de que toda gente sabia ser ela portadora desde a infância, ocasiões durante as quais, por mais de uma vez, pôde surpreendê-la em conversas discretas mantidas com suas irmãs, cujo teor, involuntariamente entreouvido, deixaram-no entre perplexo e relutante em confiar no que o seu sentido da audição havia captado.

Marcelo chegou de volta em casa pensando nestas coisas e, tão logo, mais tarde, deu com o pai de retorno ao lar, convocouo a palestra particular e a salvo da assistência das irmãs, para as quais sabia o assunto melindroso.

Logo ao início do discurso de Marcelo, contando-lhe os sucessos ocorridos no ambiente turbulento da Arena, Pompílio fez-se taciturno, procurando, no entanto, disfarçar a comoção íntima à percepção do filho mais velho. Com efeito, o rapaz mostrava-se tão perturbado com aquelas novidades que se confessou ausente de espírito dos espetáculos, durante toda a apresentação. Disse ter estado com os pensamentos longe; que algo soava terrivelmente mal em toda aquela história, mas que ainda não podia estabelecer coerência nas suspeitas que nutria a partir daquilo.

— Estas revelações de Drusila, nada obstante pudessem soar inofensivas num primeiro momento, pai, a meu ver, são graves! Primeiro por comprometer a respeitabilidade da própria casa do tio Valério, um sacerdote consagrado de um dos nossos maiores deuses. Também, contudo, pelas implicações relacionadas à própria prima. Drusila mencionou se acharem ela e a mãe exultantes por um possível início de envolvimento franco entre Blanda e Marcus Flavius, por julgarem que isto, enfim, a distanciará deste quadro preocupante entrevisto nas suas atitudes!

Pompílio meneou, com contrariada seriedade.

— Faz tempo advirto Valério de que já extrapolou a hora em que deveria ter se valido da sua autoridade paterna para constranger Blanda a uma decisão acertada. Isso, agora, só vem confirmar as minhas suposições. De fato, Marcelo, são oportunas estas novidades que me trazes; falarei sem demora, na primeira oportunidade, com meu irmão, a fim de salvaguardar a honorabilidade no ambiente familiar.

— De outro lado — ponderou Marcelo —, se Blanda se decide, afinal, pela união com um oficial, se verá talvez que resguardada de maiores desvarios neste sentido. Não te parece? — questionou de Pompílio, pensativo; mas ele discordou, embora por razões obscuras existentes apenas no seu mundo interior, e que jamais seriam intuídas pelo filho.

— Tudo é muito incerto e nebuloso nesta questão. Há aspectos ligados a este assunto que, por enquanto, não me atrevo a aventar. Baseado nisso é que te afirmo que o mais correto é que Valério imponha à filha a escolha mais acertada por ora, no sentido de induzi-la ao cumprimento de um dever, ademais, de ordem prioritária, já que vinculado ao chamamento divino para o serviço religioso. — O olhar profundo e magnético de Pompílio brilhava estranhamente, ao externar aquelas impressões, como se mais especulasse consigo mesmo, remoído por insólita e desmedida preocupação, do que se dirigisse propriamente ao filho, sentado atento à sua frente. — Porque se existir a mais leve possibilidade de andar a tua prima às voltas com sectários de um credo a respeito do qual toda sorte de rumores se alardeiam acerca de sortilégios e de cerimoniais sombrios, e ademais tendo, esta seita, como símbolo máximo um malfeitor crucificado, e seguidores fanáticos odiando de morte os romanos, desde as províncias da Judéia até o ambiente que nos cerca, na própria Roma; se chance existe da tua jovem prima estar assim, na iminência de ser ludibriada por algum destes mal-intencionados, quiçá acoitado no recinto mesmo da moradia do teu tio, é mais do que imperativa uma atitude firme, rápida, objetiva, e que arrede o mal pela raiz, a tempo de não se permitir que se desencadeiem as conseqüências lastimáveis, para toda a nossa família, de ver o nosso nome achincalhado pela sociedade, em decorrência dos desvarios de uma jovem ingênua, e ainda com o sério risco de nos metermos em complicações com Nero, nesta conjuntura; porque tu bem o sabes, Marcelo, que na sua perseguição obsessiva ele não vem poupando nem os nomes mais ilustres nos casos de delação de envolvimento com o credo nazareno. Isto é poderosa ferramenta política de coação: um aviso dissimulado, veemente, para que ninguém se atreva a contrariar-lhe ou questionar-lhe as diretrizes despóticas.

O magistrado gesticulou, após este extenso e austero discurso, à guisa de encerramento do assunto, pronunciando sua deliberação final e irredutível para o caso:

— Falarei com Valério oportunamente, e te porei ao corrente da situação! — avisou, levantando-se e deixando, afinal, o escritório onde palestravam e o militar, imerso em profundas especulações sobre o assunto.

Foi desta forma que, decorridos alguns dias sobre o acidente com Breno, nos quais Marcus se fez visitante assíduo no intuito de acompanhar a recuperação do amigo mais moço e, a um só tempo, ter com Blanda com maior freqüência, em certa manhã, após o culto doméstico e o desjejum familiar, Valério convocou Blanda a uma conversa de caráter particular.

Olhando-o, e sem poder precisar o motivo, Blanda sentiu como que um vácuo doloroso no centro do peito, em ouvindo aquele chamado. Algo lhe segredou que aquela palestra inusitada com Valério seria difícil, e de conseqüências graves para os rumos da sua vida. Valério raramente convocava as filhas para uma entrevista nestes moldes, a salvo da presença materna, ou ao menos do seu irmão. Que poderia ele querer?

Ademais, a fisionomia fechada e severa do ancião, logo de saída, não lhe augurou boa coisa.

Foi a vez de ele fechar-se com a tímida Blanda no compartimento da casa destinado ao trabalho religioso, avisando:

— Filha, precisamos conversar sobre aspectos sérios da tua vida. Não pode haver mais adiamento.

Àquilo, Blanda empalideceu. Imediatamente adivinhou a que ele se referia, assim, naquele tom imperativo. Jamais, contudo, poderia intuir que todo o desenrolar daquele diálogo improvisado sobre um assunto a respeito do qual Valério se mantivera complacente até o presente momento se devia ao destempero verbal de Drusila na Arena, semanas antes, coisa que só mais tarde, privando com Breno em angustiado desabafo, ela teria condições de conhecer.

— A que te referes, pai? – ela replicou com delicadeza, a despeito de acatar-lhe, obediente, ao convite para que se acomodasse. — Observo-te de fisionomia tensa. Alguma preocupação grave parece consumir-te os pensamentos. Que se passa?

Sentando-se diante dela, em atitude altiva, o sacerdote a mediu reflexivamente por breve instante, ponderando na melhor forma de iniciar o assunto. E, em notando a ansiedade crescente na palidez visível em seu semblante jovem e belo, afinal enveredou pela questão que de há tempos vinha lhe ocasionando fundo dilema, no tocante ao modo de se abordá-la diante da filha. Porque sabia que o que exigiria dela em seguida seria taxativo, duro, e de efeito dilacerante aos sonhos românticos talvez existentes no seu espírito jovem, comprometendo o rumo de todo o restante do curso de sua vida.

Esta avaliação durou breve intervalo porque, enfatizando o tom solene na maneira de iniciar a palestra, começou.

— Durante o desagradável incidente com o teu irmão há dias, Blanda, foi-me dado dissipar minhas últimas dúvidas sobre o que o futuro, honrosamente, te reserva; o que, antes de qualquer coisa, é razão de júbilo e deleite a mim, teu pai e sacerdote do templo do deus sempre vitorioso sobre as trevas de Cronos.

Blanda tentou dizer alguma coisa mas, àquela altura, sentiu fugir-lhe a voz. Assim, se fez mais pálida, apenas, o que não escapou à observação atenta do altivo sacerdote, que prosseguiu:

— O aviso de Apolo se fez ostensivo desta feita! Nada te resta que não atender-lhe ao chamamento com que te confere invejável distinção, para que te dediques ao serviço religioso, em favor dos que padecem e que lá, ao templo, acorrem todos os dias em busca de lenitivo aos males do corpo e do espírito, Blanda.

Outra pausa natural no assunto, ainda mais extensa. Com os olhos fixos no pai à sua frente, pela sua postura estava claro à jovem que a posição dele era irredutível naquela conjuntura, e que de nada lhe adiantaria argumentar qualquer coisa. Notou que, a par da feição autoritária no modo de lhe apresentar aquela, antes, intimação peremptória, o velho mostrava-se efetivamente feliz e orgulhoso. Só não lhe ocorreria que ele fazia por onde acentuar esta disposição aos seus olhos, no intuito premeditado de cortar pela raiz possíveis resistências ou recusas da sua parte. Com efeito, Valério conhecia a matéria de que era feita a alma da filha, sempre dócil e obediente às suas deliberações, diferente da voluntariosa Drusila, cheia de pareceres e de caprichos regados à teimosa intemperança no seu modo de encarar vários aspectos da vida.

Contudo, ainda assim, naquele impasse doloroso, avultou no seu coração, dominador, o amor intenso que sentia pelo oficial das legiões de Nero, que a esta altura já se fizera compartilhado declaradamente, no início do profundo e apaixonado envolvimento que principiavam a vivenciar. Aquilo era maior do que tudo; afinal, vencera até mesmo a sua própria resistência em admiti-lo e expressá-lo, durante um enorme período, até que se sentisse segura para isso, e enfim se impusesse mais forte contra todas as outras considerações. Assim, quando pôde falar algo, com a voz entre vacilante e emocionada, porém cheia de dolorida sinceridade, a moça replicou:

— Pai, eu estou envolvida afetivamente com Marcus Flavius. Eu o amo. Reconheço a verdade nas tuas ponderações, e eu mesma hesitei durante longo tempo até me decidir a assumir em mim a correspondência de sentimentos entre nós dois... mas foi mais forte do que eu. Penso que, com o coração acorrentado ao dele, tudo muda, porque se tornaria falsa a minha devoção ao deus, com a alma e o coração presos definitivamente aos do homem que eu amo, e que também me ama, com sinceridade.

Neste ponto, lágrimas escorreram, incontidas, de seus belos olhos castanhos. E ela baixou a vista num ângulo, perturbada.

Observando-a, Valério suspirou. Já contava com a possibilidade daquele argumento forte. Entretanto, o móbil principal da sua atitude inflexível no caso se prendia a determinantes insuspeitadas pela filha, que, por estratégia de convencimento, não mencionaria, preferindo agir com dubiedade. Até porque lhe convinha não assustar as presas que pretendia, doravante, vigiar de perto: no caso o jovem jardineiro de sua casa e o pai, a respeito de quem o alertara Pompílio com cores ainda mais fortes do que as havidas no teor do relato inicial de Marcelo sobre o assunto. Porque, interessado em alcançar certos resultados escusos, o astucioso irmão de Valério modificou numa quase certeza indiscutível o que, nas palavras do filho, não passava, ainda e sempre, de especulação.

Desta forma, acentuando ainda mais a solenidade no tom com que se exprimia, o sacerdote notou:

— Blanda, é chegada a hora na tua vida de aprenderes a atribuir valor prioritário ao que de fato assim o requer. Não descreio da legitimidade de intenções e de sentimentos do oficial

Flavius a teu respeito, que sei um homem probo e honrado, e, ademais, de família ilustre e benquista pela nossa. Por isso mesmo estou certo de que ele não haverá de afrontar a minha determinação quanto a este caso, compreendendo, junto contigo, que os apelos do amor humano não se equiparam à importância e supremacia de um chamamento divino ao serviço.

Um soluço embargou a voz da jovem. Sumamente consternada, não soube mais o que dizer, e outra pausa extensa se fez.

— Dize-me, então, por Apolo, pai: como farei para arrancar de dentro de mim um sentimento que, desde já te afianço com lealdade, me atormentará a tranqüilidade e a retidão de consciência nos domínios do templo, durante todas as horas em que lá permanecer? — revidou Blanda, enfim, olhando-o nos olhos, com tocante e desamparada sinceridade.

— Não é difícil transcender aquilo que não é alimentado através do uso dos sentidos, Blanda. Uma vez devotada ao serviço religioso, raras serão as oportunidades de te avistares com este rapaz. O tempo se encarregará de aliviar as angústias do teu coração, e dia virá em que compreenderás melhor a oportunidade e a conveniência do que neste momento te imponho, pensando antes de tudo no teu bem, e que te provoca todo este dissabor. — Sem querer estender-se mais em explicações e justificativas, até mesmo para realçar a autoridade irrevogável daquela decisão, o sacerdote se levantou. E, em passando a passos tranqüilos pela moça, ainda abatida no assento a chorar, agora copiosamente, lembrou-lhe, com estudada brandura:

— Passada a crise, aconselha-te com a tua mãe. Ela te acalmará com palavras talvez que mais eficientes que as minhas. Logo tudo se aclarará, e o tempo, como disse, faz com que diminua o tamanho dos problemas que inicialmente parecem insuperáveis.

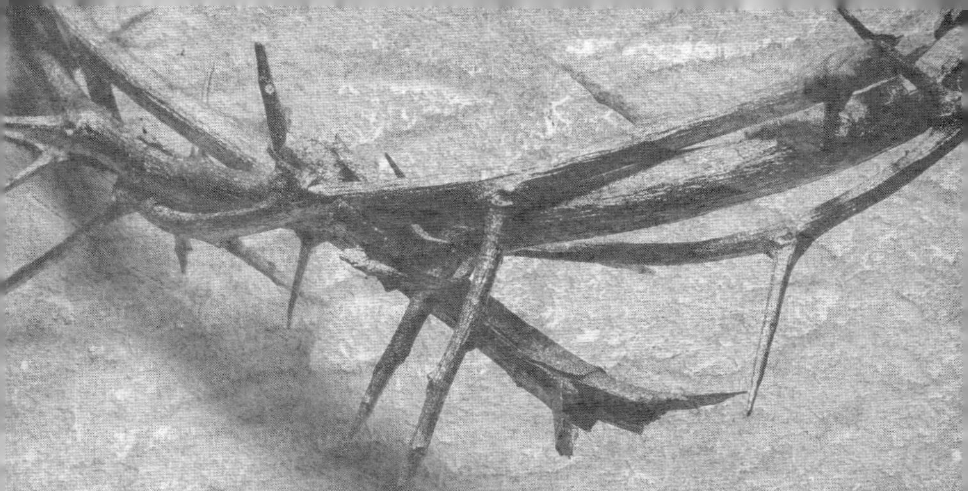

Capítulo XV

O Deus vivo

— Oh, o imprudente! Como lidar com isso?

Atília andava de um para outro lado, no perímetro da bela e confortável moradia. Ao evadir-se para um dos pátios laterais ornado por estátuas dos deuses e por chafarizes que choviam em tanques circulares, espargindo agradável frescor em volta, deu com o filho, Breno, sentado por ali.

Haviam decorrido alguns dias da palestra entre Valério e a filha, mas ela já se achava a par da situação, primeiro pela conversa havida, em que o próprio marido a cientificara da sua decisão e da conseqüente reação de Blanda. Depois por ter ela mesma, em vão, tentado consolar a profunda angústia que se assenhoreara da jovem desde então. Porque, se já era ela dada ao recolhimento e arredia a todo tipo de lazer e expansões comuns a uma época em que o prazer era o grande fator gerador de virtudes e hábitos, agora se tornara definitivamente misantropa, vertendo lágrimas infindáveis noite e dia, nada obstante as palavras de incentivo de Drusila, no intuito de animá-la, alegando a notoriedade e prestígio de que doravante ela se faria portadora perante a sociedade, e o carinho pesaroso da mãe, que, de seu lado, não atinava com o que dizer para levantá-la de seu doentio desânimo. De fato, Atília protestara quanto pudera diante do marido, ao comunicar-lhe ele estas novidades extemporâneas, de vez que não entendia a razão daquela atitude súbita, já que até então Valério se mostrara reservado e complacente perante as tendências íntimas da filha ante o caso.

Breno havia voltado cedo do serviço naquele dia. Em franca convalescença do acidente acontecido semanas antes, gostava de se recolher naqueles pátios para descansar ou palestrar com amigos ou familiares. Assim, ergueu-se de onde estava, notando logo a inquietação da mãe, e aproximando-se, bem-disposto.

— Que te desassossega a este ponto, mãe?

A matrona voltou para ele os olhos escuros, admirada. Não dera logo pela sua presença no pátio, mas não fez rodeios para responder-lhe objetivamente sobre o que lhe ia aos pensamentos naquele instante.

— Então, não te demoraste ainda com Blanda por estes dias? Não sabes do grande desgosto que ela experimenta, junto comigo e mesmo com Drusila? — gesticulou com inquietude nítida, extravasando-a nos modos e nas palavras. — Teu pai tomou-se de um acesso autoritário inesperado, Breno, e, sem que ninguém contasse com isso, finalmente decidiu impor à Blanda o ofício de sacerdotisa, sem apelação.

Breno, surpreso de seu lado, chegou a sentar-se.

— Que me dizes? Mas... Blanda aquiesceu de boa vontade a isto? E a troco de que papai tomou esta atitude?

Atília deu de ombros, sentando-se ao lado dele. Via-se a séria contrariedade que experimentava a respeito da questão, estampada, nítida, no seu semblante.

— Por Mercúrio, não sei. Bem que gostaria de saber. Acabamos discutindo seriamente, já que não concordei com a precipitação de sua iniciativa, agindo sem consultar-me. Blanda, finalmente, estava alinhavando compromisso sério com Marcus Flavius. É evidente que os dois se amam! E eu nutria grandes esperanças de que fossem as alegrias experimentadas neste envolvimento que a distanciariam do seu comportamento inconveniente em muitos momentos. Mas agora foi tudo por terra — replicou, aborrecida.

Breno ouvia a narrativa, admirado até onde era possível. Deteve-se também, de seu lado, no mesmo aspecto do problema mencionado pela mãe.

— Marcus Flavius ficará contrariadíssimo com esta novidade. Ele já sabe do que está acontecendo? Faz tempo que nutre um sentimento profundo por Blanda, e nunca desistiu de obter dela uma correspondência que já pressentia existir. De fato, nunca o vi antes tão bem-disposto quanto anda atualmente no serviço com as legiões.

Atília fez um meneio depreciativo.

— Pobre rapaz! Penso que não o sabe ainda, pois faz um certo tempo que ele e Blanda não privam. E que brilhante partido vai se perder. Tudo pelo significado nebuloso e cheio de incertezas que teu pai atribui à vida, que deve ser encarada de maneira mais prática, principalmente no que diz respeito ao futuro próspero de uma jovem nos dias de hoje. — E tornou a gesticular, impaciente. — Dize-me, então, desta feita, Breno, que eu faço para contornar este problema? Tua irmã não pára de chorar há dias! Nem a vemos na casa, porque fica recolhida dia e noite em seu quarto, sem mesmo se alimentar adequadamente. Tu e ela sempre se entenderam melhor que Blanda com a própria Drusila, que, apesar de mulher e jovem, é feita de matéria oposta à da irmã mais nova. Peço-te: tenta, tu, me ajudar nesta complicação. Conversa com Blanda — pediu, deitando-lhe uma súplica franca e esperançosa no brilho do olhar.

Breno concordou na mesma hora.

— Eu o farei ainda hoje, mamãe! Amo minha irmã, e pesa-me saber destas notícias. Verei o que é possível fazer para levantar-lhe o ânimo... e o de Marcus Flavius — arrematou, pressuroso, e em tom mais baixo.

Antes de se entender com Blanda, Breno procurou sondar com o pai as razões daquelas graves decisões de caráter familiar. Colhendo-o em momento descontraído, durante o arremate da ceia noturna, tentou sondar as entrelinhas daquela situação; e que fator tão importante assim o compelira a constranger daquele modo sua irmã mais nova, porque sabia não ser esta, até havia pouco tempo, a diretriz que Valério dava ao assunto. No entanto, temia o que se escondia por trás disso, recordando, de seu lado, a repreensão que certa feita se vira forçado a dar na moça, em decorrência de, ainda uma vez, tê-la flagrado envolvida em assuntos dúbios com o filho de um serviçal da casa. Advertira a irmã na época, não sem razão; mas, naquele dia, não quis dar voz às suas desconfianças mais graves para não molestá-la para além do que fez, e agora, contudo, quase adivinhava que as determinantes do comportamento irredutível de Valério se prendiam às mesmas coisas que o tinham compelido à admoestação aplicada em Blanda naquela tarde já afastada no tempo.

Conversou com o pai, todavia, alimentando esperanças de que não seria tão sério o perfil do caso em questão. No entanto, saiu da palestra desencantado. Porque, em diálogo informal e descontraído, regado a vinho de boa qualidade, e ademais em ambiente familiar e a salvo de circunstantes e da ocasional presença das mulheres, não lhe foi difícil conseguir que o sacerdote lhe confidenciasse sobre o encontro que tivera com Pompílio dias antes; a respeito das graves suspeitas que lhe transmitira o magistrado, em função da conversa havida entre Drusila e Marcelo na Arena; e a sua decisão inatacável, a partir disso, de não permitir que fosse a sua casa coberta de opróbrio se, negligenciando as providências cabíveis para a situação, se desperdiçasse mais tempo precioso, perdendo-se a filha mais moça, de modo irremediável, para o detestado credo que, como praga, vinha arrebanhando simpatizantes mesmo nas camadas mais ilustres e honradas da sociedade romana.

— Drusila me paga. — Breno saiu da entrevista, naquele cair da noite, rilhando os dentes de irritação, planejando quanto antes colher a irmã de improviso para repreendê-la severamente, e ainda uma vez, pelo mau uso da língua em lugar impróprio, fazendo-lhe ver e sentir o peso das conseqüências deploráveis da sua imprudência para o futuro da irmã mais nova.

Entrementes, com o anoitecer, e nos setores mais remotos dos jardins circundantes da residência, e ainda sob maiores cautelas do que as usuais, Blanda priva em palestra desconsolada com João, ao que entendia, pela última vez.

— Não quero mais comprometer tua integridade, João, e expor-te a risco com nossas conversas no recinto desta casa! Até agora ocorre-me a suspeita de que a atitude de meu pai se prende a receios e desconfianças que lhe segredam a minha inclinação por Jesus. — João a escutava emocionado, porque adivinhava, no rosto delicado de Blanda, vincado por patente amargura, o tanto de sofrimento de que vinha padecendo com aquelas deliberações duras e súbitas acerca do seu destino. — O pior — ela arrematava, imersa em profundo conflito íntimo — é que, havia pouco, e não podendo com o assédio incessante do coração, iniciei um envolvimento com Marcus, naquela mesma noite memorável em que ele intercedeu por vós, a meu pedido. Ficamos felizes juntos; Marcus sacrificou sua honra e integridade, e o juramento prestado na sua sagração como soldado da guarda pretoriana, para salvar-vos. Alegou, contudo, ter a consciência tranqüila. Pudemos privar outras vezes depois, e ele confessou que não concorda com a forma enlouquecida como Nero vem vos perseguindo, a pretextos escusos.

— O oficial é um homem reto e probo, Blanda. No entanto, enxergo profundo sofrimento no teu coração, e preciso falar-vos. — Olhou em volta, ainda uma vez cauteloso, e a atraiu para um assento próximo e mais a salvo de indiscrições. Ambos sentaram, e o moço, segurando a mão delicada da jovem que o fitava, agora com os bonitos olhos castanhos molhados pelas lágrimas, asseverou: — Escuta-me, Blanda: tu não tens que abdicar das tuas convicções íntimas, já adquiridas no contato com a fonte de vida renovada contida nos ensinamentos do Mestre, em virtude do constrangimento que te impõem. Confia no que te asseguro: o Deus vivo já reside, definitivamente, no teu coração puro, e ademais clarificado nas bênçãos incomparáveis deixadas por Jesus para todos os que Lhe recebem a palavra, antes de qualquer coisa, no imo da alma. — Blanda olhava-o, e um sorriso entre triste e reconfortado iluminou um tanto a sua fisionomia abatida e triste, ao que, em observando-o, e interessado em não retê-la mais para não complicá-la ainda perante a família, o jovem jardineiro arrematou: — O Deus vivo, realizado pelo Mestre como farol incomparável na nossa orientação, já reside no teu coração, Blanda. E nenhum ritual externo a deuses indiferentes e amortalhados em pedra haverá de te retirar o que já te pertence. Continua agindo, no templo, segundo os ritos externos de Apolo, em benefício dos nossos semelhantes, mas conhecendo que apenas o Deus único, que nos foi ensinado por Jesus, consagra os teus dons, também por Ele outrora aplicados, no auxílio e na cura dos males físicos e da alma. E, quanto a Marcus Flavius, resguarda também o teu amor por ele na pureza imaculada do teu coração, e entrega as soluções disso aos desígnios divinos, que haverão de resolvê-lo por ti, e de maneira mais acertada. Vai, minha irmã... segue reanimada, e com fé!

As mãos dos jovens amigos unidos no mesmo entendimento da vida apertaram-se, sob a gratidão patente e profunda refletida no olhar da filha do sacerdote de Apolo. E, com isso, Blanda retirou-se, esquiva e apressada, tomando a direção do interior da vivenda.

Ambos não suspeitariam que, contra todas as expectativas, e a despeito de toda a cautela na efetivação daquele encontro realizado, antes, à feição de despedida entre dois amigos unidos em função da mais pura sintonia de alma, alguém espreitava, à conta de espião, todo o desenrolar do diálogo discreto, por conta dos cuidados precavidos e meticulosos que Valério antecipou-se em empreender, movido por planos e especulações sombrias para um breve prazo.

Capítulo XVI

Na iminência dos testemunhos

Manhã fresca e perfumada.

Aca e as filhas se demoram nos assentos dos terraços do segundo andar da casa, entretecendo véus de tramas variadas e conversando arejadamente sobre amenidades, quando se apercebem da aproximação de Pompílio.

Ele se lhes acerca aparentemente bem-disposto a pretexto de qualquer coisa, e, tão logo as alcança, anuncia, em tom satisfeito:

— Esposa e filhas: trago-vos notícia alvissareira. Especialmente tu, Virgínia, penso que se alegrará sumamente com as novidades.

— De que se trata, pai? — A moça parou o que fazia, pousando no magistrado os olhos claros e afáveis. Mas, ao que ele mencionou, empalideceu ligeiramente, junto com Claudia, com quem trocou olhares momentaneamente consternados.

— Está marcado o dia para a consagração da tua prima, Blanda, aos serviços oficiais no templo do deus! Já de alguns dias Valério induziu a filha, finalmente, a uma posição objetiva que a desembaraçasse da eterna hesitação demonstrada, de há tempos, sobre um assunto tão sério. — E, olhando agora a esposa que, séria, embora tranqüila, não demonstrou reação emocional favorável ou desfavorável em relação ao que ouvia: — Prepara, Aca, traje apropriado para a ocasião, para ti e para nossas filhas. Haveremos de comparecer aos cerimoniais ocupando no templo lugares de honra.

Não esperou comentários, julgando a estupefação ininteligível das mulheres motivada, talvez, pelo inusitado da notícia, tanto quanto pela satisfação que supostamente causava. E, com um aceno amistoso, deixou o recinto, seguindo para os seus afazeres diários.

Tão logo saiu, as três deram azo à surpresa de que se viam possuídas.

— Como pode? — Claudia foi a primeira a externar as suas impressões, claramente aturdida.

Olhando da irmã para a silenciosa mãe, de novo entretida com o véu branco que tinha em mãos, Virgínia arriscou um comentário, sobretudo intuitivo.

— Certamente que não se decidiu Blanda a isso de boa mente! Algo houve. E talvez que sério. Que será que aconteceu, mamãe?

Com isso, as duas moças olharam, afinal, para a reflexiva matrona que, após suspirar de leve, outra vez deteve-se no que fazia; divagando o olhar disperso no ambiente dos terraços refrescados pelas brisas perfumadas da manhã, ocorriam-lhe pensamentos vários sobre o assunto. Mas não arriscaria a externar todos, mesmo por pundonor. Porque algumas impressões que lhe ocorriam se prendiam a angústias particulares suas, relacionadas ao conhecimento profundo que detinha dos meandros da alma do marido.

Ateve-se, desta feita, e mais objetivamente, ao caso que tinham em curso.

— Não foi mesmo a vossa prima quem se decidiu, voluntariamente, a envidar resolução tão séria, imprimindo tal curso irreversível ao restante da sua vida, nada obstante os seus dotes incomuns, de todos conhecidos. Há mais aí...Valério a obrigou a isso, e por razões nas quais não nos cabe, por prudência, interferir.

— Blanda e Marcus Flavius, ao que sei, estavam na iminência de compromisso afetivo sério. De há tempos conhecemos que ela lhe corresponde. — Claudia se achava sinceramente emocionada, e desejosa de ter com a prima a esta altura. — Se bem a conheço,Virgínia, deve se achar atormentada pelo sofrimento, tu bem o sabes... — As irmãs trocaram um olhar de entendimento sobre considerações que eram, ainda, obscuras ao conhecimento de Aca, que percebeu a troca furtiva de informações silenciosas nas expressões das duas filhas, preferindo, contudo, manter-se discreta.

— Tentemos, até o dia marcado para o rito, ter com Blanda! Deve estar precisando muitíssimo do nosso apoio, Claudia; e, ademais, tenho para com ela uma dívida eterna de gratidão — apôs Virgínia, também emocionada.

Claudia concordou, encerrando, por ora, os comentários sobre o tema, cada qual mergulhando, de seu lado, em pensamentos desencontrados em torno do acontecimento.

Marcus valeu-se da primeira oportunidade para ausentar-se do abafamento profissional no qual se via metido já num sem contar de tempo para saciar a sua ânsia quase doentia de privar com Blanda. Assim, orientado pelo irmão da jovem, e devidamente acompanhado dele, que antecipadamente preveniu a mãe daquela delicada entrevista, ademais realizada em momento oportuno, durante o período de ausência de Valério, o militar avançou limiar adentro da casa do sacerdote, secundado pelo amigo mais jovem — respeitoso e contido como sempre, nada embora a fisionomia traísse, sem rodeios, toda a tempestade íntima que o flagelava desde que se pusera ao corrente da guinada inesperada infligida aos seus planos afetivos em decorrência da estranha maneira como o pai da moça resolvera se posicionar neste sentido.

Em dando com Atília nos umbrais, a matrona, de seu lado, lendo na sua alma como em livro aberto, aduziu, surpreendendo-o, até certo ponto.

— Oficial, peço que aceites a minha simpatia, pelo transtorno que te aflige, de vez que não compactuo com isto, é importante que o saibas! Fossem as coisas conduzidas segundo a minha vontade, e o teu compromisso com minha filha contaria com aprovação, prioridade, e com a devida relevância de que se faz merecedor. Mas, nesta casa, as deliberações finais se dão por conta do meu marido. — Marcus olhava-a, silencioso e contrito, e difícil era deduzir o que lhe ia à mente febril naquele instante. A matrona, a isso, fez-lhe um gesto gentil, convidando: — Entra, Marcus; Blanda o aguarda nos terraços superiores. E fica à vontade para dividir com ela impressões, e talvez que acalmá-la no seu tormento íntimo, se bem que julgue tal feito irrealizável.

— Grato, domina. Com a sua licença... — ele apressou-se, limitando-se a adentrar com urgência a moradia, e desaparecer nas curvas dos corredores internos, deixando Breno ali, na companhia da mãe, ambos entreolhando-se, tristes e graves.

— Teu pai ainda haverá de se arrepender desta decisão desastrada, Breno. E não é necessário ser sacerdotisa para antecipar isto — a matrona dividiu com o filho, sombriamente, as suas impressões.

No andar de cima, Blanda achava-se abatida num dos assentos, ao abrigo do frescor das sombras de alguns caramanchões floridos, quando adivinhou, no ruído daqueles passos firmes se aproximando, a presença do militar, tão ansiosamente aguardada.

Doente de alma como se achava, e mergulhada noutro tanto, de há dias, na revolta e na amargura que a situação a fazia penar, a moça não teve pejos em lançar-se em seus braços, tão logo a alcançou; coisa a que ele, de índole profundamente ardente e passional, não regateou, e ainda, de sua parte, intensificou: atraiu-a num abraço estreito e repleto de frustrada e sofrida paixão. Beijaram-se prolongadamente, e entregaram-se, durante um longo tempo, somente a carícias mútuas, que lhes saciassem a sede enorme da permuta amorosa de toda uma vida que, de maneira tão despótica, abrupta e definitiva, lhes seria, a partir daquele dia, usurpada.

No andar inferior da residência, de outra feita, enérgica discussão se desenrolava, renovada, entre Drusila e o irmão mais velho.

A moça andava afobada de um para outro lado do átrio, gesticulando e rebatendo, agressivamente, às invectivas implacáveis que Breno mais uma vez lhe assacava, mesmo após já tê-lo feito, dias antes, no entendimento que mantiveram, pela ocasião da conversa do rapaz com Valério. Mas era que a presença de Marcus na casa tornara a acirrar o assunto, e a moça, de seu lado, e como lhe era habitual, não tolerava reprimendas em silêncio.

— Tu sempre foste apaixonado por Blanda, tratando-a como cristal sagrado. Foi por causa destes mimos de filha mais nova que ela se transformou no que é hoje: neste ser frágil, quebradiço, quase volátil, e que, por causa das suas extravagâncias de comportamento mesmo, agora paga o devido e severo preço: o de perder um casamento brilhante com o homem que, no final das contas, ama, para um serviço religioso maçante, cuja realidade de agora ela mesma ajudou a nutrir com suas esquisitices de pitonisa, portando-se antes como uma imortal, e não como mulher de carne e osso. Há! —desfechou, altaneira, e sumamente agitada, estacando na frente do encolerizado irmão que, de tão enraivecido, se achava rubro. — E queres atribuir-me culpa disso? Ora, Breno, tu mesmo és testemunha das inúmeras vezes em que tentei acordá-la deste desvario!

— Tua culpa não cabe pelo que também eu tentei realizar nos efeitos do temperamento meigo e dócil de Blanda, e não mais que diverso das tuas garrulices habituais, Drusila. Tua culpa se deve ao infame uso da tua língua! Porque talvez que, se não tivesses falado demais naquela tarde no Circo, ademais sobre coisas das quais não podias nutrir certezas, e agora Marcus e Blanda estivessem em paz no seu envolvimento, sem a interferência intempestiva do pai no caso. Mas, por Marte! Como...? — E num rompante enraivecido jogou com força o elmo que sobraçava ao chão. — Como não te passou pela cabeça tonta que o ambíguo Marcelo não se manteria discreto sobre o que ouviu? Tu mesma observaste o modo arisco como ele reagiu à impensada menção que tu fizeste. Que a Nêmesis te valha! — berrou, fora de si.

Naquele ponto, e espantadiça da cólera do irmão, Drusila julgou prudente não alimentar mais a acalorada discussão e conter-se. Aproximou-se de Atília, àquela altura desestimulada de maiores desgastes contra o inevitável, em busca de proteção e de algum apoio; e ambas apenas observaram, impressionadas, a retirada brusca do rapaz do recinto, em busca de outros cômodos onde pudesse se refazer do grave aborrecimento.

Depois de algum tempo em que se mantiveram apenas abraçados, e mergulhados em consternado silêncio, durante o qual Marcus esteve reflexivo, lutando para fazer prevalecer no seu íntimo e nas suas decisões a frieza de raciocínios do soldado na solução satisfatória daquele impasse, Blanda, afinal, voltou a ouvir-lhe a voz.

Ele levou-lhe a mão ao rosto jovem e belo onde estivera, durante aquele tempo, secando-lhe as lágrimas com afagos e com beijos, e buscou-lhe os olhos cheios de incertezas e de desesperança para, enfim, sentenciar:

— Blanda, sai desta casa comigo!

A isso, ela aturdiu-se quase ao desnorteamento. Empertigou-se ligeiramente para fitá-lo de frente, e para certificar-se de que ouvira bem.

— Quê? Que dizes, Marcus?!

Mas ele parecia resolvido quanto a uma deliberação qualquer, e não esmoreceu na firmeza do tom, nem do olhar.

— Uma situação dessas não pede meias medidas, ou palavreado inútil, Blanda. É evidente que não haverá argumento que convença teu pai, a esta altura, da insensatez do que comete. Impossível sanar as conseqüências da atitude impensada da tua irmã com iniciativas que não sejam drásticas. — E, encarando-a com maior firmeza e ascendência, de mistura à transtornada paixão que experimentava em seu coração, naquele momento decisivo, repetiu, quase enérgico, quase sem admitir negativa ou revide: — Blanda, tu o sabes: tu não podes tornar-te sacerdotisa de um deus consagrado de Roma, quando tens as tuas convicções íntimas, neste sentido, presas aos ensinamentos de Jesus! Isto significaria perjúrio antecipado, com o qual não conseguirias conviver, de dentro da feição sempre reta das tuas atitudes. Ademais... — e o tom incisivo se acentuou —, tu mesma o dizes: como te devotarás à rotina rigorosíssima imposta às sacerdotisas, trazendo no coração o amor profundo que nos une? Isto será para ti desnecessária tortura, e, além disso, inútil! Pois é sabido, meu amor, que tanto mais se inflama o sentimento amoroso quanto se o sufoca. Sou um militar, querida — prosseguiu; e desta feita a segurava pelos braços delicados, com possessiva firmeza. — Sei que a tempestade inicial nos fará execrados, pela tua família, e por muitos! Eu mesmo sofrerei retaliações talvez que perigosas, no meio militar; mas possuo contatos nas províncias; elos familiares e de amizade com pessoas influentes, e que podem intervir de maneira decisiva a nosso favor. Com o tempo, tudo se ajeitará. Mas, peço-te, por Eros, não te entregues a esta loucura, Blanda.

O tom era súplice, cheio de dolorida paixão — comovedor, e praticamente irresistível à consideração da quase desfalecida jovem que, empalidecida, trêmula, chegava a suar frio diante daquele apelo imperioso à sua sensibilidade, e ao sentimento amoroso profundamente enraizado pelo militar, dominando-lhe o ser quase em absoluto, cegando-a para tudo mais.

— Oh, Marcus, Marcus... — gemeu, por fim, perdida e desorientada. — O que me pedes? Não sei o que fazer e o que te dizer...

Abraçaram-se, uma vez mais. Novo silêncio se fez, tenso, cheio de expectativas e de temores quanto ao futuro.

Um noviço de plantão, vestido de branco, foi aos portais do templo receber um homem que dizia portar mensagem de caráter urgente para o sacerdote Valério Graco. O menino escutou com atenção, inclinou-se e, rodando nos calcanhares, pediu ao vulto embuçado[11], de quem mal se conseguiam distinguir feições, que o acompanhasse e aguardasse nos umbrais, de vez que àquela hora do dia era impedido o acesso ao interior do templo, a menos que sob recomendação, ou a convite dos próprios membros da casta sacerdotal em ofício. O homem assentiu e esperou, em silêncio. Decorridos alguns momentos, o mesmo menino voltou e fez um gesto para que o seguisse, conduzindo-o por um labirinto de corredores sombrios difíceis de se destrinçar aos que não fossem familiarizados com os interiores do suntuoso prédio.

O visitante alçou o rosto na direção da imponente estátua dourada em louvor ao senhor de todos os triunfos no Olimpo

[11] Com o rosto encoberto, ficando de fora apenas os olhos; normalmente coberto com capa ou similar. (N. do E.)

romano, mas não deteve os passos, apesar da estatura colossal do monumento. Havia urgência em seus propósitos. Pouco depois, adentrava uma ante-sala espaçosa e mobiliada refinadamente, ao gosto religioso daqueles tempos, com imagens talhadas a ouro nas paredes decoradas com painéis ilustrativos das glórias do deus cujas origens remontam aos mitos ligados ao remoto panteão grego.

O noviço fez-lhe um gesto, ao mesmo tempo que lhe descerrava a porta situada num recuo oculto da ante-sala. Com leve meneio, o homem entrou, desfazendo-se de imediato do seu disfarce. O noviço saiu, e ele se aproximou da espaçosa escrivaninha atulhada de papiros e documentos enrolados, de entremeio a objetos outros de culto, de utilidade impresumível, onde se via um sacerdote quedo na leitura atenta de um pergaminho.

Detendo-se diante da mesa, o homem esperou pacientemente; mas não por muito tempo.

Valério Graco enfim levantou os olhos ensombrados pelo seu manto sacerdotal, em clara expectativa quanto a alguma coisa que já esperava, talvez que mesmo com alguma impaciência.

— Saudações, Eminência! — O desconhecido encurvou-se, reverente. —Chamo-me Metelo. Pompílio Severo me envia com as informações que aguardavas, e as devidas escusas pelo demorado dos resultados. Eis os relatórios dos enviados na missão que encomendaste: os informes do teu homem de confiança eram corretos. As suspeitas que imputam aos teus serviçais particulares, infelizmente, são fundamentadas — introduziu concisamente o assunto e calou-se, submisso, à espera de mais recomendações.

Valério, a fisionomia grave, percorreu os olhos detidamente, por breve instante, nas linhas traçadas pelo irmão; enrolou o documento, suspirando e reclinando-se no espaldar de sua cadeira de conferências. E demorou-se imerso em reflexões, aparentemente concatenando resoluções importantes e difíceis para os próximos dias.

Então voltou a reclinar-se sobre a mesa, tomando da pena e traçando algumas linhas noutra folha em branco. Enrolou-a meticulosamente, selando-a, diante da expectativa atenta do visitante, e a passou a ele, instruindo-o, sucinto:

— Entrega a meu irmão o quanto antes. De meu lado, tomarei as devidas precauções. Não te atrases nem falhes nesta remessa sob nenhum pretexto, de vez que a solução de coisas graves depende desta providência. Estás dispensado...

Metelo curvou-se e, sem pestanejar, retirou-se rapidamente do aposento.

Valério de novo reclinou-se em seu assento, profundamente meditativo. Estava selado, naquela missiva a Pompílio Severo Graco, o fado trágico e sombrio que em breve se desencadearia nos destinos de Antonio e de seu filho, João.

Capítulo XVII

O inimigo oculto

Uma tempestade fustigava a madrugada em Roma como se egressa das profundezas das fúrias dos deuses.

O ribombar dos trovões faz estremecer as paredes e o chão enlameado e empoçado por corredeiras nas ruas por onde uma escolta avança, solitária, marchando a passos firmes, sob a condução de um encolerizado superior hierárquico.

Um raio faísca na escuridão. Outro estrondo, e um relâmpago ilumina o deserto silencioso da rua, levando um dos soldados em marcha a levantar o rosto para olhar o céu convulsionado pela tormenta, receoso. Foi o suficiente para sofrer severa admoestação.

— Marche, soldado! Não vaciles o passo, como se te demorasses a contemplar a paisagem. Tudo que tens é lama, água e sujeira nas botas, e uma semana encerrado numa cela, se a tua hesitação atrasar a missão que temos pela frente — berrou-lhe o centurião, irritado, mais pelo incômodo da perspectiva do que teriam de realizar em hora tão imprópria, atendendo à denúncia de um magistrado, do que por necessidade real de repreender o encharcado legionário atrás de si.

O soldado assim admoestado cerrou fileira. Os companheiros formaram em ordem mais rígida, mudos. Passaram por um bêbado desmaiado em plena avenida, dormindo sob o aguaceiro. Dobraram uma esquina ainda mais erma e quieta do que a anterior, e avançaram, resolutos, até alcançarem uma casa simples, situada no fim da rua.

O centurião mediu as circunstâncias por um instante. Notou frouxa claridade, entrevista pelas dobras de uma cortina tosca, e adquiriu a convicção da presença dos moradores no interior.

Cuspiu para um lado, abanando, brusco, a água do temporal que, em fina corredeira, despencava-se do topo do elmo para o seu rosto.

— Maldita escória, que me faz arredar para a rua num momento desses, quando poderia estar dormindo, ou ao menos seco, de plantão no pretório ou no palácio.Vão me pagar, cães!! — rosnou, como animal enraivecido, para ninguém em particular.

Abriu passagem, de abrupto, e, indicando a porta da moradia num meneio rude, gritou para a escolta:

— Arrombem! Demos logo fim a isso. Malditos sejam!

Os soldados obedeceram, prestos, e em parte também inflamados pelo mesmo tipo de raiva que requeimava as entranhas do centurião, aumentando-lhes, como era de esperar, a sede de sangue e de desforra por qualquer pretexto fútil. O mais alto dos legionários antecipou-se aos outros e deu violento pontapé na porta dianteira, que cedeu de pronto, caindo com um estrondo, quando já se ouviam gritos vindos de dentro, ao que parecia partidos de mulheres e de crianças.

Uma vez deflagrada a invasão, o centurião tomou a frente dos demais, cobrando, colérico:

— Qual de vós é Antonio, serviçal da casa do sacerdote de Apolo, Valério Graco?

Diante do tocante e alarmado choro da família ali reunida, um homem de meia-idade se adiantou.

— Que queres, legionário? — questionou, apesar de tudo tranqüilo e senhor de si, embora houvesse visível nota de funda amargura no seu semblante. — A que pretexto invades a minha casa deste jeito? Somos plebeus, mas temos a nossa dignidade. Sou servidor antigo na casa do sacerdote.

— Isto de nada mais te vale, infame! Estás preso, tu e a tua escória — o rude centurião gesticulou na direção da esposa de Antonio, encolhida aos prantos a um canto da sala com três crianças de idades variadas, dois meninos e uma adolescente —, por tentares aliciar prosélitos para a tua seita maldita dentro da casa deste mesmo sacerdote, um romano ilustre, de quem usas o nome, agora, para tentares te furtar à punição. — E, sem admitir mais nenhum argumento, berrou, possesso, para os subordinados: — Prendam e acabem com este ninho de víboras!

Os soldados, incontinenti, atenderam às ordens, uns amarrando-os estupidamente, outros quebrando e devastando impiedosamente a habitação modesta, sob a mais gélida e fria indiferença pelos gritos e lágrimas desesperados das crianças e da mulher do infeliz serviçal de Valério, em cujo rosto digno escorria uma única lágrima, diante da iminência do seu árduo testemunho, mas também, em parte, pelo alívio oculto que experimentou por não estar em casa, naquele momento, o seu filho mais velho, João — seu orgulho paterno, e provável estopim inocente da tragédia que ora se desencadeava sobre a sua casa e os componentes da sua família —, que, por golpe de sorte, se achava em serviço pela causa de Jesus, hospedado em residência amiga, em auxílio à cura de doentes.

Manhã do dia seguinte.

As irmãs Claudia e Virgínia, finalmente, privam com Blanda acerca dos últimos e importantes acontecimentos, longe, no entanto, do ambiente doméstico; julgaram prudente um passeio pelas vias alegres e repletas das novidades do comércio, intentando evitar novas conseqüências desagradáveis da indiscrição alheia em relação aos temas que pretendiam tratar.

A par disso, ocupam-se de discutir a respeito dos últimos boatos graves ventilados em Roma, sobre a morte de mais pessoas ilustres da roda imperial, vítimas de delação.

— Nero pegou-se do horrendo hábito de assistir, ele mesmo, às execuções, deleitando-se com requintes de sangue e de carnificina. Quais os limites para os desmandos deste homem? — comentava Virgínia, em tom desolado.

A irmã mais velha suspirou.

— Contudo, ainda há quem goste dele: os apreciadores de trivialidades, que vêem na sua extravagância artística arroubos de inovação, ademais inútil, porque os assuntos realmente graves pendentes na vida pública de Roma são relegados ao esquecimento. A cidade está caótica, e ainda não se recuperou da tragédia sinistra que a calcinou há tempos.

Ambas pausaram o assunto, olhando a prima. Ela caminhava ao seu lado na via pública, silenciosa, e, visivelmente, tinha o espírito e os pensamentos longe.

— Oh, querida; tens a mente ocupada pelas preocupações sérias que te agitam interiormente, e nós aqui, sem dar maior atenção a isso, discutindo política e trivialidades! — Claudia parou de andar, sorrindo-lhe com delicadeza, e segurando-lhe, afetuosa, as mãos.

Preocupava tanto a ela quanto à Virgínia o aspecto febril do olhar de Blanda, que vasculhava os arredores com a expressão perdida, como se temendo ver, ou encontrar, alguém indesejado.

— Abre-te conosco, Blanda! Devemos-te arrimo e apoio no teu dilema deste momento. Conta-nos o que te aflige, e talvez que, trocando idéias, atinemos com alguma saída.

A filha de Valério, afinal, fitou-as, o semblante transmitindo toda a desorientação de que se via vítima.

— Não sei ainda o que fazer de minha vida, Claudia. Estou apenas a dois dias da minha sagração de sacerdotisa e não transmiti a Marcus Flavius resposta objetiva ao que me propôs. Nunca pensei que as conseqüências das palavras imprudentes de Drusila fossem interferir tão dramaticamente assim no meu destino.

Viam-se os seus olhos ainda uma vez úmidos de lágrimas que relutavam em descer-lhe pelo rosto, um tanto pálido e desfigurado.

De seu lado, as primas entreolharam-se, num entendimento comum a respeito da questão. Pareciam, ambas, relutar em externar o que lhes ia à mente.

Contudo, para a surpresa de Claudia, foi a sempre dócil e passiva Virgínia quem se encorajou a falar primeiro.

— Por que não age segundo o que te dita o coração, Blanda?

Interrompeu-se. Blanda tinha se desviado, sobressaltada, quando, do meio do movimento intenso em torno, do ir e vir incessante do povo, destacaram-se, altaneiros, dois soldados pretorianos montados, fazendo ronda. A moça desviou-se bruscamente de Virgínia e do que lhe dizia para os dois, o coração descompassado, julgando reconhecer, inesperadamente, Marcus Flavius num deles.

Mas Virgínia tornou a atrair-lhe a atenção para o que falava.

— Não deste ainda resposta a Marcus por qual razão, Blanda? O que ainda te detém? Se repudias convictamente a perspectiva da vida religiosa; se tal coisa se te afigura insuportável ao espírito, Marcus está certo ao afirmar que não resistirás por muito tempo a tal espécie de martírio auto-imposto, e ademais amando-o! Não vejo, de fato, alternativa viável que não a que ele sugeriu.

— Precipitas-te nos teus pareceres, Virgínia! Esqueces que não só o amor por Marcus a mergulha neste dilema! Há outra questão aí, talvez mais importante: Blanda tornou-se afeita à doutrina do Nazareno crucificado. Ainda mesmo que contando com a complacência de Marcus no caso, como se aviará ela para lidar com isso, uma vez casados? — lembrou Claudia, avisadamente, voltando a olhar a prima, compadecida. — Blanda tem razão ao considerar que a vida em comum se tornaria difícil nesta conjuntura.

— Sim — acresceu Blanda, com desamparo —, porque, ainda e sempre, Marcus é um pretoriano, por vocação, e por lealdade, inclusive, a Roma e às suas tradições religiosas, Virgínia. Não creio que ele compactuaria comigo, querendo incorrer em riscos graves ao permitir o culto a Jesus imiscuir-se na intimidade do nosso lar, sobrepondo-O, diante dos nossos filhos no futuro, aos deuses e manes domésticos. Não dispus de tempo suficiente para demorar-me com ele nestas alusões, naquele dia tumultuado, contudo. Marcus também, quase tanto quanto eu, se achava transtornado; e fiquei de lhe enviar o recado depois, por intermédio de Breno, coisa que ainda não fiz.

— Breno sabe destas maquinações? — Claudia quis saber.

— Sim; abri-me com ele. Breno, acima de qualquer outra consideração, devota-me adoração quase incondicional, e está possesso, além disso, contra Drusila. Mas, a par disso, não gostou nada dessa perspectiva, que rotula de loucura ainda maior do que a minha consagração ao templo do deus.

A jovem arrematou sua explicação e, com isso, sem chegarem a um consenso claro, puseram-se de volta ao lar, caminhando, pensativas.

— Acompanhamos-te, Blanda; troquemos mais impressões enquanto isso, e de lá tomamos a nossa liteira para o retorno — replicou Virgínia, dando o braço à prima.

Decorreram mais alguns instantes em conversa infrutífera para a solução do impasse, quando, ao afinal atingirem o limiar da bela residência, Blanda logo teve a sua atenção despertada para uma entrevista de caráter doméstico desenrolando-se na entrada, entre o intendente da moradia e dois servos que a moça nunca vira antes.

— Podeis iniciar já as vossas funções, portanto. Aqueles dois outros não mais haverão de se apresentar nesta residência.

Os dois estranhos responderam ao comentário com um meneio respeitoso, adentrando a casa, na direção dos jardins. Em extremo e súbito estado de alerta, pressentindo qualquer coisa funesta, Blanda interrompeu gentilmente o que Claudia ia começando a falar e, diante da observação curiosa das duas, adiantou-se, interpelando a tempo o intendente antes que também ele entrasse:

— Robério, que está acontecendo? Papai contratou empregados novos? — indagou do homem, com estranheza.

Em dando com a filha mais nova do sacerdote, o homem logo cobrou compostura e a saudou, respeitoso, apressando-se em esclarecer:

— São os dois novos jardineiros, domina. Na oportunidade, haverão de vos ser apresentados pelo próprio senhor Valério.

Blanda sentiu-lhe faltar o chão. Empalideceu terrivelmente; a voz lhe fugiu. Uma pontada gélida lhe acometeu o centro do peito, e as duas primas, pressentindo algo urgente, instintivamente se lhe acercaram.

Arrancando forças de onde elas já lhe faltavam, a moça ainda encontrou palavras para perguntar sobre o que já antecipava pela intuição.

— Mas... que aconteceu com os outros dois jardineiros, Robério? Eram serviçais antigos na casa; Antonio aqui servia há quase três décadas — alegou, a voz fraquejante.

Lia-se, nítida, a amargurada revolta estampada no seu semblante, e Robério, de seu lado, o percebeu com facilidade; mas manteve-se contrito e comedido nas explicações.

— A guarda pretoriana os aprisionou ontem, pela madrugada. Houve uma denúncia do magistrado Severo de que eram membros da seita renegada.

Penalizado do estado da jovem ama, Robério interrompeu-se. Em seu íntimo, e lembrado das várias vezes em que testemunhara o bom entendimento entre ela, filha do sacerdote, e João, o intendente intuía as razões profundamente oclusas daquela reação pronta, pungente, da moça às novas que lhe trazia. Concentrou-se, contudo, na presteza em auxiliá-la, afugentando de suas considerações íntimas aquelas impressões que, de resto, não lhe diziam respeito.

— Domina! Sentes-te bem? — acorreu a ampará-la, diante de seu iminente colapso.

As duas primas, entretanto, se anteciparam nos cuidados.

— Deixa, Robério! Blanda não está bem esta manhã. Acompanhamo-la até os seus aposentos; podes ir cuidar das tuas ocupações — determinou Claudia, sempre presta e oportuna.

E, em assim dizendo, ela e Virgínia, quase tão chocadas quanto Blanda, tanto mais pelo conhecimento inopinado da participação de Pompílio no episódio, se apressaram em amparar a prima, encaminhando-se vagarosamente com ela para o interior da residência, e deixando ali o intendente, preocupado e pensativo.

Longe do centro esfervilhante de Roma, próximo aos limites dos seus muros, há um conjunto de avenidas simples, que abriga residências de trabalhadores humildes da cidade, e de alguns lavradores.

Nas primeiras horas da manhã, um vulto embuçado atravessa os umbrais de uma dessas residências, passando por pequena horta que ladeia um jardim simples, de pequenas proporções.

Os primeiros raios do sol matutino investem, sedativos e agradáveis, sobre o todo impressionante da cidade imperial; mas, naquele moço que avança a passos lentos, parecem desvendar, nele, um quê qualquer de abatimento ou de melancolia.

Atingindo a porta da frente, bate nela de um jeito peculiar. E, nem passado um minuto, alguém a descerra, e do interior surge o rosto amável de um ancião de aspecto afável.

Amistoso, reconhece logo o visitante, abrindo-lhe os braços, acolhedor.

— João! Com o que retornas hoje cedo, filho, depois de uma noite cansativa qual a passada?

Interrompeu-se, ao notar, admirado, lágrimas dolorosas perolando os olhos escuros do jovem, que expressou, a voz vacilante:

— Preciso de abrigo e auxílio, irmão Matias. O irmão Josias ainda se encontra? Toda a minha família foi aprisionada ontem pelas tropas pretorianas, durante a minha ausência, e encontrei a minha casa em ruínas porque, não contentes com o aprisionamento, ainda a depredaram e incendiaram.

O ancião reagiu imediatamente com susto e tristeza patentes no semblante, recordando os irmãos de João e seus pais, valorosos trabalhadores da causa de Jesus. De imediato o acolheu, abraçando-o e acalmando-lhe o choro irrefreável.

— Estás na tua casa, João. Entremos; ficarás conosco, pois te estimamos como a um filho — foi dizendo, enquanto o conduzia para o interior. — Foi chegada a hora do teu testemunho e do dos teus pais, filho; e, embora sabendo-te amortalhado em dor, como filho e irmão amoroso que sempre foste para os teus, não te convém retornar para o centro de Roma onde, agora, és mais visado e vulnerável aos espiões do Imperador. Aqui ficarás entre os teus amigos e, estejas certo, familiares sinceros; e também, certamente, mais bem ambientado do que estarias trabalhando na casa de um sacerdote de Apolo. Jesus não te poupou por acaso; muito ainda tens a realizar.

Matias assim se empenhou em introduzi-lo no ambiente onde agora conviveria, e assim deram entrada nos cômodos anteriores, onde a família terminava o desjejum da manhã na companhia do venerável Josias, hospedado por aqueles dias.

— Celina, providencia alimento para o nosso novo filho. Residirá conosco, agora, de vez que teve a família aprisionada por soldados durante esta madrugada. Nada lhe restou — aludiu, generoso, diante da pronta e pungente surpresa de todos os ali reunidos: além de Celina, sua esposa, e do ancião apóstolo, um rapazinho chamado José, filho mais velho do casal, e algumas crianças de idades variadas.

Tanto Josias quanto os demais de imediato cercaram o recém-chegado ainda dominado pelas lágrimas pungentes de exacerbado sofrimento a lhe dilacerar o coração sensível e bondoso.

— Este é o rastro de luz, embora doloroso, que os nossos deixam, descerrando o caminho para a salvação de muitos outros mergulhados na ignorância, filho. Não demora muito, e a força destes testemunhos haverá de dobrar mesmo a presunçosa arrogância romana, que se curvará ante a mansuetude divina e irresistível de Jesus e do verdadeiro Deus que ele intermediou no mundo[12] — Josias aduziu, inspirado, enquanto recolhia nos braços afetuosos o jovem abatido por fundo sofrimento, acrescentando: — Espera e confia, João! O tempo te acalmará as dores; recorda o testemunho supremo do Mestre, e de que estás, doravante, entre os teus, como filho querido e irmão de todos aqui reunidos.

Então, uma vez mais calmo o moço, a família o acomodou à mesa, e reuniram-se em palestra séria e em troca de impressões sobre a triste novidade.

— Pensei, de início, em me socorrer com Blanda, em busca de qualquer auxílio em favor dos meus — começou a contar o desconsolado João. — Mas logo desisti da empresa, pois veio-

[12] De fato, foi sob as atrocidades sem limites perpetradas pelo governo de Nero que a sociedade romana, movida por estranha reação, se viu progressivamente tocada de admiração pelos postulados e pela profunda dignidade com que os cristãos reagiam perante o sofrimento atroz a eles infligido, iniciando a época de conversões gradativas ao credo cristão. Nem todos compactuavam com a crueldade da perseguição brutal infligida pelo Imperador aos seguidores de Jesus. (N. do A. E.)

me a desconfiança de que justo a afinidade dela pela nossa causa é que me pôs a perder e, junto comigo, a minha família.

— É fora de dúvidas que ponderaste com acerto neste caso, filho, porque para qualquer cristão é temerário o envolvimento aberto com qualquer representante das classes mais favorecidas de Roma. Algo, efetivamente, foi visto ou ouvido, e denunciado — notou Matias.

João meneou.

— Também lamento por ela — comentou, gesticulando com desânimo. — Agora, bem o antecipo, é quase certo que se verá constrangida aos votos religiosos para os quais de há tanto tempo apresenta relutância, se estivermos certos nas nossas suposições. Se foi Valério Graco o intermediador do aprisionamento da minha família, com certeza obrigará a filha a isto.

— Esperemos que ela se refugie na inspiração do Mestre, se de fato se vir refém destes contratempos — foi a vez de Celina se pronunciar, com tristeza. — Também os romanos simpatizantes de Jesus haverão de pagar o seu ceitil, sob o jugo da opressão imperial.

Matias concordou.

— Sim; porém, como bem asseverou o irmão Josias, são estas as luzes que brilharão mais na sedimentação da vitória de Jesus sobre a tirania. Não desprezemos, nesta conjuntura, a imolação voluntária de quem quer que seja em favor da nossa causa, até porque o próprio Mestre nunca desprezou ninguém, fosse a pretexto de diferenças sociais ou religiosas. Sempre recebeu, aceitou, acolheu e falou amorosamente a todos que se lhe acercaram buscando saciar a sede do espírito na fonte viva de seus divinos ensinamentos.

— Oraremos por ela e, certamente, se alguma situação adequada se nos apresentar de futuro, a auxiliaremos e apoiaremos.

Na oportunidade, será importante acalmar-lhe o coração, a esta altura certamente aflito, com a certeza do estares vivo e a salvo — aconselhou, por fim, Josias, lucidamente, após o que, em concluindo a refeição matutina juntos, e em clima repousante de paz e de harmonia que agia como bem-vindo bálsamo à alma ferida do novo membro da família, passaram às preces em louvor a Jesus, e ao seu exemplo máximo de compaixão e de amor para os seres.

Encerrava-se aquele dia difícil e penoso para várias pessoas envolvidas neste inaudito drama.

A família de João, às ordens do magistrado, fora encerrada em cela imunda e fétida, onde já se achavam outros tantos aprisionados nos dias anteriores aguardando destinos diversos, mas igualmente funestos. Alguns seriam crucificados publicamente; outros, lançados às feras na Arena, em dias de espetáculos e de lutas, com a presença de Nero em pessoa. Segundo as disposições de Pompílio ao chefe das prisões, Antonio e os seus estavam inclusos entre estes, e, nada obstante a extrema e desesperadora circunstância, contudo, os cristãos assim reunidos em situação de extrema penúria não esmoreciam nas suas convicções, nem na integridade do seu devotamento a Jesus. Salvo raras exceções, apoiavam-se mutuamente, encontrando arrimo e consolo na solidariedade compartilhada em tais situações críticas, recordando-se a todo momento que, se o Mestre padecera sacrifício não menos atroz, e excedente, em tudo, ao que atravessavam, em termos de flagelação e de castigo injusto, o mínimo que lhes cabia, em reconhecimento ao que Ele fizera e sofrera, imolado qual cordeiro inocente por compaixão da cegueira humana, e entregue à prece por estes mesmos carrascos em plena agonia, era enfrentar com dignidade o testemunho inevitável de fidelidade aos seus sublimes ensinamentos.

Na manhã seguinte, antes que pudesse ausentar-se da casa para as suas ocupações rotineiras, Severo se vê inesperadamente interpelado por Aca, ainda à mesa do desjejum.

— Até agora acho-me surpresa com a atitude intransigente de Valério quanto à imposição da vida religiosa à filha mais nova, Pompílio. — E, olhando-o séria e serena, e de frente: — Tal atitude, não sei por que, sugere-me mais o teu estilo férreo para a resolução das coisas do que o que combina com o temperamento dele, habitualmente mais complacente do que o teu. Que será que aconteceu, realmente? — sondou, astuta. Mas Pompílio, tanto surpreso daquela interpelação quanto incomodado, dirigiu-se à esposa altivamente, numa confirmação patente do que ela acabara de pronunciar.

— Ora, o que houve... No que te interessaria isso, Aca? — revidou, sombrio, e erguendo-se, na iminência de retirar-se. Mas Aca não o permitiu de pronto.

— Interessa-me em reconhecimento pelo que envidou Blanda pela nossa filha, Pompílio; tens a memória prejudicada, pois faz muito pouco tempo que Virgínia se refez, espantosamente, de uma moléstia grave, em decorrência da intercessão da prima a seu favor.

— Pois é por esta intercessão mesma, e por outras coisas mais semelhantes acontecidas no passado, que creio ter meu irmão, enfim, se decidido a induzi-la a uma decisão acertada para o seu destino. Apolo não haveria de aceitar de boa mente esta indefinida irresolução ao atendimento de um chamamento claro seu ao serviço no seu templo.

— Apolo? — retorquiu Aca, com dubiedade, o que irritou sobremaneira Pompílio Severo.

Olhando-a, firme, de seu lado, mais uma vez tentou se desvencilhar daquela perquirição, a seu ver, petulante da parte da esposa.

— Sim, Apolo! Mas que comentário me diriges? Tenho mais o que resolver no Fórum, assuntos de real urgência, para ficar aqui detido pelos teus disparates sem sentido.

Ameaçou sair. Mas o comentário final de Aca o conteve de abrupto ainda uma vez, e, a isso, ele lançou-lhe o olhar, entre fundamente irascível e nitidamente receoso.

— Fico pensando que interesse tão urgente teria Apolo numa servidora assim, hesitante quanto à dedicação ao serviço no seu templo qual Blanda, quando tantas outras existem pleiteando acirradamente o destaque social que tal oportunidade lhes propiciaria, mesmo não sendo portadoras dos dons que Blanda possui. Ainda mais sendo ela uma jovem praticamente presa a um oficial das legiões, por compromisso e por amor entre ambos, claro e confesso.

Aca interrompeu-se, e ela e o marido entreolharam-se gravemente. Funda impressão causou à matrona a cólera mal disfarçada que ensombrou de imediato, àquele seu comentário, as feições congestas do magistrado, enquanto este, a seu turno, experimentou abalo irresistível em adivinhando, naquelas alusões da esposa, não serem dela ignoradas certas disposições íntimas suas em relação à sobrinha, e que lhe ditavam as atitudes com o passar do tempo — as quais acreditava, até aquele momento, ignoradas de sua percepção.

Sem mais responder-lhe, e agravando-lhe, com isso, certas convicções nutridas acerca de suspeitas que de há muito ela temia, Pompílio, desta feita, apenas rodou nos calcanhares, deixando a residência imerso em pensamentos tumultuados, mais como quem foge de alguma ameaça indefinida do que como alguém que se dirige, arejado, às ocupações de cada dia.

Capítulo XVIII

Consagração vazia

Segue a tarde morna, cujo soprar das correntes de ar não amaina o abafamento sucedido ao temporal de dias antes. Com o calor, pesa o silêncio nos arredores da moradia de Valério Graco, como se num prenúncio de acontecimentos desoladores. Era o dia anterior à introdução da jovem Blanda nos serviços religiosos, imprimindo drástica guinada em todo o curso do seu destino. E, até aquele momento, sem poder consigo de aflição e angústia, ela ainda não enviara parecer ao, por sua vez, indócil Flavius sobre as suas deliberações à grave proposta dele, nada obstante Breno se confessasse à irmã atormentado pelo assédio do amigo, que não cessava de questioná-lo sobre as novidades no decorrer de todos aqueles dias.

Entrementes, àquelas horas, estando em casa somente as duas irmãs e Valério, de passagem pelo escritório onde o pai se achava encerrado havia já várias horas, Blanda se detém, surpresa, diante da porta, entreouvindo uma entrevista abafada de cuja realização ela não suspeitara: admirada, reconheceu na voz do visitante Marcelo, seu primo.

Embora não fosse do seu feitio tal atitude, em pressentindo algo espúrio, colou-se com discrição atrás da porta meticulosamente cerrada, podendo, dali, escutar melhor. E, em o fazendo, logo de saída tomou-se de inaudito choque.

— Fizeram-se inúteis todas as inspeções e missões de captura na cidade, tio Valério, porque o tal filho do jardineiro evadiu-se. Ninguém suspeita do paradeiro dele; e foi o único remanescente que nos escapou do rastreamento, na operação de aprisionamento daquela noite. Cato viu-se, em decorrência disso, severamente admoestado pelo comandante da guarda, de plantão naquele turno.

Recostado na sua cadeira por detrás da escrivaninha em seu escritório, entre taciturno e preocupado, o sacerdote demonstrou grande desagrado com as notícias.

— Intolerável audácia aquele cristão tentar aliciar a filha de um alto sacerdote do templo para o seu credo maldito! Isto não pode passar impune, Marcelo, e, de minha parte, exijo recrudescimento nas buscas. Transmite a Severo esta minha deliberação, para que ele a repasse à autoridade militar competente, porque, estando a apenas um dia da consagração de Blanda, causa-me insuportável mal-estar que se veja este impasse, até o presente momento, sem solução satisfatória.

Foi o bastante à audição de Blanda que, do lado de fora do escritório, sentiu-se cambalear, atônita. Então João se encontrava vivo, tendo escapado da captura; e, certamente, em sérias dificuldades.

Dor inigualável lhe transpassou o coração sensível naquele momento, e, subjugada pelo impacto da novidade, não se apercebeu da aproximação de Drusila, de sua parte também nas imediações, atenta à presença do primo na casa desde a sua chegada, obviamente movida por interesses outros.

Mas, em dando com a irmã naquela atitude incomum aos seus hábitos e, ademais, mortalmente pálida à percepção de qualquer um que por ali passasse, a moça de pronto acercou-se, tomada de curiosidade e estranheza misturadas.

— Blanda, que se passa? — murmurou, preocupada em não se fazer ouvir por quem se achava dentro da outra sala. — Que fazes aqui, com esta expressão petrificada de quem se acha próxima de uma síncope? — E, movida pela usual imprevidência nos modos e no palavreado, já arrematava, com a tendência jocosa habitual: — Olha que melhor fazes em dar um basta definitivo a toda esta loucura e, perante o nosso pai, lançar os teus protestos de amor pelo teu pretendente, deixando de lado todo o escrúpulo e arredando do teu caminho a loucura que estás prestes a...

— Cala-te, Drusila! — gritou-lhe Blanda fora de si, todavia, para chocado pasmo da outra com aquela reação inédita à fragilidade de comportamento da irmã mais nova. E, claramente transtornada, a jovem avançou na sua direção, momentaneamente tendo o verbo e a força interior recuperados por força do desnorteamento desesperado que a possuía toda. — Cala-te, doida, estouvada! Foi justo o mau uso da tua língua que pôs a perder o destino de várias pessoas inocentes. Quando, afinal, te corrigirás? Tenho o meu futuro destruído por conta do teu estouvamento, e agora mesmo me foi dado saber que outros estão pagando alto preço, com risco da própria vida, em conseqüência do teu destempero.

Drusila, entretanto, feita de matéria totalmente oposta à da irmã, instantaneamente recompôs-se do susto e foi à carga.

Achegando-se a ela, rubra, louca de raiva, em atitude tétrica e tendo os punhos crispados qual Fúria, descarregou, colérica e sem pensar:

— Doida e estouvada? Desperta, criatura néscia, já tardiamente, para a verdade de que doida és justo tu! O que te comprometeu por esta forma, bem como a esses, que mencionas, "inocentes", foi justo a funesta incúria que os cegou para a insanidade de querer aliciar prosélitos para a seita renegada nesta casa, bem como a tua pusilanimidade moral de não apenas consenti-lo como, conscientemente, compactuares com tais temeridades. E na casa do nosso pai, um sacerdote no templo de um dos maiores e mais respeitados deuses de Roma!

Mas a pobre Blanda, efetivamente, havia perdido, no seu desespero e esmorecimento emocional, toda a sua lucidez e os limites. Como se arrebatada por um transbordamento incontrolável de coisas que de há muito retinha guardadas em si — revoltas, dramas íntimos, dilemas, temores —, entregou-se a impulsivo e irresistível desabafo, talvez que determinado pela certeza pungente de que, àquela altura, tudo mais estava, de fato, irremediavelmente perdido.

Foi o que fê-la perder de vez, porque, atraídos pelo tumulto iniciado intempestivamente na sala, a porta do escritório abriu-se exatamente naquele momento, dando passagem ao aturdido Marcelo e, por trás dele, ao sacerdote, observando a cena tomado de óbvia contrariedade.

— Consenti! Consenti, e o consentirei para sempre, dentro de mim. Sois todos hipócritas. Falam abertamente contra a crueldade sem limites de Nero e sobre o seu despotismo no governo, mas, sub-repticiamente, por interesses outros, sois todos coniventes com as suas atrocidades, enlameando o nome do deus a pretexto da mesma perseguição desumana que ele inflige aos cristãos, que nenhum mal fazem como lhes imputam. Quereis pretextos, cada um de vós, para promoverdes mais sangue e carnificina. Nada mais me dizem deuses que consentem com tamanha atrocidade.

— *Blanda, cala-te!* — trovejou Valério, sem agüentar mais ouvir, à beira de uma síncope também ele, por sua vez, ao passo que tanto Marcelo quanto Drusila, emudecidos, e colhidos de perplexa surpresa pela atitude agressiva na sempre dócil e meiga Blanda, não souberam, de momento, o que fazer ou o que dizer.

Iracundo, o velho sacerdote invadiu o recinto ameaçadoramente na direção da agora lívida filha, que recuou uns passos, atemorizada.

— *Com o quê?* — esbravejou, possesso, enlouquecido de cólera. — Com o que, maldita, tu te confessas cristã, e ainda amaldiçoando, por esta forma herética, toda a tradição dos nossos ancestrais? Tu, infame, uma filha de um sacerdote de Apolo? Como que tu merecerias, doravante, a subida graça com que foi distinguida por ele?! Não és digna da honra do chamamento que te coube. Que o deus te preserve da sua justa cólera, porque te curarei, por todos os deuses do Olimpo, deste sortilégio malsão que te incutiram na mente enfermiça e indigna. — Cresceu então para ela o olhar coruscante despendendo brasas que lhe desfiguraram momentaneamente a fisionomia, fazendo-o assemelhar-se a um titã maligno, e incutindo na moça, com isso, um temor supersticioso que quase a leva ao desvairamento. — Nada obstante, servirás a Apolo! E será a salvo no recinto do templo que te verás definitivamente liberta desta maldição que te transtorna a sanidade mental. Não serias digna nem mesmo de desposar o oficial das legiões que te pretendia, louca. Um legítimo e honrado representante do Império, íntimo dos nossos, e que, de resto, certamente te repudiaria em se inteirando da espécie de víbora que és.

No seu transtorno, todavia, o sacerdote apostou demais na resistência da jovem filha. Uma vez finda a inaudita explosão, ela baqueou, inerte, pálida feito mármore, não suportando a sobrecarga de desgosto e de lúgubre emoção.

Marcelo acorreu, presto, amparando-a, ante os gritos espantadiços da desatinada Drusila.

Passadas algumas horas, tendo a casa retomado a atmosfera austera e silenciosa de antes, e sendo reconfortada no seu primeiro desespero por Atília depois do seu retorno, que tinha se inteirado da lastimável ocorrência em palestra reservada com o marido, Blanda, recolhida ao abrigo da solidão de seu quarto, redige, em caráter de dolorida urgência, imersa em lágrimas, uma missiva a Marcus Flavius explicando detalhadamente a delicada situação da qual se via vítima, a ser enviada e entregue por Breno ainda naquela noite.

Dizia:

Marcus, meu amado;

Tudo malogrado. Eis que, ainda uma vez em função das destemperanças de Drusila, me vejo refém das minhas próprias escolhas; em hora imprópria e extremamente infeliz, meu pai descobre a minha inclinação cristã, e assim me impõe, peremptoriamente, e sem apelação, a minha submissão absoluta ao serviço do templo. De acréscimo, não me permitiria nem mesmo a nossa união, de vez que me julga, doravante, indigna de ti, um oficial das legiões.

Sou execrada, pelos votos de meu pai, na terra e nos céus. Esquece-me, Marcus. Busca a tua felicidade, destarte, com mulher quiçá mais merecedora do teu amor e dedicação; amo-te de toda a minha alma. Mas, de outra feita, não posso renegar as minhas convicções e os meus princípios, incorrendo na mesma crueldade monstruosa que imputamos ao Imperador, ao compactuar com a infâmia infligida por Roma aos seguidores de Jesus. Isto sim, a meu ver, me faria indigna, antes de tudo, perante mim mesma; e, por conseguinte, também de ti!

Meu coração, nada obstante, sempre te pertencerá, até o último dos meus dias.

Blanda.

Bem mais tarde, altas horas da noite, em se apresentando Breno para secundá-lo no plantão, finalmente o militar saciava a sua prolongada ansiedade, em recebendo das mãos do sombrio amigo o bilhete.

Pela fisionomia do outro, ele logo antecipou, experimentando pronta desolação íntima, que algo de muitíssimo desagradável o esperava no conteúdo da missiva que a jovem lhe enviava.

— Adianta-me, Breno, que não posso mais de ansiedade, e de vez que não posso estar às voltas com o conteúdo deste pergaminho aqui, agora, abertamente. Que sucessos desagradáveis tu vens de me trazer?

O outro, penalizado do evidente e imediato desgosto patente na expressão fisionômica do comandante, suspirou, quase desencorajado de colocá-lo a par dos últimos acontecimentos.

— Iniciemos a ronda, Marcus. Conversaremos no caminho; não convém que falemos aqui, ao alcance de testemunhas inconvenientes — replicou o moço, precavido da fartura de militares outros, circundando-os ali, no ambiente da caserna, ao que de pronto Flavius concordou, ladeando-o, e evadindo-se com ele em busca das respectivas montarias.

Raiar da manhã do dia seguinte. Data crucial para o destino da filha mais nova de Valério Graco.

Com as primeiras claridades, Marcus Flavius dá entrada de volta em casa. Nada obstante o perfil altaneiro e enérgico que sempre o caracterizava por inteiro conservar-se intacto, via-se que estava alquebrado interiormente.

Uma vez no interior, e logo no limiar do triclínio, admirou-se, estacando, ao dar já com o pai por ali, solitário no desjejum matutino.

Entreolharam-se, e Túlio de imediato notou no filho algo preocupante, um quê qualquer de desolação sombria que não prenunciava boa coisa, inspirando no espírito paterno pronta preocupação, deixando-o em estado de alerta.

Como estranhamente Marcus, de início, não lhe dissesse nada, mantendo-se de pé na entrada a fitá-lo com ar um tanto dispersivo, empertigou-se um pouco, observador; e, deixando a postura negligente com que até há pouco se recostava, convidou-o a se aproximar e repartir a refeição.

— Bom dia, Flavius. Retornas do plantão? Mas com o que te noto com este ar perturbado de quem está prestes a defrontar os prepostos de Plutão? Algo de nefasto te atormenta profundamente — afirmou, convicto, gesticulando para que o filho se acomodasse. — Conte-me!

No seu transtorno íntimo, com efeito, Marcus havia se descuidado, até mesmo, de se desfazer do seu elmo; avançou alguns passos na direção da mesa posta, e, desviando-se da surpresa inicial de dar com Túlio desperto tão cedo, deteve-se e, para susto do pai, arrancou-o de supetão, atirando-o violentamente, e derrubando e quebrando várias garrafas e copos próximos.

O velho general chegou a levantar-se, alarmado, o cenho duramente franzido.

— *Mas, por Marte e por todos os deuses, Flavius, que se passa contigo?* —indagou, estupefato.

O filho, por sua vez, finalmente descaiu diante da mesa posta, e amarga ironia perpassou-lhe o semblante.

— Então não o adivinhas por si só? Preciso explicar-te?

Tomado pela perplexidade do inusitado na atitude destemperada daquele filho de quem se habituara aos modos normalmente sóbrios e afeitos à ponderação, Túlio o acompanhou, voltando a sentar-se, cauteloso, e nitidamente inquieto.

— Adivinho, tendo em conta o que presencio, não mais que uma disposição colérica de fundo obscuro ao meu entendimento, e dois copos e quatro garrafas de bom vinho estilhaçados, em conseqüência. Que está acontecendo? — outro insistiu.

— Este dia me é nefasto — Marcus esclareceu, arfante, depois de breve pausa, e enfim pousando nele o olhar sombrio, que lhe acinzentava lugubremente o azul vivo e límpido dos olhos. — Não é possível que não deduzas a razão!

Nova pausa. Observando longamente o rapaz à sua frente enchendo até a boca uma caneca com o vinho de uma das garrafas intactas, Túlio fez um comentário casual, para preâmbulo, e procurou relaxar o suficiente para conduzir com frieza a situação. Sabia que a bebida acabaria por afrouxar a língua e o modo lacônico de ele se expressar, permitindo-lhe, desta forma, inteirar-se do que acontecia.

— Bebes em jejum, Marcus. Uma horrenda ressaca é o que te aguardará, se extrapolares as medidas, e os dias para um militar sempre correm longos e árduos. Melhor que uses o comedimento.

— Comedimento não é o que me valeria numa hora dessas. Tenho decisões graves a tomar, e o vinho libera a audácia — foi a resposta, sucedida de meia caneca virada de um só gole, o que acentuou a preocupação de Túlio, sentado à sua frente, imerso em claro desassossego interior.

— Marcus... se adivinho o que te transtorna deste jeito, serei obrigado a chamar-te a brios. Mulher nenhuma vale que ponhas a cabeça a perder a este ponto!

Foi a vez de Marcus sondar-lhe as condições íntimas durante um instante. Questionava de si mesmo se deveria, de fato, compartilhar com seu pai, afinal um velho e leal servidor das armas romanas, cujo histórico de carreira se fizera tão rico de peripécias trágicas e de lances dramáticos quanto o dos militares dos tempos de Júlio César, as idéias caóticas e ainda um tanto desencontradas que tinha em mente.

— Fala, Marcus, que talvez possa aconselhar-te de algum modo útil. Que é que te provoca esta disposição desarvorada, como nunca antes pude, em ti, testemunhar?

O louro Flavius bebeu mais. Virou de um só gole o restante do conteúdo da caneca; limpou a boca nas costas da mão, num gesto rude, tornando a enchê-la, e sustentou o olhar entre intrigado e austero do ancião sentado adiante. Como o pai supunha, todavia, o vinho começava, rápido, a surtir o seu efeito, o que determinou que mandasse ao inferno todo o resto de prudência e acabasse falando, açoitado, ademais, pela ansiedade incontida de desabafar-se com alguém mais íntimo e experiente.

— Estou cogitando me unir às forças rebeldes arregimentadas por Galba, para auxiliar a pôr um fim na interminável calamidade que se desencadeia diariamente sobre as nossas cabeças em Roma, pai.

A estupefação de Túlio ouvindo aquilo cresceu de intensidade, e, abandonando completamente qualquer resquício de descontração ainda existente, voltou a empertigar-se, agora transparecendo grave contrariedade.

— Pelo Averno, e por todas as forças dos reinos sombrios do Hades, que dizes? E a pretexto de quê? Tu és um soldado romano, Flavius! Deves lealdade, antes de qualquer coisa, a Roma, sob quaisquer circunstâncias que sejam. Não te imiscuas nestes assuntos, ademais liderados por um homem ausente do coração do Império, em Espanha, e movido por influências e por interesses difíceis, daqui, de se avaliar com critério — protestou, enérgico e impávido; mas foi cortado por Marcus em tom semelhante.

— A pretexto de quê?! A pretexto de esta ordem insustentável de coisas estar afetando lastimavelmente a todos indistintamente, de uma ou de outra forma, e agora também a mim. Não podemos permitir que tudo continue do jeito que está. Nero desencadeou uma doença pestilenta em Roma e nas províncias, que já se alastrou por todas as mentalidades, contagiando membros poderosos da vida política e social que, por reação em cadeia, vêm fazendo vítimas inocentes por todo lado. Uma facção enorme das legiões já compactua com a possibilidade de engrossar as fileiras de Galba para depor este homem, e colocar um basta aos seus desmandos; e eu, de meu lado, não agüento mais o meu ofício como membro da guarda imperial vilipendiado, ao ver-me forçado a agir como carrasco a maior parte do tempo, às voltas com perseguições, ou liderando destacamentos de tortura a cristãos, sejam eles ou não romanos.

Túlio, contudo, não perdeu o fôlego. Achava-se atônito, porque jamais suporia, ao dar com Marcus naquele início de manhã, que ouviria tais disparates. Mas, de outro lado, sua maior preocupação, diante do inusitado da situação, era chamá-lo a brios, e ajudá-lo a recobrar a lucidez momentaneamente perdida em decorrência de sucessos que conseguia intuir; pai extremoso, antes de qualquer outra consideração, jamais admitiria a chance de delatar um filho, ou de puni-lo com crueldade em tal contingência. Assim, revidou:

— Suponho em Blanda, tua quase noiva, uma destas vítimas inocentes que alegas tão impetuosamente neste instante, para validar o teu desvairamento súbito.

— Não há desvairamento maior do que o de Nero para exemplo digno, pai — devolveu Marcus, imperturbável. — E acabo, sim, de perder, por conta disso, a mulher que amo e que também me ama, porque o pai dela tomou-se da febre contagiosa a que me refiro, pressentindo-a, logicamente, pouco afeita à perseguição sanguinária levada a cabo na cidade a pessoas inocentes da sua relação, e impondo-lhe despoticamente, por conseguinte, uma consagração ao ofício de sacerdotisa a que ela mesma, até então, se confessava hesitante, e mais ainda após o nosso envolvimento — ele protestou, fora de si, preocupando-se, contudo, mesmo com o ânimo alterado pelo vinho como se reconhecia, em poupar a menção exata do que ditava a resolução férrea de Valério em relação à consagração da filha ao templo, contrariando não apenas a sua vontade expressa, como o compromisso recentemente iniciado entre os dois, que era do conhecimento do sacerdote.

— Pondera, Flavius — apelou Túlio, com energia. — Pergunte-se se o unir-te a uma rebelião sangrenta cujo desfecho, ao menos para ti, é difícil de prever te ajudará neste impasse que, tão lamentavelmente, te rouba a razão e a lucidez deste jeito; e, mais do que tudo, pensa se isto servirá para alterar o destino desta cujos rumos, queiras ou não, Marcus, e infelizmente para ti, se acham, sem remissão, nas mãos de Valério Graco, um homem poderoso nos meios religiosos.

— Não se eu puder impedir — retrucou Flavius, truculento, quando notaram a entrada de mais alguém no recinto.

Ambos os homens se voltaram e notaram tratar-se de Lélia que, imediatamente surpresa, de pronto se mostrou preocupada com o aspecto do filho que tinha os olhos injetados, o rosto congesto e convulso pela ira que o dominava, e falava com o pai naqueles modos intranqüilos e carregados de agressividade mal contida.

Todavia, a conversa foi encerrada de abrupto com a sua chegada, e Marcus, recobrando conscienciosamente a compostura, levantou-se, ademais lembrando a si mesmo que já extrapolara as medidas da bebida para aquela hora. Ele se pôs de pé e, numa saudação respeitosa, cumprimentou a mãe, ensaiando sair do cômodo, mas foi contido por ela.

— Marcus, algo terrível se passa contigo. Que houve? — Lélia quis saber, preocupada.

— Aborrecimentos de caserna, mãe. Nada com que devas te preocupar. — Ele procurou ser cordato ao responder, desviando-se, e saindo, de abrupto. Mas ficou evidente à argúcia materna que ele mentia, e, à sua retirada, logo cobrou explicações do marido com os olhos aflitos; ao que ele atendeu, em parte.

— Caserna... pois sim! — murmurou o ex-general, claramente contrariado. — Antes fosse, Lélia; mas acomoda-te! Temos muito que conversar.

Corre o dia.

A família de Valério Graco não se ausentara da casa, cumprindo rituais domésticos e sacrifícios, no qual a participação de Blanda era a mais rica em detalhes e em esmero.

Ela gastou as primeiras horas da manhã, desde antes da alvorada, diante do altar doméstico, com orações ao poderoso deus romano, ao qual prestaria juramento e votos para o restante da sua até então incipiente vida. Depois, banhara-se escrupulosamente, com o auxílio das mulheres da casa, e, em jejum, ingerira a primeira medida da bebida sagrada, que lhe favoreceria receber em si a graça do deus. Então foi a hora de comparecer ao rito doméstico, conduzido por Valério, e com a presença de todos os componentes de sua família na sala saturada do aroma dos incensos votivos, recebendo em si o sangue do sacrifício da imolação de um cordeiro. Fez abluções e entoou cânticos. Era ali, naquele recinto, que finalmente permaneceria, imersa em meditação e em preces, até o momento solene da sua apresentação ao templo e consagração como candidata ao corpo de sacerdotisas de Apolo.

Este era o rito externo.

O interno e mais importante, contudo, não ocorria. A devoção de corpo acontecia, porém apartada da consagração da alma da jovem, alquebrada interiormente, e totalmente apática e ausente das peripécias das cerimônias ao longo daquela data que lhe era definitivamente funesta, mergulhada, como se achava, em lágrimas e em letargia profunda desde dias antes da sagração, e a despeito mesmo dos efeitos poderosos da mistura que ora ingerira, de molde a acentuar-lhe a sensibilidade e a disposição íntima aos eflúvios da intercessão, chamada divina, no momento solene.

No momento marcado para a consumação religiosa, noutro canto da majestosa cidade imperial, e em obediência às disposições de Valério, um rito macabro de outra ordem acontecia, no qual se levava a cabo, por prepostos de Pompílio e por carrascos da prisão, uma sessão inominável de tortura ao antigo serviçal de sua residência, Antonio, na tentativa de arrancar-lhe informações que auxiliassem na busca do paradeiro do desaparecido João.

Mas o estóico seguidor de Jesus, não obstante o martírio indizível ao qual era submetido, nada revelou. Dilacerado de corpo, mas íntegro em espírito, foi conduzido, exânime, de volta à prisão sombria onde se achavam reunidos os componentes da sua família na companhia de dezenas de outros prisioneiros à espera do martírio final.

Era desta forma que muitos se ofereciam, de corpo e alma, em consagração à doutrina de luz do Cristo, ao mesmo tempo que uma outra e vazia consagração, estiolada, e completamente desprovida de sentimentos e de vida, era imposta a uma vítima impotente do despotismo pagão próprio daqueles tempos de opressão e de medo.

Capítulo XIX

Uma conspiração toma vulto

Correm os dias.

A cidade de Roma se vê mergulhada em tumulto e agitação pela notícia inusitada da morte abrupta de Sêneca, filósofo e conselheiro de Nero.

Benquisto em toda parte, revolta e inconformação são a tônica dos comentários em todas as camadas da sociedade, que, em sua quase unanimidade, suspeita no tirano governante o assassino do conselheiro, já que vinha perpetrando crimes outros regularmente, não apenas na vida política e social, como também no âmbito familiar.

Um tanto alheio a esta efervescência reinante na cidade, Marcus Flavius, contudo, tem a mente atormentada, ignorando, na maior parte do tempo, o burburinho atordoante que diariamente toma conta do ambiente da caserna, nos momentos de conversas e de maior descontração durante as refeições ou folgas.

Após a data ingrata da consagração de Blanda ao templo, e no decorrer de todo o tempo até então, não lhe saem das recordações as imagens aflitivas presenciadas na legendária cerimônia na qual, para seu completo desespero, mais não obteve do que uma ocasional troca de olhares com a jovem. E, no entanto, bastou aquela única troca de olhares para que se apercebesse de toda a assustadora carga de angústia que vergava aquele espírito, jovem e dócil, ao peso do fado inevitável.

Naquele único olhar de Blanda, triste, desolado e isento de brilho, espelhava-se nada menos que uma espécie de morte interior: um sofrimento agudo; dúvidas desesperadoras; angústia; desesperança, tudo misturado. Notando aquilo, o militar sentiu, por sua vez, o coração confranger-se, como se insuportavelmente flagelado de dor. Mais ainda naquela contingência, via-se assenhoreado pelo amor à beira da insanidade que sentia pela jovem. Ela, ao menos no seu entendimento de momento, estava-lhe irremediavelmente perdida. E, a isso, emoções violentas, desencontradas, empolgavam-lhe a têmpera de guerreiro impetuoso: ódio, amor, frustração, desesperança, impaciência por atinar, de algum modo que lhe escapava ainda, com alguma solução para aquele impasse. Adivinhava, de si mesmo, que não conseguiria se submeter, pura e simplesmente, aos ditames do destino naquele caso. Alguma coisa acabaria por envidar, açoitado pelos sentimentos convulsionados e pela urgência íntima atiçada pelo tormento com que aquela ordem intolerável de coisas o acossava. Isso era o que se sobressaía, nítido e imperioso, sobre tudo mais, e foi esta única certeza que o fez apegar-se tenazmente a um tipo de resolução férrea, inapelável, de apostar em possibilidades de futuro para uma saída qualquer, ainda indefinida, para o martirizante dilema que o consumia.

Agravava-se, ainda, seu estado mórbido por uma única e ainda inexplicável lembrança daquela data, que o torturava dia e noite: o que presenciara, a distância, no momento em que familiares se acercaram da nova sacerdotisa para oferecer-lhe os cumprimentos e votos de prosperidade na carreira religiosa que iniciava.

Percebeu, distraído a princípio, praticamente sem ver, e com a mente divagando, inquieta, em pensamentos tristes, no local do templo onde se achava na companhia dos seus familiares, que Pompílio fora o último a se aproximar da sobrinha. Mesmo dali, intuiu algo espúrio — primeiro, na forma como o magistrado, refletindo estranha e sombria luz nos olhos escuros, se lhe acercara, olhando-a fixamente, como se dominado por inexplicável fascínio; depois, no esquisito modo como ele a abordou: em vendo os seus distanciarem-se, ocupados em palestra discreta com a família do sacerdote, inclinou-se esquivamente, segredando algo no ouvido de Blanda, que — Marcus notou, mesmo de onde estava — fez-se instantaneamente lívida, de abrupto, ficando praticamente da cor imaculada da acetinada túnica que vestia.

A partir daquele momento, labaredas passaram a consumi-lo, crepitando, inclementes, no seu íntimo, e calcinando-lhe impiedosamente as entranhas com dúvidas e com suposições sombrias. Com efeito, adivinhava que, de alguma forma, Blanda ficaria em situação de vulnerabilidade na vida reclusa que a aguardava daquele dia em diante. E apenas a têmpera férrea do militar adestrado com exaustão num método de vida estratégico, e obediente à necessidade constante de frieza e de cálculo em situações limítrofes, conseguiu conter-lhe os impulsos incontroláveis de envidar uma atitude qualquer, uma iniciativa que fosse, quiçá impensada, para remediar o que se recusava a admitir como definitivo naquele desfecho ingrato para os seus planos de união com a jovem, indócil como se tornou em atinar com uma solução pronta para uma contingência que lhe surgia insuportável de tolerar por muito tempo.

— Marcus!

O chamado intempestivo sobressaltou Flavius, mergulhado como se achava nestas considerações conflituosas que constantemente lhe castigavam o mundo interior ultimamente. Voltou-se, solitário ao fim da refeição no ambiente já vazio do refeitório da caserna, e deu com o irmão mais novo, Cássio, que servia no seu regimento.

O rapaz entrara no local em busca de um dos legionários para quem portava um recado e se surpreendera com a presença do irmão por ali àquelas horas, ainda mais naquele visível transtorno íntimo refletindo-se na fisionomia fechada da qual transparecia, nítido, um estado de preocupação obcecado e renitente em relação a coisas incógnitas que o consumiam interiormente.

— Cássio, que fazes por aqui? — retorquiu Marcus, o sobressalto se refletindo claro no tom brusco e grave da sua voz, de mistura com um estado de irritação.

Entre curioso e preocupado, o outro se aproximou mais da mesa, sentando-se a seu lado por um momento. E não pôde se impedir de indagar, surpreso:

— Calma, Marcus. Que se passa contigo ultimamente? De vez em quando te flagro com este ar quase maligno, como se metido em especulações sobre a melhor forma de degolar alguém — riu-se, meio irreverente. Mas o outro não lhe correspondeu à jocosidade da disposição nem das palavras, fechando mais a expressão, e obrigando Cássio a conter-se.

— Nada se passa comigo, Cássio, que não seja o que se passa com todos. Agrada-te esta vida, tal como a levamos atualmente?

— foi a vez de ele rir-se, embora azedo e amargamente irônico, dardejando no admirado irmão um olhar quase colérico. — Relembro constantemente tempos em que as legiões romanas faziam jus ao seu garbo e poderio, participando de batalhas na conquista da expansão deste maldito Império — mexeu-se, inquieto, no assento. — Sou um comandante! Quase me leva ao desvario ver soldados inertes, metidos em funções de burocracia estúpida da roda imperial, ou toda uma fatia da infantaria às voltas com perseguições e com capturas de elementos que apenas se atrevem a pensar de forma diferente a respeito deste governo, que não se faz respeitar e que não se ocupa com política ou com as necessidades sociais de Roma ou das províncias; antes, ocupa-se com extravagâncias incessantes, que a nada levam, e que escandalizam toda a cidade, mergulhando-a em desolador estado de insegurança.

Ouvindo-o, e deixando-o falar tudo que queria por notar nisso uma necessidade de desafogo, Cássio deu de ombros, concordando em parte.

— Isto é visível a todos, Marcus, e é certo que as legiões não andam nada satisfeitas; mas, de outro lado, que te adianta ensandecer e consumir-te? Cumprimos ordens superiores e, por ora, nada mais nos resta fazer.

— Pensar assim é não ter largueza de vistas — revidou Marcus, dubiamente.

— Que queres dizer? — estranhou o outro, agora preocupado com as implicações do que ouvia. — Olha que se Glauco ou qualquer prefeito da guarda te escutam estes comentários, te meterás em complicações. Facilmente incorrerás em insubordinação, dependendo dos ouvidos que ouçam esta tua referência a uma "largueza de vistas".

O irmão olhava-o fixamente. Parecia de fato obcecado com uma idéia qualquer, que não chegava a externar completamente.

— Ter "largueza de vistas" não significa incorrer em insubordinação, Cássio, mas saber atuar militarmente apoiando as forças que pendem para o lado mais sensato e mais oportuno a uma mudança política em Roma, já tardia a esta altura, e que, ademais, na certa contaria com o apoio do Senado e dependeria completamente da intervenção dos exércitos e da guarda pretoriana para ser bem-sucedida. Pensa nisso; a situação anda insustentável. Sêneca acaba de ser assassinado, e outros desmandos mais estão em curso, ou em vias de acontecer; vê se te esqueces um pouco desta rotina enfadonha de caserna e dos teus devaneios acerca de mulheres, e mais especificamente sobre a tonta Drusila, que nunca te deu a menor esperança. É ela, esta harpia, aliás — acrescentou, truculento —, a grande responsável pelo triste revés que me arruinou a união com Blanda. — Impaciente, Flavius afinal levantou-se, dando por ora a conversa encerrada, e concluindo: — Mas voltaremos a este assunto oportunamente, e com maior vagar; porém em hora e em local mais apropriados. Agora, devo me apresentar ao comando no pretório.

E afastou-se refeitório afora, deixando Cássio ali, na penumbra silenciosa do ambiente, impressionado com aquela disposição incompreensível no irmão, como nunca nele antes pudera presenciar.

Aquela mesma guarda pretoriana que elevara Nero Cláudio Germânico ao poder, agora, aos poucos, e na medida das insatisfações pessoais e progressivas de seus elementos, começava a tramar a sua perdição.

Alguns dias depois a cidade está na iminência de mais espetáculos no Circo, e, desta feita, como era usual, com a presença do próprio Imperador, já que seria dia destinado a suplícios de cristãos, coisa bizarra que, àquela altura, dados os requintes de crueldade com que era praticada, provocava reações disparatadas na população de Roma. Muitos se sentiam atraídos para o evento, lotando todos os lugares disponíveis, enquanto outros experimentavam viva repulsa, evitando os locais de tais acontecimentos. Estes eram os mais sensíveis; os insatisfeitos, que consideravam, à unanimidade, extrapolados os limites das extravagâncias monstruosas do Imperador, e que se contavam em número crescente de dia para dia, uma vez que os cristãos, e demais prisioneiros delatados como conspiradores contra o governo, eram, muitas vezes, incendiados vivos, quais tochas humanas, quando não lançados às feras e trucidados, entre eles mulheres, crianças ou velhos, não importava.

Por conta da agitação costumeira recorrente a tais acontecimentos, Marcus fora convocado com boa parcela da guarda pretoriana para fazer a segurança do Imperador no seu trajeto até o Circo, e posteriormente dos próprios arredores do Anfiteatro. Nada obstante a cada dia mais contrafeito e taciturno dessas coisas, nestas ocasiões, contudo, e pelo menos por enquanto, nada podia ele fazer que não cumprir as ordens expedidas; e assim deslocou-se, cedo, para o palácio, onde montou guarda com alguns outros oficiais à espera do momento aprazado, altivo e austero em seu aspecto e postura exterior, como se pedia; todavia interiormente tomado de contrariedade surda, e de fundo enfado, que procurava disfarçar o mais que podia da percepção de seus superiores hierárquicos, já que tal coisa podia significar-lhe a perdição naqueles tempos perigosos de denúncias e de assassinatos constantes.

Fazendo a ronda no perímetro externo do palácio, tinha a mente longe, enquanto percorria a visão no burburinho tumultuado em torno, provocado pelo povo que se comprimia, com antecipação de horas, à espera da saída de Nero, quando julgou reconhecer um rosto no meio daquelas dezenas de pessoas, nada embora o capuz de seus trajes tornasse-lhe as feições um tanto indistintas. Querendo certificar-se, e a pretexto de arredar a turba para limites mais seguros, fez sinal enérgico a um dos soldados para que o secundasse na iniciativa em outro ângulo da multidão e avançou, decidido, escudo em punho, notando que, em o fazendo, o homem baixou a vista e quis ocultar-se, em certa medida. Todavia, em aproximando-se dele, Marcus, com um sobressalto íntimo, pôde certificar-se do que desconfiava: tratava-se de João, o moço jardineiro cuja fuga da prisão muito tempo atrás acobertara, a pedido de Blanda, ocasião que ensejara a sua tão ansiada união afetiva com a moça.

Marcus não podia acreditar no que via, ademais pela temeridade da atitude de João justo naquela ocasião. Julgando-o morto desde as notícias do aprisionamento de seu pai e familiares, chegadas por Breno ao seu conhecimento, espantou-se sobremaneira por vê-lo justo naquele local e naquele dia, mas, de outro lado, sua argúcia apurada de militar logo lhe inspirou as possíveis razões: lembrou-se de que entre os supliciados daquele dia estava a família do rapaz, e adivinhou na temeridade de sua presença ali algum tipo de tentativa desesperada de salvá-los, ou pelo menos o impulso do filho extremoso para uma despedida pungente.

— Que tu fazes aqui, rapaz? Enlouqueceste? — murmurou-lhe com rispidez, acercando-se dele de propósito, como quem o arredasse, com os circundantes, para mais longe.

Àquilo, o jovem jardineiro tomou nítido sobressalto. Mas, em vendo de quem se tratava, sentiu-se aliviado até certo ponto.

E, erguendo o rosto para fitá-lo, finalmente foi dado a Marcus perceber-lhe, na fisionomia descomposta e amargurada, o tanto que sofria com a atual situação.

— Oficial Marcus, bom ver-te! — o moço sussurrou, com leve mesura. —Venho até aqui na tentativa de ver e despedir-me dos meus, ainda que de longe, senhor. Eles perecerão hoje na Arena...

E, desta feita, viam-se lágrimas grossas rolando-lhe pelo rosto à sua revelia.

Confrangido e insatisfeito a um só tempo, Flavius imaginou uma saída qualquer para, naquele momento, ter brevemente com João sem despertar atenções. Assim, sob a proteção e o disfarce de seu escudo, tomou-o rispidamente pelo braço, como na intenção de deslocá-lo das proximidades; forjou ordens estúpidas de evasão aos demais circunstantes e, arrastando-o para longe, falou:

— Lamento que desta vez não te possa oferecer ajuda, rapaz; mas deixa-me ao menos alertar-te para a insanidade de te achares aqui a esta altura, de vez que suponho não terem desistido ainda da tua captura os responsáveis pelo aprisionamento dos teus.

João meneou, com simplicidade.

—Agradeço-te o zelo; contudo, não sou ainda digno da glória de testemunhar a favor de Jesus na companhia dos meus. Nada temo, oficial; tranqüiliza-te. — E, enveredando para outro assunto, João quis aproveitar ao máximo a oportunidade grata daquele encontro, bem a propósito de interesses seus de outra ordem. — É um feliz acaso encontrar-te, porque de há tempos desejaria ter contigo para obter notícias de Blanda, e talvez que, através de ti, transmitir a ela a notícia de que me acho bem, e amparado por amigos. Na certa se preocupou com o meu paradeiro e com o de meus familiares, e provavelmente a esta altura me julga morto, ou pelo menos a caminho do sacrifício nos espetáculos desta tarde.

— Não tem havido a oportunidade de ter com ela freqüentemente, pois por uma infelicidade o sacerdote Valério Graco descobriu a inclinação cristã da filha, e a obrigou ao serviço religioso no Templo de Apolo. Infelicidade maior, contudo, foi tê-la perdido em conseqüência, justo quando já ensejava com ela compromisso afetivo — lastimou-se Marcus, falando rapidamente, entre preocupado em conter o tumulto barulhento em volta e cuidar de possíveis curiosos ou espiões dando pelo que fazia. E acrescentou, apressado: — Todavia, tão logo tenha com ela com maior intimidade, como pretendo, transmito o teu recado. Agora, jovem, arreda-te daqui — berrou, empurrando-o com estupidez, e, simulando uma ação enérgica dirigida a ninguém em particular, distanciou-se, retornando para o seu posto junto com os colegas da guarda.

— Conta conosco em qualquer eventualidade — o jovem João ainda teve tempo de lhe afiançar.

Mal supunha Marcus que a sua cuidadosa intervenção não passara despercebida da observação mal-intencionada de alguém que o vigiava disfarçadamente, próximo dali.

— Que assunto poderias ter com aquele homem, para arredar-te com ele naquele falatório? — A pergunta o colheu de abrupto tão logo voltou, chamando-lhe de chofre a atenção para um ponto das escadarias onde não notara a presença do filho de Pompílio, a postos por ali.

Todavia, sisudo, e por conta já impaciente pelo próprio contexto momentâneo no qual se via metido, com toda aquela algazarra barulhenta em volta, e tendo a mente constantemente atormentada por preocupações de outra ordem, a pergunta capciosa de Marcelo o pegou irritado, e num momento extremamente infeliz, fazendo-o na mesma hora avançar, truculento, para perto do outro oficial, medindo-o.

— E tu me espionas, por acaso? Que satisfações devo a ti, um soldado de escalão inferior, e de outro regimento que não o meu? Não é de hoje venho notando uma certa tendência tua em me questionar de maneira ambígua, como se sondando cada respiração minha. Com que intenção o fazes, Marcelo? Exijo uma explicação agora! — bradou-lhe, colérico e rubro pela raiva.

— E tu andas nervoso demais ultimamente, em levando em conta a tua posição de membro da guarda pretoriana que até o presente momento, ao que eu saiba, permanece coberta de regalias que Nero não se descuida de dispensar aos que ajudaram a elevá-lo ao poder. Não te questiono, Flavius — e, desta feita, notava-se no semblante do filho do magistrado um quê qualquer de ironia —; apenas considero curiosa esta disposição incomum no teu temperamento outrora sempre reservado e contido. Que sucessos tais estariam provocando isto?

— Não te devo explicação alguma, nem acerca de particularidades minhas, menos ainda sobre aspectos da minha vida profissional; mas, de outro lado, em observância às normas militares, seria interessante lembrares que, mesmo pertencendo tu a um regimento diferente, em levando-se a hierarquia em conta, eu é que perfeitamente te poderia indagar a razão deste teu comportamento de uns tempos para cá, que faz suspeitar em ti, antes de um soldado, um dos tais delatores, que, a pretexto de tudo, e para fazerem dinheiro fácil e sujo, alimentam a devastação sangrenta que inunda Roma hoje em dia. Cuida tu, portanto, das tuas atitudes, e da tua vida exclusivamente, antes de tudo.

Marcus rebateu, impávido, e retornou à sua posição, dardejando-lhe, antes de sair, um olhar truculento e incendiário, cujo peso natural da autoridade acabou de roubar no outro, por prudência, a vontade de ousar qualquer outro comentário imprudente.

Até porque se iniciava um tumulto com a saída de Nero do palácio, e a guarda pretoriana houve que cerrar fileiras energicamente em torno do Imperador, isolando-o da proximidade excessiva da turba, alguns protegendo-o a pé, à força dos braços e dos escudos, outros correndo rapidamente às montarias e abrindo caminho à sua passagem até a quadriga, veículo que o conduziria primeiro ao Circo, onde assistiria às corridas, e posteriormente ao Anfiteatro para os jogos, lutas e sacrifícios, que eram a sua atração preferida no cardápio dos divertimentos vigentes em Roma naqueles tempos.

Longe dali, numa reentrância obscura da avenida a salvo da atenção dos circunstantes, com todos agora ocupados em atentar à passagem solene de Nero pelas ruas, João havia se recolhido discretamente, na companhia de uma outra pessoa: o irmão Josias.

Funda amargura vincava a fisionomia pálida do rapaz, cujos olhos ainda se viam irresistivelmente perolados pelas lágrimas pungentes do sofrimento provocado pela certeza do intenso martírio a que seriam submetidos os membros da sua família, dali a algumas horas, naquela tarde inesquecível; mas o valoroso ancião, a seu lado, ainda uma vez incutiu-lhe coragem e força, lembrando:

—Vamos, filho. Nada nos resta a fazer aqui; reunamo-nos aos nossos irmãos que já devem estar à nossa espera para as preces, porque sem nenhuma sombra de dúvida o Mestre e seus prepostos intercederão pelos teus irmãozinhos e pais, recebendo-os imediatamente nas luzes indescritíveis das glórias celestes. Foi o que eu pude presenciar, com estes meus olhos que muito já viram ao longo da vida, durante o testemunho do irmão Pedro, o apóstolo mais próximo de Jesus durante a sua estadia entre nós.[13] — E, diante do olhar um tanto perdido de João, que, como sempre dócil e bondoso, bebia-lhe avidamente a sabedoria das palavras sempre oportunas e lenitivas: — Venha — insistiu. — Confiemos na Verdade de Jesus acima das contingências amargas e temporárias dos dias neste mundo. Os teus estarão amparados e acolhidos, ainda hoje, nas mansões luminosas do reino de Deus.

Abraçou-o paternalmente, e conduziu-o por um atalho menos movimentado das ruas circundantes.

Entretidos ambos em palestra fraternal, não notaram que, num ponto não muito distante de onde se achavam, um grupo numeroso, composto por senadores e por alguns pretorianos, debatia em surdina, acaloradamente, e por entre gestos inflamados, algum assunto que lhes absorvia por completo os interesses, ao mesmo tempo que lançavam olhares dúbios na direção da saída ruidosa de Nero das dependências palacianas, cercado do cortejo dos seus prepostos, da sua guarda de segurança e da multidão em franco alvoroço.

Ali já se delineava visivelmente, à luz do dia e dentro dos muros da cidade, os sucessos inauditos que se desencadeariam nos meses posteriores, entrando para a história como o trágico arremate do governo tirânico de Nero Cláudio Germânico.

---

[13] Josias era clarividente, e testemunhou o glorioso desligamento espiritual de Pedro no momento de sua desencarnação supliciada e dolorosa. (N. do A. E.)

Capítulo XX

Sacerdotisa cristã

O recinto do templo se achava silencioso àquela hora do dia. Alguns sacerdotes estavam presentes oficiando em sigilo, e as noviças viam-se libertas de obrigações momentâneas, e dispersas pela área do grande e suntuoso prédio.

Como adquirira o hábito de fazer, e de acordo com as suas inclinações naturais anteriores, Blanda sempre dispunha destes momentos evadindo-se para os exuberantes jardins nos arredores. Sentia-se oprimida naquele dia, ainda mais do que em todos os anteriores que sucederam o seu ingresso no templo. De fato, ainda não se familiarizara com nada ali, nem se integrara, em espírito, no corpo recém-formado das jovens iniciadas no serviço religioso. Sua tendência reclusa, ao contrário, acentuara-se, e se, enquanto ainda livre e na sua vida familiar, tendia naturalmente a dedicar-se em segredo à doutrina que abraçara de todo o coração nos últimos tempos, a imposição do pai àquele culto forçado a um deus que nada mais lhe dizia agravara este seu estado. Assim, em instantes como aquele, sempre que se via sozinha, voltava seus pensamentos a Jesus, e a tudo de que já pudera tomar conhecimento acerca dos seus ensinamentos. Afinal, era ainda este o miraculoso lenitivo, a poderosa inspiração que lograva acalmar-lhe, sobremaneira, as angústias ultimamente experimentadas, e ali, naquela hora em que esta disposição se via inexplicavelmente exaltada, não acontecia diferente.

Entrementes, um menino se aproxima, e Blanda ouve-lhe o chamado. Voltando-se, recebe-lhe das mãos, intrigada, um pequeno bilhete dobrado.

— Quem me remete isto? — ela perguntou, experimentando leve receio, antes que ele pudesse sair, sem nada dizer, como já fazia.

— Não sei dizer... — replicou com sinceridade. — Alguém me abordou na entrada e pediu que lhe entregasse em mãos, em segredo, e sem a presença de testemunhas. Isto foi ontem. Era um homem embuçado.

Blanda ouviu, admirada, o coração disparando ao pressentir alguma coisa. Instintivamente, apertou contra si o bilhete, ocultando-o sob as vestes.

— Está bem; mas, por favor, não comentes isto com quem quer que seja aqui dentro, Lísias!

O menino encurvou-se, assentiu, e distanciou-se. Ela, por sua vez, correu para os seus aposentos, cerrou a porta e, palpitante, abriu finalmente a missiva, sentindo-se empalidecer bruscamente ao percorrer, indócil, as linhas escritas aparentemente às pressas.

Minha querida Blanda. Escrevo-te sem poder me estender muito, mas pretendo ter contigo o mais brevemente possível, o que envidarei com o auxílio do teu irmão. Todavia, não posso me conter para ao menos transmitir-te logo o meu estado inconformado e deplorável de espírito, por me ver assim, desta forma compulsória, distanciado de ti, quando bem o sei que não é o que nós dois queremos. Alguma solução deverá existir para este impasse, meu amor, e, juro-te por este mesmo Apolo e por Marte, a encontrarei, e a mobilizarei em nosso benefício. Para arremate, quero te comunicar a surpreendente notícia de que o teu prezado João acha-se vivo, tendo estado comigo por estes dias, justo na data em que teve a família flagelada no Anfiteatro. Pediu-me que te transmitisse a novidade e te tranqüilizasse, e assim, agora, o faço, no mais despedindo-me por ora e dedicando-te o amor de sempre, e rogando não me esqueças, ou desistas de tudo aquilo que já havíamos delineado para o nosso futuro.

Marcus Flavius Quintiliano.

Ao final da leitura, Blanda, atônita, e sentindo o corpo trêmulo, deixou descair o bilhete das mãos vacilantes; depois baqueou, desnorteada, num assento próximo, demorando-se assim durante extenso intervalo, sem conseguir concatenar idéias ou definir com exatidão o que aquelas palavras haviam evocado em seu íntimo. "Então é mesmo verdade que João está vivo!", se pôs a dialogar consigo mesma, sua mente febril dando voltas desencontradas, conflituosas, sem atinar com um atalho que lhe oferecesse soluções e alento. "Quem me dera poder ajudá-lo, de qualquer forma que fosse. E Marcus? Como se aviará para ter comigo? Oh, deuses, melhor seria que ele se mantivesse longe..."

Mergulhada no seu tumulto emocional, no entanto, não se descuidou de destruir rapidamente a missiva, ateando-lhe fogo, e dispersando habilidosamente os resíduos em seguida.

Dias mais tarde, quando dispunha de algum tempo para privar com os familiares, na residência do sacerdote, Blanda recebia a visita bem-vinda e inesperada das primas Claudia e Virgínia, que, contudo, em lugar de acalmar-lhe os receios, exacerbaram-nos.

Reunidas durante a tarde nos assentos dos terraços frescos da moradia, de início compartilharam com prazer, e na companhia de Atília, da presença da jovem e melancólica sacerdotisa, em palestra leve e que procuravam conduzir de maneira descontraída, dado que se viam as filhas de Pompílio impressionadas com a palidez e o aspecto doentio de Blanda, em se comparando com a última vez em que a tinham visto, mais de um mês antes, nos cerimoniais de iniciação.

Trocando a intervalos olhares de inteligência, Claudia e Virgínia se perguntavam se valeria a pena abordar o assunto delicado que pretendiam transmitir ao conhecimento de Blanda, e se melhor não seria poupá-la de temas relacionados justo àquele de quem qualquer menção preocupante certamente desencadearia um frenesi emocional no mundo íntimo da moça.

Blanda, por sua vez, naquele instante de palestra íntima com as jovens, cogitava do horror que se apossaria de ambas, e de sua família por extensão, se se dispusesse a relatar os acontecimentos inéditos que vinham se dando às ocultas do conhecimento de toda a gente; imaginaria o que pensariam, se confessasse a outra ordem sombria de ocorrências que a vinha vitimando, envolvendo o assédio velado de Pompílio, que era, sem que ninguém ainda o suspeitasse, o segundo fator gerador de todo o impressionante abatimento que a subjugava toda, a olhos vistos.

Entrementes, foi ela mesma quem ensejou que se abordasse a questão que pairava até aquele momento em suspenso nas intenções de Claudia e Virgínia, logo à saída de Atília, que se ausentara para tratar de assuntos outros no interior da residência, e para providenciar junto aos criados um lanche para as visitantes.

De mãos dadas com a dócil Virgínia a seu lado, dirigindo-lhe um sorriso gentil e afável, e após olhar em torno com uma cautela talvez excessiva que deixou as primas admiradas, começou:

— Devo cuidar do que digo doravante nesta casa. Ainda bem que Drusila não se acha presente.

O tom do que dizia era cheio de mágoa e de amargura mal contidas, o que ainda mais vinha surpreender as jovens primas, já que tal disposição era inédita ao perfil ao qual já eram habituadas no comportamento de Blanda, normalmente confiante, amável e delicado.

— Entendemos as razões maiores do teu zelo, Blanda, mas... que sucessos outros houve, para que assim te posiciones? — instigou Claudia, admirada.

Então Blanda enfim desabafou, quase em surdina, contando acerca do conteúdo do bilhete que recebera de Marcus Flavius. Tinha as mãos trêmulas ao falar, como se dominada por incontrolável temor.

— Não sei sinceramente o que Marcus tinha em mente ao redigir-me aquelas linhas, nem posso imaginar de que forma reagirei, após todos estes dias, a um encontro a sós com ele — replicou a moça, visivelmente combalida das emoções.

Claudia e Virgínia, de seu lado, trocaram entre si um olhar grave e angustiado, o que enfim fez com que a outra se apercebesse de uma segunda rede de energias obscuras no ânimo das visitantes.

— Bem vejo que compartilhais dos meus receios, mas, por outro lado, noto-vos desassossegadas desde o início deste encontro. Podeis, de vosso lado, compartilhar o que quer que seja comigo! — Blanda completou, apreensiva, olhando as primas com sincero interesse.

Como sempre foi Claudia, mais desenvolta, quem tomou a iniciativa:

— Devo me aproveitar da momentânea ausência de circunstantes para tocar neste assunto contigo, Blanda, o que eu e Virgínia relutamos até agora em fazer, se bem que saibamos em tia Atília uma aliada do nosso modo de encarar o todo desta situação. Mas é que sobre o que mencionaste quanto a Flavius, ao que entendemos, não podemos permanecer em silêncio. Precisamos dividir impressões contigo para que, juntas, cheguemos a um consenso de ação, que a todos beneficie! Principalmente a vós: tu, e o oficial Quintiliano.

Blanda ergueu-se imediatamente, saindo do seu torpor de espírito anterior.

— Oh, a que te referes, Claudia?

A moça lançou um olhar a Virgínia que, tomando carinhosamente a mão da prima, começou a contar:

— Estes dias, Blanda, no ambiente doméstico, pudemos testemunhar um diálogo entre nosso irmão e papai cujo teor, até onde entendemos, pode pôr em risco as atitudes de Marcus Flavius; ele deve se pôr de sobreaviso.

— Entendemos que Marcelo vem dando cobertura a papai nos desdobramentos das diretrizes do governo de Nero, já que o prefeito da guarda constantemente, ao que sabemos, o indica para comandar destacamentos de perseguição e tortura a cristãos, cabendo a nosso pai, de seu lado, auxílio nas investigações; até porque, aliás, ele apóia e endossa completamente estas iniciativas — concluiu Claudia.

Enquanto ouvia, gradativamente o coração de Blanda disparava, incontido, em aguda ansiedade.

— E onde, por Minerva, entra Marcus nesta conjuntura, Virgínia? A que conversa te referes? — indagou, emocionada, apertando a mão da prima.

— Blanda... — a jovem começou, cautelosa, baixando o tom da voz e olhando em torno mais uma vez, para se certificar da ausência de testemunhas. — Pelo que entendemos do discurso de Marcelo, ele e papai vêm suspeitando em Marcus Flavius um colaborador da seita cristã.

— Marcelo contava a papai qualquer coisa relativa a tê-lo visto em atitude suspeita em determinados momentos; aparentemente, falta-lhe empenho suficiente quando lidera ocasionalmente perseguições e aprisionamentos — contou Claudia, compadecida do tanto que, para além das medidas já excedidas, Blanda empalidecia ao ouvir aquelas notícias inesperadas.

— Oh, Marcus Flavius de fato deplora esta ocupação, Virgínia! Confessou-me da última vez em que privamos. Não vê nos cristãos conduta alguma que justifique tal flagelo, e anda a cada dia mais insatisfeito com os desdobramentos do governo imperial neste sentido — comentou Blanda, aflitivamente.

Claudia anuiu.

— Marcelo contou a papai um episódio obscuro; parece ter flagrado Marcus trocando palavras incompreensíveis com pessoas desconhecidas e suspeitas. Julga todo o seu comportamento, de tempos a esta parte, comprometedor, e mal sabe o oficial, querida, o quanto que seus passos andam vigiados por conta disso. Não restam dúvidas de que deverás, tu, alertá-lo devidamente; deste ponto a uma denúncia de conspirador vai um passo, o que o perderia completamente.

Claudia interrompeu-se. Escondendo o rosto nas mãos, sobressaltada, Blanda não pôde conter as lágrimas.

— Oh, priminha! —Virgínia a abraçou logo, entristecida. — Que rosário indesejável de lágrimas e de padecimentos vem sendo a tua vida, ultimamente. Logo tu, a quem tanto devemos...

E, desta feita, também a jovem dividia com ela o estado de espírito combalido, com os belos olhos azuis úmidos.

Claudia, contudo, sempre mais presta em iniciativas e objetividade, comentou:

— Se Breno está por secundar um encontro entre vocês, que seja logo, Blanda. Deves te valer o mais brevemente possível da chance de reencontrá-lo para adverti-lo — aconselhou, oportuna.

Secando as lágrimas e tentando acalmar-se, Blanda concordou.

— Devo me recompor, para começo, ou mamãe aqui retornará e exigirá explicações. Sim... por ele, devo manter-me forte e equilibrada. — E, fitando as primas reflexivamente: — Claudia, a doutrina de Jesus é toda baseada em amor e em dignidade. Não compreendo como puderam os acontecimentos ser distorcidos a este ponto inadmissível, de se infligir, a troco de tudo e de nada, perseguições e flagelos crudelíssimos a estas pessoas que, de resto, com a miscigenação cultural que a expansão do Império proporcionou, nos possibilitaram conhecer a missão deste homem no mundo, que nada mais fez além de auxiliar os necessitados e esclarecer sempre, aliás acalmando os ânimos de revoltosos e de adeptos das carnificinas sanguinárias contra os governos das províncias. Só admoestou os hipócritas no poder, que se valem da ignorância das populações visando o enriquecimento ilícito e o despotismo. Afora isso, morreu inocente, vítima de maquinações políticas de Jerusalém da parte das autoridades que, em vez de entender-lhe a mensagem, convenientemente, a distorceram, por temer nele uma ameaça ao poder religioso estabelecido.

Novamente lágrimas teimaram em descer-lhe dos olhos, e ela apressou-se em secá-las. Prosseguiu:

— É por ter entendido isso que Marcus deplora ter de estar compulsoriamente envolvido nestas manobras políticas de Nero; alega que o exército romano, como nos seus tempos de glória, deveria permanecer devotado ao serviço a Roma e à expansão do Império, e não virar massa de manobra de um louco elevado por um acaso ao poder.

— O problema, contudo, é que foi esta mesma guarda pretoriana que, no início, o elevou à posição onde se encontra hoje — argumentou Claudia, avisadamente, ao que Blanda assentiu, com tristeza.

— Sim, infelizmente. E agora colhe os frutos amargos disso. Mas, por outro lado, na época, quem poderia adivinhar que o governo de Nero desandaria desta forma para tais rasgos de ensandecimento? Os deuses, certamente, o amaldiçoaram e roubaram-lhe a razão.

— Júpiter ama Roma. Não tolerou o gesto tresloucado do Imperador ao incinerar daquela forma a cidade, além de tudo atentando contra a vida da própria mãe[14], e da esposa grávida — lembrou Virgínia, em grave entonação.

— Cobrarei de Breno presteza na providência da nossa entrevista — voltou Blanda, após demorar-se em breve pausa, pensativa. — Já não é mais uma questão apenas de relutância pessoal em encontrá-lo por motivos outros, pessoais... Devo alertar Marcus

[14] Houve três tentativas de assassinato desta que lhe fora no início conselheira imprescindível e incentivadora dos seus primeiros passos no poder: Agripina, sua mãe, a quem acabou afinal assassinando, sob o pleno conhecimento dela de ser sua a autoria do atentado, tanto que incitou o mandatário de Nero a golpear-lhe a barriga, por julgar mais adequado tal gênero de morte quando encomendada pelo filho. (N. do A. E.)

sobre estas coisas que vêm se dando fora do seu conhecimento, e sou-lhes sempre grata pela dedicação, minhas queridas.

A filha do sacerdote de Apolo inclinou-se, dirigindo-lhes um sorriso triste, enquanto as abraçava de maneira carinhosa, e profundamente reconhecida.

Mesmo ali, contudo, não alcançava ainda, em toda a sua extensão, as causas da intercessão cada vez mais ostensiva de Pompílio nos rumos de sua vida e da de Marcus Flavius. Efetivamente, ainda não se lhe fazia claro o tanto que era do conhecimento do homem perigoso que, movido às ocultas por sentimentos dúbios e passionais, já tinha ciência, de há muito, do elo afetivo que a ligava ao militar, e que o desagradava sumamente, compelindo-o a aferrar-se a iniciativas escusas e pertinazes no sentido de afastá-los.

Com a despedida de Claudia e Virgínia, correu o restante daquela tarde amena com Blanda apenas na companhia da mãe; Breno estivera ausente durante todo o dia em serviço na caserna; Drusila, afastada em visita a família de suas relações; e Valério ocupado com os cerimoniais no templo.

Com o sol em declínio, rumores repentinos vieram quebrar a quietude reinante nos arredores da moradia.

Atília, naquele momento, entretinha-se em tecer na companhia da filha mais nova quando uma criada invadiu o recinto do peristilo em correria desabrida, pregando-lhes um susto que a contrariou indisfarçavelmente.

A matrona se pôs de pé, altiva e imperativa, num impulso, enquanto Blanda se detinha a observar a cena, queda em surpresa, sem saber o que pensar. Sem embargo, observou a moça excessivamente agitada, atropelando-se em gestos e em palavras para dar conta da cobrança presta de explicações que Atília de pronto lhe assacou, irritada:

— Mas... com o que, Ruca, tu me invades o cômodo qual dementada, a quem os deuses tenham repentinamente arrancado a razão, aos gritos e correria? A troco de que o fazes e ages deste modo dentro da sobriedade desta casa? — desfechou, peremptória.

A escrava, ante a severa reprimenda, ajoelhou-se até o rés do solo diante da patrícia, transida de medo, e baixando drasticamente a vista, sem mais coragem de encará-la. Balbuciou, entre gestos imprecisos e trêmulos, a voz quebradiça:

— Oh, domina! Desculpa-me a imperdoável inconveniência, perturbando assim o vosso descanso, mas é que atendo ao pedido desesperado da tua copeira, cuja filha pequena lhe foi apresentada ainda há pouco inerte e ensangüentada! Um cavalo bravio e fugido escapou do estábulo correndo à debandada, e colheu em cheio a menina! — A escrava tremia toda durante o relato, lançando desta vez, à Blanda, o olhar súplice e vacilante. — Cina lembrou-se da presença da sacerdotisa na casa no dia de hoje, e assim, domina, me atrevo a rogar, a pedido dela, a tua intercessão em favor da menina, pois que a mãe não cabe em si de desespero. Está dando a filha como morta, pois não volta a si, e não pára de deitar sangue da narina.

Não foi preciso nada mais. Antes mesmo que a jovem concluísse o seu discurso súplice e impregnado de desespero, Blanda levantou de um salto do assento onde se reclinava, e, ante a inicial e inerte estupefação da mãe, disparou a toda para frente da casa.

— Blanda! — exclamou-lhe Atília, por fim, atônita; após o que correu-lhe no encalço, entre preocupada e aflita.

Na frente da residência, estabelecera-se um tumulto.

Capatazes já haviam aprisionado o animal resfolegante que, escaravinhando o solo fogosamente, resistia quanto podia ao domínio dos homens, mordiscando ferozmente as rédeas que a pulso lhe apunham. E, próximos dali, uma pequena multidão de criados e escravos cercavam uma mulher em estado histérico, tendo nos braços uma menina de cerca de oito anos, ferida e inconsciente, cujo sangue vertido de ferimentos espalhados pelo corpinho débil já lhe empapavam lugubremente as vestes.

Em vendo Blanda se aproximando a correr, a mulher perdeu de vez a lucidez; e, diante do enorme transtorno dos circunstantes, rojou-se aos pés dela, apresentando-lhe a criança desacordada, aos gritos e lágrimas pungentes:

— Oh, domina, socorre-me, em nome do deus que representas. Não quero perder a filha, domina. Por piedade! Faz com que recobre os sentidos; ela não me responde, e tem sangue vertido do seu hálito!

Blanda de pronto agachou-se diante dela, fundamente condoída, e no primeiro instante paralisada com a dimensão da dor e do sofrimento extravasados nos modos desarvorados da criada. Olhou a fisionomia da menina descaída exânime nos braços da mãe. Levou-lhe a mão carinhosa à fronte, esfolada pelos ferimentos de aspecto deprimente. E, enquanto Atília arredava dali o amontoado pressuroso de serviçais da casa que se ajuntaram em torno, criando insuportável atmosfera abafadiça, dirigiu-se, enfim, à Cina, resoluta:

— Traze para dentro de casa a menina; vejamos se posso ajudá-la de alguma forma, mas controla-te, por tua vez, Cina, ou nada poderás envidar para auxiliar na recuperação mais rápida da tua filha. — Avisadamente, advertiu, como se inspirada: — O deus não atende com prontidão quando alguém transtorna a sua intercessão com tumulto e com desespero inútil.

— Oh, que Apolo te valha, domina. Grata! Grata! — a mulher rojou-se ainda uma vez diante da jovem, inundada de lágrimas; depois, uma vez transferida a criança para o interior da residência, Atília providenciou que Blanda se visse com ela a sós, num cômodo isolado e provido de um leito adequado, onde a depuseram para ser devidamente cuidada.

Ordenou que apenas as mulheres indispensáveis a qualquer urgência se mantivessem de prontidão na sala contígua, e, voltando para perto da filha, esta pediu a presença de Cina.

— Cina está excessivamente nervosa, Blanda. Não será de muita ajuda a ti — replicou Atília, mas a moça insistiu na providência, e, assim, a mulher foi requisitada a assistir ao atendimento ao lado da sacerdotisa. A esposa do sacerdote, de seu lado, se manteve à parte e discreta, de pé na entrada do quarto.

Reclinando-se para Cina, ainda vertendo copiosas lágrimas, por sua vez, a jovem sacerdotisa instruiu, carinhosamente.

— Tua filha está apenas ferida, Cina; mas preciso que te acalmes imediatamente, porque é necessário serenidade e silêncio em torno, enquanto a estiver cuidando. Posso contar com a tua colaboração?

Confiante, e cheia de ânimo renovado, a mulher só fez assentir, obediente, e externando no olhar úmido, por entre os soluços abafados e a custo contidos, a profunda esperança e antecipada gratidão pelo reconforto que, por si só, apenas com a sua atitude terna e amorosa, Blanda lhe deitava ao ulcerado coração materno e ao espírito combalido, angustiado e necessitado de lenitivo.

Então, um tanto impressionada, Atília presenciou, de onde estava, as iniciativas de Blanda em favor da ferida e extenuada Tirssa. E, em vendo-a ajoelhar-se, contrita, ao lado do leito onde repousava a pequena, nunca imaginaria que, intimamente, em evocando sincera e ardentemente a intercessão divina em prol da cura imediata da menina, a sacerdotisa de Apolo o envidava de maneira diversa da que imaginava naquele momento, mentalizando não o deus pagão das tradições dos seculares ancestrais romanos, mas o Mestre ao qual se devotara de toda a alma nos últimos tempos, ao tomar gradativamente contato com a sublimidade dos seus ensinamentos, de vez que agora entendia, de maneira definitiva e mais que tudo obediente aos seus próprios sentimentos, que o Deus único era o que de fato intercedia em favor dos homens de qualquer classe ou procedência, nas suas eventuais dificuldades ou agruras.

Blanda recordava ali, naquele instante, os episódios chegados ao seu conhecimento sobre a convivência amorosa de Jesus com as crianças; o "deixai vir a mim os pequeninos, porque a eles pertencem os Reinos dos Céus", sublime ensinamento a respeito da pureza inocente e valorosa, presente em todo coração durante esta fase incipiente do início da trajetória humana, que, no entanto, se perde nos embates ríspidos que sucedem a tomada da maturidade, e que se deveria manter íntegra mesmo nesta fase, após a sedimentação da personalidade do adulto, visando à clareza límpida que confere percepção natural de tudo que de si é digno, honrado, sábio e bom.

Diante do silêncio reverente e respeitoso da ansiosa Cina, queda do outro lado do leito, a jovem filha de Valério se demorou alguns minutos nesta atitude, as mãos delicadas apostas sobre a fronte e o coração da menina. E então, decorrido este breve intervalo, de inopino Tirssa mexeu-se levemente e piscou, abrindo lentamente os olhos escuros e fartos de cílios, aturdida.

Uma exclamação abafada escapou-se, incontida, dos lábios da mãe, profundamente emocionada. Imersa em supersticioso fascínio, intentou falar com Blanda, mas instintivamente conteve seu ímpeto, ao perceber que durante um tempo a mais a moça se manteve imersa naquela contrição concentrada, de olhos fechados, como se completamente ausente em espírito dali.

Tirssa, despertando gradativamente, olhou em torno, ensaiando falar e erguer-se, em obediência à natural e salutar reação que denunciava uma pronta recuperação de ânimo e de forças. Mas Cina a deteve, carinhosamente; atenta à sacerdotisa queda em profundo estado de transe ao lado, afagou os cabelos da criança, sorrindo-lhe confortadoramente, enquanto observava que, de resto, até mesmo o sangramento interno expelido pelo nariz que tanto a tinha mal impressionado cedera, como por encanto. E, a isso, a própria filha acalmou e imitou-lhe a atitude respeitosa, em expectativa discreta, intuindo por si algo incomum em volta evidenciado na atitude da sacerdotisa ainda imóvel e recolhida em silêncio a seu lado.

De pé na porta, como que paralisada em incontido encanto pelo que presenciava, Atília, sem saber o que pensar, e ainda sem poder compreender bem, até aquela data, o que secundava a manifestação natural daquele dom maravilhoso inerente à sua filha, contemplava a cena, o olhar umedecido. Infelizmente para Blanda, no entanto, tanto na sua interpretação daquele fato, quanto na maneira de Valério encará-lo também, o grande mérito do feito, do ponto de vista espiritual, seria atribuído não à assistência real e suave dos influxos salubres do Reino exemplificado e mencionado por Jesus, mas, ainda, e durante muito tempo, ao deus pagão, que apenas a passagem dos séculos demonstraria nada mais ser que um símbolo humanizado destas mesmas forças celestes que, sob a égide eterna do verdadeiro Mestre, até hoje auxiliam a humanidade nos seus percalços e no lento avanço de sua evolução.

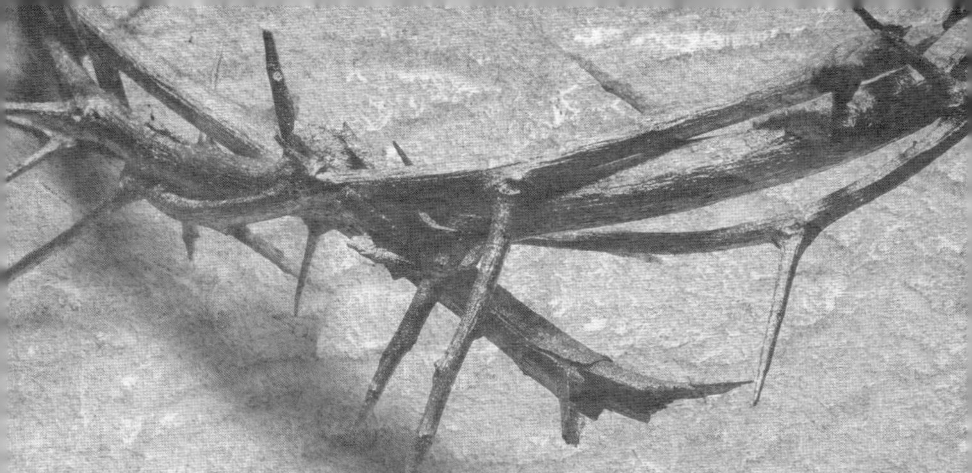

Capítulo XXI

O dilema de um pretoriano

Lúcio, ultimamente guindado a centurião por conta do desempenho reconhecido pelo prefeito, e pela atuação especial junto a Marcelo em serviços de espionagem e captura dos delatados como cristãos, achava-se nas imediações do pretório à espera de um mensageiro que se apresentaria para lhe fazer postagem de correspondência urgente para uma província, quando ocasionalmente presenciou, a distância, uma cena que lhe despertou, de imediato, a atenção, em virtude de participar dela um personagem em relação ao qual recebera instruções especiais, nos últimos tempos.

Assim, procurando aparentar casualidade e discrição, observou, lamentando que a distância lhe subtraísse a devida audição do que falariam, quando, de saída às pressas para cumprir ordens específicas no palácio de Nero, Marcus foi interpelado inopinadamente por um oficial do seu regimento, que lhe era próximo em virtude de amizade e de contingências de serviço.

— Marcus Flavius, espera.

O comandante deteve os passos apressados e voltou-se, reconhecendo o amigo e camarada de armas.

— Juliano! Não te posso dar atenção agora, estou de saída para o palácio. Solicitaram um reforço da guarda para Nero.

O outro, um jovem moreno e robusto, de feições enérgicas, alcançou-o e procurou ser sucinto no que tinha a dizer, ainda porque não se tratava exatamente de assunto que conviria ser discutido ali.

— Escuta apenas isto, Marcus: o movimento deverá ser deflagrado em breve. Emiliano deu-me conta de que esteve com alguns políticos, e de que praticamente já contamos com o apoio do Senado. Isto nos poupará a necessidade de evasão de Roma para agirmos, com prejuízo de conceito como desertores perante os superiores hierárquicos, poupando-nos a irregularidade na carreira militar.

— Shhhh! — repreendeu Marcus, brusco e aborrecido. — Mas isto é coisa que me digas aqui, Juliano, onde até o chão tem ouvidos? — Olhou em volta, e deu apenas pela presença do distanciado Lúcio, não atribuindo àquilo, contudo, o risco de que de fato se revestia. Travou do braço do outro e conduziu-o a ponto ainda mais afastado, acrescentando:

— A situação em Roma é insustentável, e se torna evidente que a guarda pretoriana terá que envidar alguma coisa, e de peso, para remover a involuntária seqüela infame da sua imprevidência, ao apoiar e elevar este homem ao poder. Terei nisso participação ativa, Juliano, mas também não sou néscio a ponto de confiar num horizonte nebuloso. "Praticamente já contamos com o apoio do Senado", portanto, não me serve de base para sentir-me seguro a aventurar-me nesta empresa de maneira definitiva. Preciso de dados claros e concisos para traçarmos diretrizes de ação junto com o comando do movimento. Quem transmitiu a Emiliano, portanto, estas notícias?

Juliano riu-se, seguro e confiante.

— Emiliano esteve, com o general Tito, nada menos que com o senador Manius, um dos líderes do movimento no Senado. Ele fala pela maioria, mas não por todos, de vez que nos aconselhou cautela em virtude disso. Todavia, em se contando com a maioria expressiva, é-nos o suficiente para mobilizar um levante no momento certo, porque Manius asseverou que o cerco se fecha contra Nero em todas as frentes, o que nos assegurará, inclusive, o valioso apoio da população de Roma.

Ouvindo-o atento e absorto, Marcus meneou em assentimento.

— São boas notícias. Penso que não demorará muito a hora de agir, caso nada nos contrarie os planos. Agora, todavia, devo apressar-me; por ora devemos andar na linha, sem despertar atenções e sem deixar pistas, para que nos coloquemos a salvo de espiões sem exacerbar a desconfiança de Nero e de seus prepostos, que estão infiltrados dentro do próprio exército.

Marcus lançou um olhar esquivo e penetrante nos arredores; deu apenas ainda com a presença aparentemente inócua de Lúcio parado a distância, e, embora naquilo nada sugerisse qualquer sinal de perigo, julgou, previdente, de bom alvitre encerrar de imediato aquela entrevista e ausentar-se. Assim, dispensou Juliano com um meneio firme de cabeça; este deu-lhe formalmente a continência e afastou-se, enquanto ele mesmo saía, apressado, noutra direção.

Em dando entrada nos umbrais do palácio, foi detido ainda uma vez por Breno, que parecia aguardá-lo, impaciente, por ali.

— Marcus — chamou, avançando; Flavius logo reparou que se via metido num estado visível de ansiedade, mas, um tanto impaciente com aquela nova interrupção, deteve-se, de início, noutras prioridades de momento.

—Valha-me Marte, para que todos hoje achem de me retardar o serviço! Que se passa, Breno? — indagou dele, num tom de voz urgente e brusco.

— Preciso ter contigo em caráter sigiloso e urgente. Devo colocar-te em contato com Blanda sem demora, Marcus, porque ela tem coisas graves a transmitir-te, e que são do teu interesse em mais de um sentido.

O nome de Blanda de imediato fê-lo esquecer-se momentaneamente de toda a pressa que o constrangia. Colocando-se de frente para Breno, cobrou logo, um brilho ansioso relampejando-lhe no azul-claro de seus olhos:

— Blanda... Há algo errado com ela? Precisa da minha ajuda em algum sentido, Breno? Resume esta história, porque obrigações inadiáveis me chamam, e não posso me deter por muito tempo aqui.

Breno resumiu de fato, inclusive por necessidade, dado o local melindroso onde se achavam, nos pórticos do palácio imperial infestado de elementos da guarda pessoal do Imperador.

— Teus passos estão sendo vigiados, Marcus Flavius. Toma sentido disso e acautela-te. Mais tarde, com o cair da noite, procura-me; em acordo contigo, te colocarei em contato com a minha irmã, logo pela manhã cedo, de vez que daqui a dois dias ela volta a se encerrar no templo por um tempo que não lhe posso precisar.

Breno cochichou-lhe estas notícias graves e inquietantes, e afastou-se em direção à rua; alcançou seu cavalo, montou e, com um último aceno, distanciou-se a galope rumo às suas obrigações, enquanto, de seu lado, sombrio, e mergulhado em considerações preocupantes sobre o que escutara, Flavius voltava-se, ganhando as dependências soberbas do palácio povoado dos áulicos e de membros da sociedade romana à espera do horário de entrevistas com Nero, a iniciar-se dali a alguns minutos.

— Foi algo não exatamente fácil de realizar argumentar junto a nossa mãe, a esta altura, Marcus, para conseguir o arranjo deste encontro contigo.

Eram as primeiras horas do dia seguinte, e o sol espraiava seus raios sedativos sobre as colinas de Roma quando Breno alcançava sua moradia acompanhando o indócil filho de Marcus Túlio Quintiliano, vindos da caserna durante um horário pré-arranjado de folga para ambos.

Ouvindo aquilo, Marcus se deteve um pouco.

— Por quê? Não venha me dizer que as conspirações a meu respeito também atingiram-lhe os ouvidos, porque até onde me lembro era benquisto no conceito dela, que incentivava minhas pretensões junto a Blanda — cobrou, preocupado; mas, a isso, Breno bateu-lhe no ombro solidariamente e meneou.

— Não se trata disso; aconteceu por estes dias um acidente aqui em casa, com uma criança, uma filha de criada. Um cavalo bravio escapou e, fugindo em disparada, rojou-a ao chão, ferindo-a seriamente. A mãe quase enlouqueceu, e implorou a intervenção de Blanda, que por sua vez se encontrava já conosco. Claro que prontamente ela atendeu o pedido, Flavius, e curou a menina, daquela mesma maneira que fez comigo e com outros, e utilizando, para arremate, os emplastros sedativos prescritos no templo, para conclusão do tratamento. Mas a menina, Tirssa, estava desacordada e com o aspecto horrendamente deprimente; a criadagem em torno, supersticiosa e ignorante, a estava dando por perdida junto com a mãe, que tomou-se de encanto e de alegria com o resultado rápido da intermediação da minha irmã, e, como nossa mãe estivesse por perto na ocasião, acompanhando tudo, tomou-se de receios e zelos, considerando agora, junto com nosso pai, que foi uma atitude acertada dele compeli-la ao serviço religioso, pois que tais mostras da intercessão direta de Apolo pelo concurso dela nestes casos não pode mesmo admitir recusas ou procrastinações.

Aborrecido e desanimado, Marcus meneou, voltando a andar.

— Quanta falta de senso! A meu ver, esta menina não estaria tão grave assim, e a aplicação dos emplastros, ademais sempre eficientes, resolveram a contento a situação. Também, Breno... — Ele olhou o rapaz a seu lado, seguro do que constituía o coração da jovem que de fato amava, devotadamente. — Crês mesmo que é a Apolo, desta feita, a quem Blanda eleva o coração nestes momentos, rogando auxílio? As convicções dela mudaram quanto a isso, de forma irreversível, e tu, o seu irmão dileto, bem o sabes.

Breno torceu a boca, contrariado em ter que admitir, arrematando, para conclusão do assunto:

— Ela também é a minha irmã dileta, Marcus. É apenas, e somente por isso, que bem conheço o que dizes, e não me encorajo a admoestá-la contra estas coisas, para além do que já o fiz no passado! Algo que não sei bem o que é me segreda que o modo como ela se posiciona neste caso é honesto e idôneo, e que por conseguinte não me cabe censurar-lhe as atitudes.

Alcançavam a soleira do peristilo, lugar onde previamente tinham combinado o encontro entre o militar e a sacerdotisa, e, em dando com Atília por ali, que os aguardava, e dirigiu a Marcus de imediato um olhar entre curioso e sério, Breno, de seu lado, apressou-se a ganhar o interior da vivenda.

— Minha irmã deve estar com pruridos para encontrá-lo, após todo este tempo. Melhor que a busque lá dentro, porque não dispomos de muito tempo. Aguarde-me aqui um pouco.

Marcus assentiu. Breno sumiu no interior da moradia, e Atília, de seu lado, aproximando-se, fez uma nota analítica, à guisa de recepção do oficial, que serviu a ele para confirmar as palavras do companheiro mais jovem de armas momentos antes.

— Comandante Marcus Flavius...

— Domina... — ele dirigiu-lhe, digno e altivo como sempre, um meneio cortês e breve, olhando-a com o semblante grave.

Atília, porém, nada obstante sua nova posição diante daquela situação delicada, não podia mentir a si mesma que, no fundo, lamentava a interrupção drástica imposta despoticamente pelo marido ao desenrolar de uma história amorosa cujo desfecho seu coração de mãe conhecia feliz ao destino da filha mais nova. Assim, o que falou em seguida, nada obstante, saiu temperado da moderação desta sua disposição particular, que se mantinha intacta desde os tempos anteriores à consagração de Blanda ao templo.

— Tua entrada nesta casa jamais será coibida, comandante. Rogo-lhe entendimento para este modo quase furtivo com que tivemos que arranjar este encontro, ao qual só cedi, aliás, depois de muita insistência e argumentos de meu filho. Mas é que, a esta altura, para o próprio bem da minha filha, que — creia! — está transmudada em outra pessoa após toda esta ordem inopinada de modificações abruptas no curso de sua vida, julgo salutar um afastamento entre vocês, pelo menos para que ela possa com tranqüilidade bem desempenhar o ofício religioso para o qual foi constrangida, está certo; mas para o que inegavelmente apresenta um dom que, de fato, indicia um chamamento claro do poderoso Apolo ao exercício da sua vocação —meneou, expressando sincero pesar pelo aspecto, por sua vez, também abatido na fisionomia do militar à sua frente, a ouvi-la respeitoso, mas claramente discordante da conjuntura que o vitimava e contrariava, naquele particular. — Não se deve contrariar abertamente a vontade do deus, Marcus, ou corremos sério risco de nos vermos debaixo dos efeitos da sua ira.

— Respeito tua posição, domina, e não estou aqui para questionar a vossa orientação nos rumos que julgam mais adequados à vida de Blanda. Apenas que, de outro lado, não nos adianta negar o que reside no coração dela, e em mim mesmo nesta situação, que deus nenhum envida extirpar, estou convicto, sob qualquer alegação.

— Oh, mas isto é afrontar a vontade divina, comandante!

— Neste caso, domina, e com todo o respeito que te devoto, é uma afronta involuntária, de vez que, assim como em princípio não escolhemos de quem gostar, assim também não está ao nosso alcance extinguir o amor que nutrimos por uma pessoa à custa de ordens em contrário. E, em sendo assim, a meu ver, não é uma afronta a nenhum deus — explicou-se, enérgico, mas sempre respeitoso. — Portanto, não reputo digno afirmar-lhe que não amo a tua filha e que vou forçar-me a colocar fim a este sentimento; respeito-vos as decisões tomadas. Mas reservo-me o direito, de outra feita, de resguardar a minha privacidade afetiva no que a ela diz respeito.

Ouvindo-o, admirada do tanto que Marcus se mostrava desassossegado no tom do que pronunciava e no teor do que dizia, revelando involuntariamente uma carga imensa de angústia, ao que se via, mal suportada durante aquele período em que se vira afastado da jovem, Atília ensaiou uma resposta qualquer, mas foi interrompida pela chegada de Blanda ao peristilo.

— Marcus — chamou Breno da entrada, avisando-o.

O comandante voltou-se, e um baque gelou-lhe o estômago, ao mesmo tempo que algo semelhante ocorria com a empalidecida Blanda. Ambos trocaram um olhar ininteligível, cheio de emoções desencontradas, de imediato alheando-se de tudo mais em volta.

Breno, por sua vez, convocou a atônita mãe a retirar-se, com um meneio discreto.

— Flavius e Blanda precisam palestrar com certa urgência, e em sigilo, mãe. Deixemo-los a sós, de vez que obrigações outras e urgentes ainda nos esperam hoje na caserna.

A mãe irresistivelmente assentiu, sem argumentar nem retrucar. Afastou-se na companhia do filho, deixando ali a jovem, ainda paralisada na entrada do terraço, diante do agora visivelmente emocionado Marcus.

Foi ele quem em primeiro lugar se viu em condições de se aproximar mais dela, anunciando, para preâmbulo, meio perdido nas emoções e nas palavras:

— Blanda, como estás? Por Vênus, é outra Blanda a que tenho à minha frente! — murmurou, entre penalizado e preocupado em não demonstrar esta disposição impressionada, para não agravar-lhe a evidente conturbação íntima.

— Foi uma mudança extremamente radical na minha vida, Marcus — ela replicou, a voz embargada contra todo o seu esforço em dominar-se.

— Na *nossa* vida, querida — ele devolveu de pronto, frisando, de dentro de mal contida inconformação transcendendo do tom com que se pronunciava, uma vez que, se fosse obedecer ao seu ímpeto e natural arrebatamento emotivo, a teria recolhido nos braços de abrupto, e a beijado ardentemente, coisa a que — chegava a sentir em si, em observando-lhe os modos — provavelmente ela não se sentiria com forças para repelir ou resistir.

Olharam-se, perturbados, durante mais alguns breves segundos. Diziam-se, desta forma, outras tantas coisas, alheias à tônica do assunto que teriam que tratar com prioridade e presteza.

Blanda, afinal, obrigou-se a sair daquela irresistível hipnose que lhe impunha a força dominadora do olhar e da presença dele, para afinal declarar, notadamente oprimida e desassossegada:

— Marcus, não me continha de ansiedade para comunicar-te o que, nos últimos dias, por intermédio de uma visita das minhas primas, chegou-me ao conhecimento. — Olhando em torno, apreensiva e avisada por conta da presença de Drusila na casa, o puxou para um assento mais a salvo de indiscrições, num recuado do pátio; sentaram-se, e Marcus, sem desviar dela os olhos por um só segundo, conservou-lhe a mãozinha úmida e trêmula entre as suas, pressionando-a, emocionado, numa tentativa de transmitir-lhe um pouco mais de serenidade, dada a superlativa agitação visível no todo do seu estado íntimo.

— Acalma-te, Blanda. Nada temas. Contamos com Breno como um aliado a nosso favor; outras situações como esta poderão ser criadas de futuro, sempre que o queiramos e as circunstâncias o exigirem. Agora, portanto, dize-me: que é que te desassossega deste jeito? — quis saber, inclinando-se, entre afável e atencioso.

A jovem, por sua vez, não regateou por mais tempo as explicações.

— Escapam-me as determinantes de toda esta ordem de ocorrências, Marcus, mas devo avisar que os teus passos andam sendo vigiados por meu tio Pompílio e por Marcelo, que vem suspeitando em ti um conspirador.

O comandante, em ouvindo aquilo, tomou-se de surpresa até certo ponto, embora a notícia não fosse inesperada.

— Eu já suspeitava, Blanda. Notava, de tempos a esta parte, o modo dúbio como Marcelo vinha monitorando os meus passos; mas o que te faz afirmar estas coisas?

Blanda meneou, mergulhando no olhar firme e enérgico do militar os seus olhos cheios de inquietude e de zelos.

— Claudia mencionou que em algum momento Marcelo te surpreendeu falando com pessoas suspeitas, e julga que vens desempenhando com desapreço determinadas incumbências a que és convocado, no episódio da perseguição e captura das vítimas de delação.

— Não escondo de ninguém o meu desagrado com toda esta ordem de acontecimentos, e com o estar a guarda de elite romana às voltas com isso de maneira compulsória, porque, a meu ver, a excelência da nossa função nada se coaduna com estes misteres deploráveis e dignos, antes, de assassinos pagos e de malfeitores —protestou Marcus, convicto, com sincero pesar. — Isto é visível na minha posição diante deste problema para qualquer um que queira ver; mas, de outro lado, não sou o único, meu amor, a pensar desta forma — replicou, descuidando-se no modo de tratá-la, irresistivelmente. — E, saiba, cresce, de dia para dia, o número dos descontentes com este governo insano, mesmo dentro das rodas imperiais mais íntimas. — Precavido, olhou em torno, para o ambiente quieto e deserto do peristilo varrido por ventos leves, e esbatido pela suavidade do sol matutino a se elevar nos céus límpidos da cidade. Depois prosseguiu, como se especulando mais consigo mesmo: — Fico me perguntando por que Marcelo e o pai se detêm exclusivamente em mim, quando é evidente para qualquer militar na ativa atualmente que metade do exército anda insatisfeito, e propenso a um levante, que não deve tardar a eclodir, mais dia menos dia...

Calou-se, reflexivo, tentando atinar com aquela nota em falso. Algo lhe segredava que não eram a proximidade pura e simples existente na convivência entre ele próprio e o filho de Pompílio Severo, ou alguma possível incompatibilidade pessoal ou profissional, as determinantes daquela ordem de estranhas ocorrências. Algo, ali, soava mal, mas não saberia definir exatamente o que lhe determinava aquele mal-estar, e à sua apurada argúcia de estrategista militar nato.

Blanda, contudo, intimidada, fitava-o, cheia de aflição e angústias. Tinha a resposta provavelmente acertada para todas aquelas dúvidas e especulações, todavia, se perguntava até que ponto seria útil pô-lo a par desta segunda rede ilícita de acontecimentos, ademais havidos em momentos propícios e a salvo de testemunhas, no ambiente do templo, sempre que, e ultimamente com freqüência crescente, Pompílio encontrava ocasião para visitas ao irmão pretextando assuntos políticos, ou oferendas ao deus justificadas desta ou daquela forma.

Sem embargo, e conhecendo profundamente do que se constituía a têmpera inflamada e ousada de Marcus Flavius, a jovem considerava que colocá-lo a par daquele segundo e secreto suplício que vinha padecendo desde a sua consagração seria atiçar-lhe a ira de uma forma talvez irrefletida, e que geraria provavelmente, da parte dele, uma reação enfurecida e impulsionada pelo desatino e pelo descontrole da vingança, que não só não os auxiliaria, mas talvez que colocaria os dois a perder.

Foi por isso que, ouvindo-lhe as ponderações, mergulhada naquele dilema íntimo, e estando a um triz de dividir com ele tudo que mais a angustiava, a tempo freou seu impulso, e calou-se. Quando Marcus voltou a fitá-la, admirou-se da palidez acentuada com que o encarava, sob o domínio claro de alguma preocupação mórbida e doentia.

Isto fê-lo acordar e depor nela novamente a sua atenção completa, atribuindo a outro aspecto do que conversavam aquela aparência ainda mais desolada.

— Blanda, eu te agradeço o aviso desta hora, querida — murmurou, compadecido, chegando mais perto e firmando-lhe de novo a mão entre as suas, reconfortador. — Todavia, não te deixes abater pelo desassossego a este ponto. Asseguro-te: saberei contornar esta situação, e nada vai acontecer, porque agora, com o teu aviso, disponho de elementos concretos para envidar certas providências cautelares no sentido de resguardar não só a mim, mas a outros.

Súplice, ela também se inclinou para ele, olhando-o no fundo dos olhos.

— Marcus, pelos deuses, preserva-te! Não te imiscuas em revoltas nem em conflitos. A situação em Roma está em vias de se deslindar por si, toda a gente o sente, e não se faz necessária a tua participação direta nisso.

Ele sorriu, entre compadecido e compreensivo da ingenuidade natural e espontânea na visão dela a respeito daquele complexo problema político e social.

— Sossega teu coração, meu amor. Sou um militar; não posso estar isento de envolvimento nestas coisas pelas características mesmas da minha profissão; mas, de outro lado, isto me confere visão e habilidade suficientes para me sair bem de qualquer contratempo. — Levou, afinal, uma das mãos ao rostinho delicado da filha do sacerdote, agora perolado de lágrimas que lhe escorriam, incontidas, dos olhos tristes, enfatizando: — Não fiques assim, Blanda, que não posso comigo em vendo-te neste abatimento. Confia em mim, e na minha providência — suplicou-lhe, mal disfarçando o extravasamento amoroso no tom com que se expressava.

Aquilo só serviu para, ao invés de sossegar-lhe os temores, atiçar-lhe a prolongada tensão emocional de que se via vítima já por um largo intervalo de tempo. Os olhos banharam-se de vez de lágrimas, e um soluço alçou os ombros da jovem, que afinal largou-se ao choro, desamparada, levando as mãos ao rosto quedo; ao que Marcus, por sua vez, em não se contendo, afinal a atraiu a si, abraçando-a estreitamente, e beijando-lhe, ansioso, o rosto e os longos cabelos castanhos e perfumados.

— Blanda, pelos deuses! Por Apolo, e por este Deus a quem agora confias as tuas preces e as tuas esperanças, acalma-te, meu amor! Que é que te desassossega horrivelmente deste jeito? — quis saber, inquieto, intuindo algo mais naquela disposição mórbida, quase doentia que transcendia da alma da jovem aparentemente assediada por algum tormento oculto e nefasto.

— Oh, Marcus, sou o estopim de tudo que te atinge e incomoda atualmente. Afasta-te, distancia-te de mim — ela o arredou de abrupto, para maior susto do oficial, chorando copiosamente. Depois, olhando-o, desolada: — Quis avisar-te porque, de outra forma, não lograria repouso, sem te colocar a par do que fiquei sabendo. Mas, afora esta finalidade, é insensatez permitir entre nós esta proximidade maior. Minha vida mudou, Marcus, definitivamente, e nos distanciou de maneira irremediável. Não há nada que possamos fazer quanto a isso.

— Que dizes, Blanda? — cobrou o comandante, cada vez mais assustado com as possíveis implicações do que ouvia. Veio-lhe intuitivamente à memória, naquele instante, em ouvindo-a falar daquele jeito, a lembrança da cena obscura que presenciara no recinto do templo durante a sua cerimônia de consagração, quando da aproximação dúbia de Pompílio com a aparente intenção de cumprimentá-la, apenas.

Tornou a tomar-lhe das mãos febris, mergulhando nos seus olhos, banhados pelas lágrimas, o seu olhar de fogo, indócil.

— Blanda, conta-me, porque este é o momento. Que coisa queres dizer com este "sou o estopim de tudo que te atinge e incomoda"? Juro-te, por Marte e por Eros, Blanda: hei de proteger-te. Mas preciso que fales, para que eu possa te ajudar, e talvez que a nós dois, no processo. Por favor, meu amor! — pediu-lhe, persuasivamente, quase enérgico. No entanto, aquela sua atitude arrebatada mais ainda a convenceu a esquivar-se, firmada na certeza de que agir assim seria a medida adequada para resguardá-lo de uma perdição total. Em seu íntimo não nutria dúvidas de que Pompílio dispunha de meios para arruinar-lhe a carreira, ou quando não de matá-lo, devido ao seu prestígio como magistrado e à contingência das funções que vinha desempenhando como fiscal e executor das punições contra as vítimas de delação do cristianismo.

— Quero dizer que não te convém manter contato próximo comigo, uma sacerdotisa de Apolo que, todavia, é de conhecimento pleno dos meus familiares, foi constrangida a este ofício por meu pai após a descoberta do meu envolvimento com a doutrina de Jesus, Marcus — replicou a moça, olhando-o, melancólica e aparentemente sincera. Ao que ele, recuando um tanto, confundiu-se durante um momento.

Fitaram-se, perturbados. Mas Flavius, convicto da procedência de certas dúvidas suas alimentadas com o teor daquele diálogo, preferiu, naquele instante, dar uma trégua à cobrança férrea com que a pressionava, para não agravar-lhe a flagrante fragilidade emocional. Sabia que outras chances os aguardariam de futuro para a resolução daqueles problemas, e — mais certo ainda se achava agora, após aquele encontro emocionante — Blanda o amava, ainda com a mesma, senão maior, intensidade de antes. Questão de imprescindível prudência, o resguardá-la momentaneamente, visando ocasiões futuras em que se veria mais forte para acompanhá-lo e endossar-lhe, sem resistência, resoluções para o futuro de ambos juntos, que vinha alinhavando por enquanto secretamente, sem o conhecimento de ninguém.

Distanciados, contudo, as mãos de ambos ainda se viam firme e irresistivelmente entrelaçadas, sem que disso Blanda se desse conta. Entreolhavam-se agora, numa despedida intensa e silenciosa, e, para a jovem, ainda e sempre, talvez que definitiva; porém Marcus, a isso, mais lúcido, frio e pertinaz por índole e por maturidade, consolava-se, porque era sustentado pela sólida convicção de que tal conjuntura ingrata não se manteria por muito tempo.

Capítulo XXII

A insurgência de Blanda

Correram semanas.

Sob o clima de tensão crescente em Roma, por duas vezes João, Josias e os afeiçoados que os acolheram à conta de parentes próximos se viram na emergência de buscar abrigo noutras residências amigas, por conseqüência das perseguições aos cristãos desencadeadas com assustadora freqüência conforme o tempo avançava e, com ele, as inseguranças e os surtos insanos do governante do Império Romano.

Já o clima político se fazia insustentável, com o Senado profundamente descontente e alvoroçado, dividido entre o medo e os boatos de rebelião que de dia para dia tomavam vulto. Todavia, àquela altura Manius já delegara carta branca às altas hierarquias das coortes pretorianas, para se conduzirem segundo as diretrizes dos revolucionários, se assim lhes aprouvesse, assegurando-lhes o apoio da maioria política em detrimento aos conservadores que, mais que tudo por temor e por conveniência, apunham resistência a qualquer iniciativa dramática de ataque contra Nero Germânico.

Certa feita, inaudita ocorrência houve, durante um cerimonial do templo no qual se viam presentes algumas figuras destacadas da sociedade romana, entre elas o próprio sacerdote Valério e seu irmão, Pompílio Severo. Ao final de um ritual de sacrifício, extemporaneamente um sacerdote das castas mais jovens acercou-se, apressado, do local onde se achava Valério.

De onde estava, o sobrecenho franzido, Pompílio reparou que, quebrando o silêncio solene do recinto, o rapaz inclinou-se, ao que se entendia rogando desculpas pela interrupção abrupta, e explicando acerca de alguma emergência por entre gestos desassossegados. Ao que Valério, de seu lado, dispensou a atenção que se pedia, expedindo em seguida algumas ordens, e tornando a se concentrar tranqüilamente no desfecho do cerimonial conduzido na presença de dois outros sacerdotes e de algumas jovens sacerdotisas, entre as quais se via a agora curiosa Blanda.

Findo o rito com alguns cânticos entoados durante o sacrifício lúgubre de um boi, Valério pronunciou algumas evocações, sob o aroma intenso dos incensos aspergidos no ambiente por um noviço; e depois anunciou que se fazia necessária, ainda por alguns instantes, a assistência dos ali reunidos, em decorrência de um acontecimento que os colhia de surpresa, já que eram oportunas à ocasião tanto a presença do magistrado quanto a do sacerdote oficiante, Larcius, postado a seu lado em expectativa, pois que situações como aquela, que vinham se repetindo de maneira lastimável nos últimos anos, pediam a intercessão das autoridades responsáveis pela devida manutenção da ordem e da não-violação das tradições religiosas romanas por intermédio de conspiradores fantasiados de devotos de seitas estrangeiras.

Em ouvindo aquilo, parada próxima, ao lado do pai, Blanda sentiu o coração gelar, pressentindo algo sinistro. E tomou-se de um sobressalto, sem ter tempo para maiores ponderações, quando, a um gesto de Valério, o sacerdote mensageiro postado à entrada do recinto abriu a porta, dando passagem, de rompante, a três legionários acompanhados de um superior hierárquico que conduzia, aos trompaços, dois homens exânimes e feridos.

Tratava-se justamente de Matias, o cristão que acolhera outrora João em sua casa por ocasião do aprisionamento de Antonio, e um romano plebeu em sua companhia quando foram abordados pelo destacamento de captura, um mercador chamado Hostus, que justo naquele momento o buscava à procura de Josias, para comunicar seu tocante agradecimento pela intercessão havida há alguns dias junto à saúde da filhinha doente que prontamente se recuperara, após sua enternecedora visita.

Sem se aperceber do empalidecimento súbito da filha paralisada a seu lado, por pressentir a cena deprimente que se anunciava no ambiente do templo, Valério adiantou-se, altivo, e patenteando nos modos acentuada severidade.

— Então, eis que se nos apresenta nova oportunidade de repor as coisas na sua devida ordem. Que se passa, tribuno? — questionou com austeridade do chefe da escolta.

— Tínhamos indícios de que este de há muito acoitava conspiradores na sua casa — começou, indicando Matias com profundo menosprezo —, mas até então não havíamos logrado ocasião para nenhum flagrante. Por aviso de um mediador, empreendemos novo tentame, e escutamos das cercanias exatamente quando este infame traidor romano o abordava — concluiu, num meneio rude para o apesar de tudo sereno Hostus —, tratando de assuntos que não deixaram margem a dúvidas quanto à autenticidade das denúncias! Segundo recomendações dos meus superiores, buscamos este local para o procedimento de praxe nestes casos, em que romanos contagiados pela doença conspiratória são constrangidos a protestar fidelidade perante os deuses para obterem, a partir disso, o seu julgamento.

— É bem oportuna a tua providência desta hora, de vez que se encontra aqui neste instante o magistrado, poupando maiores demoras de burocracia para a indispensável execução do que se pede para o caso — notou Valério, convocando à sua presença o irmão que, altaneiro, e sem disfarçar a satisfação que a ocasião lhe proporcionava, de imediato adiantou-se, diante da indisfarçável surpresa e burburinho dos demais circunstantes, comentando:

— Foi o próprio Apolo quem conduziu mais esta operação a favor do resgate da dignidade social e religiosa de Roma. Passemos sem demora ao que se pede neste contratempo, exercendo a justiça diante das vistas impolutas do deus — comentou, prazeroso, lançando o olhar penetrante no magnífico colosso impassível e silente, postado atrás, e escorregando fugidiamente depois a vista em Blanda, que com aquilo se fez ainda mais pálida.

A escolta conduziu rudemente os prisioneiros perante Valério, Pompílio e os demais sacerdotes, altivos e compenetrados.

— O testemunho do oficial confirmado através da execução deste flagrante dispensa que mais tempo se tome especulando acerca da autenticidade e da procedência daquilo de que sois acusados, de vez que só lhes resta agora uma única alternativa, passível de vos livrar da ignomínia completa diante da sociedade e para a manutenção da vossa liberdade e da vossa honra — começou, para preâmbulo, Pompílio, passando a palavra em seguida para o chefe dos sacerdotes oficiantes naquela tarde.

Larcius adiantou-se, e, em tom solene, questionou, dirigindo-se em primeiro lugar a Matias:

— É preciso que digas, para que se configure, nestas situações, a ação da justiça em favor da legitimidade e da soberania dos deuses das tradições dos nossos ancestrais, não ensejando qualquer alegação de perseguição irracional ou indiscriminada; negas as acusações que te são imputadas? Acolhes ou não na tua residência membros da seita maldita, acusada de crimes, de assassinatos, e de sortilégios nefastos a vitimar Roma em toda sorte de acontecimentos lamentáveis nos últimos tempos?

— Não vos dou conta de acolher na minha residência, ambiente ademais digno, embora modesto, nenhum malfeitor do quilate destes que mencionas, sacerdote. Mas recebo, sim, pessoas idôneas e por vezes sofredoras, em busca do lenitivo que a doutrina de Jesus proporciona aos variados males do corpo e do espírito, em se familiarizando com o conteúdo dos seus ensinamentos que são todos luz, auxílio, compaixão e entendimento, e contrários a qualquer espécie de crime ou crueldade quais estes que mencionas de serem os cristãos inculpados, certamente, em decorrência de lastimável engano da parte de quem levanta estas suspeitas, por desconhecimento evidente do que de fato constitui a missão do Mestre neste mundo — respondeu de pronto Matias, transparecendo íntegra sinceridade, embora visivelmente fatigado e exaurido, de corpo e de espírito, pelos extremos maus-tratos recebidos dos responsáveis pela sua captura.

Invulnerável às elevadas implicações do que foi pronunciado pelo valoroso representante da causa cristã, Larcius voltou-se para Valério e Pompílio, transparecendo intolerante desagrado.

— É malfeitor confesso, e tanto mais perigoso por saber bem empreender jogo de palavras de molde a enfeitiçar os incautos e fracos de espírito, passíveis de se deixar levar por estas promessas inócuas. Passemos ao comparsa. — E, com a aprovação tácita dos que o ladeavam no altiplano de culto, deitou agora em Hostus o olhar insensível e arguto.

— Tu és romano? — indagou, ríspido.

Hostus levantou dignamente a fronte combalida para responder.

— Sim, sacerdote!

— E com o que enlameia os deuses das tuas tradições, metendo-te em negócios com estes facínoras, sobre quem pesa a suspeita da incineração quase completa de toda a capital do Império Romano? Não temes a implacável ira de Júpiter sobre a tua fronte e as dos teus, em paga da tua fraqueza imperdoável diante destes sortilégios?

— Com o devido respeito aos deuses dos meus ancestrais, não julgo uma afronta à sua soberania em Roma os benefícios impagáveis que os ensinamentos de Jesus vêm deitando a todos os que dele necessitam, indiscriminadamente, eminência, nem algum sortilégio maléfico, de vez que, até hoje, pessoalmente, não tive conhecimento deles, ou contato pessoal com nenhum. Ainda há pouco tive a filhinha doente milagrosamente recuperada pela intercessão cheia de amor e de bondade com que nos distinguiram alguns representantes...

— *Cala-te! É o bastante!* — trovejou Larcius, ante a escandalizada surpresa de Valério e dos demais circunstantes diante do que consideravam inominável insolência, qual a narração despudorada da ação de sortilégios suspeitos no recinto do templo de um deus consagrado de Roma. — Intimo-vos, *agora*, a protestar vossos votos de fidelidade aos deuses do Olimpo, infelizes, renegando este nefasto credo que contagia como praga pestilenta não somente as vossas mentes enfermiças, mas as de tantos outros que vêm de sofrer-lhe a malfadada influência. Que vós, ambos, ajoelheis incontinenti perante o verdadeiro deus dispensador de graças e de saúde, manifestando somente a ele a vossa fidelidade eterna, e te vereis dispensados de maiores punições. Do contrário, saireis deste templo, sem apelação, e sob a guarda do tribuno, o que equivale dizer: irremediavelmente perdidos — frisou —, diretamente para as celas da Arena romana para os próximos jogos e sacrifícios, segundo a anuência do magistrado aqui presente — exigiu, peremptório, sob a aprovação silenciosa das autoridades que o ladeavam. Apenas Blanda, ali em volta, meio despercebida de todos os demais, pálida e sentindo o coração descompassado naquele minuto doloroso para os seguidores de Jesus, compartilhava-lhes intimamente o sofrimento supremo, em cada medida, e dificilmente disfarçando na fisionomia a amargura que a toda ela tomava, destoante do clima opressivo e deprimente dominante da disposição dos que ali se reuniam.

Os dois fiéis representantes dos cristãos, todavia, e nada obstante o flagrante abatimento visível em Hostus, não exatamente um discípulo ou devoto de Jesus, mas antes um simpatizante e pai pressuroso, agora intimamente desolado ante o destino sombrio que aguardava os seus familiares, negaram-se dignamente em capitular da fé que, por convicção, abraçavam — o que ainda mais exacerbou a tensa contrariedade dos sacerdotes do deus romano, instigando-lhes horrendamente a ira e o desejo de desforra. Assim que ali mesmo, em recinto dito sagrado, e com anuência bem endossada de Pompílio, ordenaram ao centurião que fossem ambos flagelados impiedosamente, e depois arrastados às masmorras, estendendo-se tal destino sombrio aos componentes de suas famílias.

Horrorizada, mais para trás, Blanda ocultou-se numa reentrância das colunatas douradas do altar, não podendo consigo e velando o rosto, enquanto um soluço irresistível e doloroso alçou-lhe os ombros. Esteve a ponto de desfalecer; vinha-lhe à mente febril, durante o flagelo sangrento que teve lugar por dilatados instantes, apenas a idéia obsessiva de valer-se de um meio qualquer para avisar a tempo as famílias dos infelizes para que não se vissem aprisionadas, alcançando quiçá uma fuga de Roma antes que tal tragédia se lhes abatesse sobre os destinos. Mas, para a sua infelicidade, Pompílio, parado por ali a assistir com indisfarçado prazer ao suplício, se lhe acercou, forjando velada compreensão no modo como se lhe dirigiu, discricionalmente.

— Que te horroriza a tal ponto, minha bela sobrinha: a triste realidade da existência de tais seres abjetos, que se deixam ludibriar pelas excentricidades de um deus vencido e representado por um marginal crucificado, ou os extremos de sangue imperativos à execução da punição? Ofereço-me, neste caso, para conduzir-te aos teus aposentos; estás pálida, o teu estado requer descanso, e o cerimonial já chega ao termo. Entendo-me com teu pai posteriormente, pela tua ausência.

Mas, àquilo, maior horror se apoderou da jovem quando sentiu, de inopino, o toque frio da mão do tio em seu braço.

— Aparta-te de mim — exclamou de rompante, em abafadiço e mal contido desabafo, recuando de abrupto e repelindo o contato de Pompílio, em cujos olhos faiscou fugidio clarão de descontentamento.

Empertigando-se e recobrando brio, o magistrado recuou um pouco, altivo.

— Faz-se imprescindível que uma sacerdotisa com tão elevados dotes a serviço do deus cobre maior resistência e fibra,

Blanda. Dada a situação em Roma, ainda muitas outras vezes presenciarás, e quiçá participarás, de horas graves e decisivas tais como a que testemunhas neste momento.

— Nunca participarei destas ignomínias, tio Pompílio. Foi exatamente por demonstrar tal disposição, aliás, que meu pai me constrangeu ao serviço religioso antes mesmo que eu me decidisse a tal — voltou a moça, sem poder encobrir a revolta no timbre da voz nem conter as lágrimas que ainda perolavam-lhe os belos olhos castanhos, que Pompílio fitava naquele instante sob um indisfarçado estado de fascínio que mais ainda a intimidou.

O magistrado lançou em volta um olhar cauteloso, para a cena deprimente que ainda se desenrolava adiante sob a atenção hipnotizada de todos os circunstantes. E, com isso, se encorajou a ousar mais um tanto nos seus intuitos secretos.

— Conta em mim um aliado para que não presencies, ou não venhas a participar, contra os teus princípios, destas situações de fato sofríveis para uma jovem sacerdotisa recém-consagrada, minha sobrinha. Sem embargo, podes contar comigo como teu melhor aliado e amigo, neste sentido — aventou, agora sob a franca estranheza da filha de Valério, que deitou nele o olhar úmido e cheio de receios.

— Que queres significar com estas palavras? Como poderás arcar com tal promessa? — questionou, intimidada, mas interrompeu-se de abrupto quando, inesperadamente, Pompílio levou-lhe uma das mãos ao belo rosto, passando por ele de leve os dedos, como se na intenção de secar-lhe as ressentidas lágrimas.

— Sejamos bons amigos, Blanda. Apenas isto; e asseguro-te que não te será dado assistir a nenhuma cena desagradável a mais, inclusive que talvez com pessoas do teu conhecimento ou do teu círculo de afetos, porque é notória atualmente a freqüência com que os membros mais destacados da sociedade, pertencentes à nossa convivência, vêm sendo vítimas das conseqüências lastimáveis do envolvimento com a seita cristã.

— Como assim, "com pessoas do teu conhecimento"? Que queres significar com isso, tio Pompílio? — protestou Blanda, custosamente, fazendo por onde não altear a voz, porque de pronto pressentiu naquelas palavras a insinuação clara de algum tipo de chantagem aliada a velada ameaça.

— Sejamos amigos, em favor da tua preservação e a dos que te são caros — aludiu ele, veladamente, em resposta, antes de afinal se distanciar exibindo insidioso sorriso, já que a sessão de tortura no templo chegava a termo e era preciso encaminhar a escolta às próximas e devidas providências.

Blanda, interiormente desnorteada e perdida, não conseguiu dizer mais nada. Mas selava-se no seu íntimo, a partir daquele instante, a predisposição para não se deixar mais arrastar pura e simplesmente pela fatalidade do seu destino, acossada como se viu pela urgência de bem interpretar as palavras de Pompílio Severo visando preservar, mais do que tudo, aquele que, morando desde sempre em seu coração, adivinhou ser o provável alvo daquelas perigosas insinuações nas palavras dúbias do tio.

Ali mesmo, naquele momento, decidiu-se a empreender esforços imediatos no sentido de resguardar as famílias dos dois flagelados, assim como, obedecendo aos impulsos de há muito contidos em sua alma, como outrora sugerira até mesmo o jovem João, converter-se numa sacerdotisa de Apolo secretamente empenhada, mais do que tudo, em auxiliar os que eram injustiçados por aqueles que instrumentalizavam poderes políticos e religiosos a serviço da opressão e da crueldade despótica contra pessoas desvalidas.

Capítulo XXIII

Arma-se a tempestade

Com o final daquela memorável e lúgubre cerimônia, e em se livrando da presença perniciosa de Pompílio, tão logo se viu com liberdade de movimentos Blanda correu a passos lépidos pelo amplo recinto do templo, percorrendo corredores e ante-salas em busca de uma pessoa em especial: o mensageiro que, duas vezes por dia, saía em expedição da correspondência pessoal dos sacerdotes e do pessoal em serviço no prédio.

Só não percebeu que o magistrado não desistira de atentar-lhe nos movimentos, como lhe era usual; assim, não se descuidou daquela sua escapada esquiva, passando a especular gravemente as razões daquilo, de vez que as sacerdotisas em ofício costumavam permanecer no salão de culto até a retirada completa dos oficiantes e superiores religiosos. Poderia atribuir tal atitude ao extremo mal-estar de que ela dera mostras momentos antes; mas

Severo era arguto demais para contentar-se apenas com esta explicação ao que dizia respeito às atitudes da sobrinha.

Todavia, momentaneamente impedido de efetuar averiguação mais apurada do que o incomodava naquele particular, teve que frear sua impaciência para dar atenção ao arremate do que se desenrolava no ambiente em volta, inclusive no tocante à devida expedição de ordens para que o tribuno e sua escolta cumprissem o mandado de prisão contra os dois homens ali trazidos, àquela altura abatidos no solo, exânimes e ensangüentados, se entregando, posteriormente, ao serviço de captura dos seus familiares.

Foi o intervalo suficiente para que a jovem redigisse às pressas uma missiva dirigida a Breno, incumbindo o mensageiro da sua entrega prioritária e urgente, ainda naquele dia; só não se apressou o bastante para que, de longe, o pertinaz magistrado não testemunhasse o final desta sua providência, quando deixava o prédio no justo momento em que a moça observava o rapaz sumindo-se na curva da longa avenida adiante, ganhando, esquiva, o interior do templo depois, o que veio confirmar ao agora irritado e ansioso irmão de Valério Graco que coisas se providenciavam às ocultas, à sua revelia, e que estas coisas provavelmente muito teriam de conspiração e de traição contra as suas deliberações.

Dirigiu-se às suas ocupações mal podendo consigo de irritação, decidindo-se, daquele instante em diante, a usar de latim castiço com sua sobrinha na primeira oportunidade, de maneira a não deixar margem às dúvidas quanto ao que exigiria dela em troco da manutenção da integridade, inclusive, do próprio Marcus Flavius, sobre quem já detinha elementos fortes de suspeita de que se via ele envolvido com movimentos de levante escusos contra o homem no poder governante do Império.

Felizmente, contudo, não logrou alcançar o mensageiro, como tentou, nem mesmo certificar-se do seu paradeiro, porque, presto e apressado, o jovem ganhara rápido o emaranhado das ruas de Roma portando as missivas de que lhe cabiam entrega naquela altura do dia. E seguiu afinal, metido nos seus atormentados pensamentos, em direção ao Fórum.

Quando afinal foi abordado pelo mensageiro do Templo de Apolo na caserna, ao voltar de uma reunião com superiores hierárquicos da qual também fizera parte Marcus Flavius, e em percorrendo a vista pelas linhas desesperadas traçadas pela irmã, a quem devotava incondicional adoração, Breno soltou uma imprecação, lastimando que Marcus já tivesse se ausentado dali em busca de obrigações outras das quais fora incumbido logo ao término da assembléia que vinham de deixar. E, tonto, demorou-se um pouco perdido em reflexões, sem saber direito como se orientar diante do que a irmã lhe suplicava: a providência de avisar a tempo as devidas famílias vitimadas pela punição decretada por Pompílio, para que se evadissem buscando abrigo em lugar conveniente.

— Que o Hades me valha! Maldita hora em que nosso pai impôs a Blanda este suplício, qual o de se enfurnar deste jeito numa vida religiosa que não lhe faz a felicidade — resmungou para si, cerrando os dentes.

— Falas sozinho, Breno?

Alguém que o alcançava no ambiente da caserna vindo de trás o abordava, com camaradagem; era o irmão de Flavius, Cássio — bem a propósito.

Breno se pôs de frente para ele, quando lhe relampejou uma idéia de emergência que lhe fez brilhar os olhos escuros e enérgicos de uma maneira diferente, que logo colheu o outro de surpresa.

— Cássio, és um bom amigo, ao lado de colega de armas, do teu irmão. Acompanha-me. Preciso que me assessores numa empresa um tanto arriscada, mas antes preciso te questionar para não me meter, por minha vez, em complicações.

E, em assim dizendo, e debaixo da curiosidade aguçada do outro, puxou-o, pressuroso, para um recuado mais a salvo de indiscrições daquelas instalações militares.

A franca descontração inicial de Cássio amainou um tanto com aquilo; e foi com um sorriso mais comedido que esquadrinhou Breno, analisando-lhe os modos inquietos, cobrando-lhe explicação.

— Olha que me assustas com esta tua expressão estranha, e, em dizendo-me isto, depois de te ver aqui falando contigo mesmo... Que se passa?

O filho do sacerdote não regateou explicações, dado que o caso exigia presteza de providências e decisões rápidas.

— Dize-me: tu compactuas com o teu irmão em relação às idéias e insatisfações dele, no tocante ao que vem acontecendo em Roma?

O teor do que disse logo cobrou maior seriedade do irmão mais novo do comandante da 13ª Legião. Ele sustentou o olhar do outro, hesitando durante um momento.

— Por que me perguntas isso? De tempos em tempos eu e Flavius dividimos impressões quanto a este problema, Breno, mas não creio neste local e neste momento ocasião adequada para... — ia começando em tom baixo, lançando em torno um olhar desconfiado e cauteloso, mas foi interrompido.

— Tens alguma coisa contra os cristãos, que te leve a odiá-los de morte, como vem acontecendo a toda gente de tempos a esta parte? — insistiu Breno, impaciente, e contagiando Cássio com aquela ansiedade no processo.

— Por Mercúrio, Breno! Que te leva a me interpelar deste jeito? Não vá tu dizer-me que és cristão, por tua vez. Não quero dividir contigo a responsabilidade de um fardo desses — Cássio largou um riso seco e intimidado.

— Apenas responde o que te perguntei, Cássio. Dependendo do que respondas, na qualidade de amigo, tu me secundarás numa providência de emergência que me compete, razão pela qual, aliás, não podemos nos demorar eternamente aqui, neste impasse — Breno teimou, persuasivamente, e o outro abanou a cabeça, agora acossado pela agitação.

— Não, particularmente não — confessou, relutante, por fim. — Concordo com Marcus quando alega não ver mal palpável na presença deles em Roma, nem no credo ao qual se dedicam, mas fala de uma vez o que queres de mim, Breno.

— Vem comigo — convocou Breno, para arremate, num meneio firme. — Tu me auxiliarás numa operação de salvamento de alguns deles.

E puxou-o, arredando-o intimativamente, debaixo do seu inicial susto.

— Que me dizes? Enlouqueceste? Tu és um pretoriano! Que se passa, Breno? Queres colocar a prêmio a tua cabeça, mas não me arrastes à perdição junto contigo — Cássio exclamou de início, revoltado, mas o outro não lhe deu chance a hesitações.

— Faço apenas o que na certa Marcus Flavius também faria, intimando-te ou a mim, se tivesse sido ele a receber o pedido de socorro que me caiu em mãos há pouco, e ao qual não posso me negar a atender, visto ter partido da minha irmã. — E, desta feita, Breno dardejou no atarantado Cássio o olhar de fogo, intimidador. — Desta hora em diante, o teu silêncio quanto a isso é a tua sobrevivência, meu amigo e camarada de armas; ou eu mesmo providenciarei a tua perdição junto às autoridades do exército.

Ria-se desta vez, com calculada malícia na fisionomia determinada, levando o irmão mais novo de Marcus Flavius a emudecer, enquanto, incerto, o acompanhava, metido num horrível dilema de consciência. Cássio, assim como os irmãos todos de Marcus Flavius, e o próprio pai, Túlio, compartilhavam em família da mesma visão acerca do quadro político vigente em Roma; todavia, cada um deles tinha a própria maneira de reagir àquela conjuntura, e ele, um dos irmãos mais novos, embora soldado probo e leal, entretanto conduzia despreocupadamente os seus dias sem se deter demasiado nestas questões e dilemas graves, ocupando as suas horas fora da caserna, em tempos em que as legiões não eram solicitadas para empresas de guerra, com as distrações próprias do seu tempo: mulheres, termas, jogos e farras. Por tal motivo, a abordagem intempestiva de Breno naquele instante o deixara positivamente sem ação — como reagir àquilo?

No entanto, a menção ao nome de Blanda o constrangia. Vinha acompanhando de perto os sérios dissabores e desagravos do irmão mais velho em decorrência de ter visto malogrados os seus planos casamentícios com a filha do sacerdote de Apolo. Conhecia a têmpera empedernida de Flavius, e o sentimento profundo e genuíno que, ainda naquela data, nutria pela jovem. E adivinhava que haveria ele de comer-lhe as entranhas regadas a vinho se viesse a saber que se recusara a auxiliar Breno justo naquela emergência, e em atendimento a um pedido direto da moça.

Contudo, e em contrário ao sucesso do primeiro esforço há tempos envidado por Blanda neste sentido, quando mobilizou Marcus para salvaguardar as vidas de João e de Antonio, desta feita o tentame se reverteu inútil.

O tempo gasto pelo mensageiro na entrega da missiva, de conjunto com o breve diálogo com Cássio e a conseqüente mobilização de ambos em busca do endereço da moradia de Matias, fornecido pela jovem, fizeram com que se atrasassem demais, visto que, tendo o chefe da escolta presente no templo dividido seus homens entre a condução de Matias e Hostus até as celas do presídio e a busca das casas das famílias dos prisioneiros para imediato aprisionamento, saíram ganhando em presteza.

Quando Breno e Cássio afinal se acercaram da casa modesta a distância, cautelosamente, frearam de abrupto os passos, abrigando-se na curva sombria de uma viela próxima. De lá presenciaram, desapontados, a cena deprimente dos legionários já deixando o local devastado por violenta depredação, e conduzindo rua afora, em sentido contrário, os familiares do valoroso seguidor de Jesus, seus desolados mulher e filhos, ao passo que, simultaneamente, a mesma ação deprimente se desdobrava na moradia afastada do digno Hostus.

— Por Marte, que preciso dar ciência dessas coisas a Marcus Flavius, ou ele nos esfola vivos, aos dois — foi o comentário impressionado do sempre despreocupado Cássio.

— Nem precisa mencionar esta providência. É melhor que venha a tomar conhecimento do episódio por nós, ou acontecerá de outra forma, e ele não nos poupará ao saber da intercessão malograda da minha irmã. Deixa isto ao meu encargo. O pior é que sei que ele não se manterá simplesmente passivo em relação ao que está acontecendo — Breno olhou o outro, pressuroso.

— A paciência de Flavius com toda esta ordem insustentável de coisas se esgotou faz tempo, Cássio, desde que teve perdida Blanda por conta destas perseguições sem cabimento e conspirações a elas relacionadas.

Os dois soldados tomaram caminho contrário ao do destacamento, a salvo de indiscrições alheias.

— E que dizes do movimento rebelde que vem tomando fôlego entre as próprias tropas pretorianas? Tens freqüentado as reuniões com Licínio Agripa, general das legiões do Norte? A posição de suas tropas é estratégica para se apoiar devidamente o levante tramado por Galba, e o teu irmão anda metido até os ossos com estas iniciativas — Breno meneou, sinceramente preocupado. — Temo por Marcus Flavius.

— Marcus e eu já conversamos longamente sobre estas coisas, mas ele vem me conferindo liberdade para decidir sobre minha participação, já que tal tentame envolve alto risco para as nossas carreiras e para as nossas próprias vidas. Não sei... — Cássio confessou sua hesitação, andando ao lado do outro, reflexivo.

— Se te cercares das pessoas certas, nada haverá a temer. Pelo que Flavius vem me relatando, já existe o aval do próprio Senado, e a revolução agora é apenas questão de tempo. Inevitável que aconteça, e inevitável também, Cássio, que tenhamos que tomar partido a favor de um ou de outro lado, porque, na hora em que Nero se vir de fato ameaçado, convocará homens do exército para a sua segurança. Quem se decidir pelo levante, nesta conjuntura, precisará, durante a sua duração, se comportar transitoriamente como um desertor.

— Falas de um modo como se já te visses decidido pelo lado a apoiar — notou Cássio, com um sorriso malicioso.

— Pela força das circunstâncias, não me resta alternativa que não apoiar o levante; o que vem acontecendo inclusive no âmbito de minha família me constrange a isso — contou Breno, sério, a preocupação de que dava mostras se acentuando na sua expressão fisionômica. — Por mais que tal atitude vá me situar numa posição desconfortável diante de meu pai e meu tio. Mas não sei... — ele abanou a cabeça, desassossegado, baixando o tom da voz quando cruzaram uma série de lojas de aspecto sórdido, com pessoas nas soleiras olhando com um misto de desconfiança e respeito, à sua passagem, para os imponentes trajes da guarda romana que vergavam. — Toda vez que me é dado privar com Blanda, noto nela um sofrimento e uma angústia a mais, que extrapolam, e de muito, a infelicidade que experimenta pelo seu afastamento compulsório de Marcus e por se ver constrangida ao ofício de sacerdotisa, certamente contra a sua vontade, a esta altura. Blanda simpatiza com os cristãos... — E, dizendo-o, Breno cuidou de observar em Cássio sua reação àquele comentário, mas nada percebeu que não curiosa passividade. — Não estou certo do que anda acontecendo a mais, para além dos muros do Templo de Apolo, que lhe esteja provocando toda aquela carga imensa e doentia de abatimento no todo da sua aparência.

— Que pensa você em fazer em relação a isto? — indagou Cássio, com interesse; mas, a isso, Breno riu-se.

— Se me fosse dada qualquer chance, já teria tomado alguma providência para livrá-la deste ingrato destino, soldado. Mas, no que diz respeito a este problema, estou quase certo de que quem dará alguma solução definitiva será justamente o teu irmão, a quem conheço tão bem quanto a mim mesmo, assim que se apresente oportunidade propícia.

O irmão mais moço de Flavius meneou. Tudo aquilo que ia ouvindo o desassossegava deveras, mas, por outro lado, estimava francamente Breno e os seus familiares — e, em especial, a frívola Drusila, que, como o próprio Cássio já havia percebido, não lhe oferecia a menor correspondência de sentimentos em decorrência do seu fraco pelo altaneiro primo —, tanto quanto dividia sincera empatia e amizade com Marcus.

— Bem, neste caso, saiba que podem contar comigo em qualquer emergência. Também não me agrada, no final das contas, o clima dominante em Roma ultimamente. Todos andam apreensivos em toda parte, mergulhados em insegurança, e temerosos de palavras e atos, por mais inofensivos que sejam. Até mesmo nos banhos nota-se este clima tenso; num lugar onde a descontração sempre foi a nota dominante, conversa-se agora por entre olhares de desconfiança e insinuações dúbias. Isto não é vida — o rapaz comentou, descontente, ao abordar aquele aspecto peculiar da questão, levando Breno a menear com divertimento diante daquela demonstração evidente do eterno jeito boêmio do colega de armas.

Silenciaram, prudentes, ao enveredarem por uma avenida estreita e ainda mais movimentada, tomando rapidamente o caminho de volta para a caserna, cada qual metido nos próprios planos e pensamentos

Capítulo XXIV

A imprudência de Drusilla

— Claudia, como vai, querida? E a tua irmã, Virgínia? Faz semanas que não disponho de tempo nem de ânimo para cumprir devidamente as minhas obrigações sociais e, assim, estou em falta convosco! Aca não me perdoará, decerto; mas estimo a tua presença hoje, aqui; com Drusila e Breno em casa, poderemos palestrar à vontade.

Atília recebia a sobrinha com grata surpresa, quando da visita desta atrás de notícias, principalmente de Blanda, com quem não podia privar já de há tempos. Vindo sozinha, e trazendo lembranças e cumprimentos da mãe e da irmã, a desenvolta jovem abraçou a tia na soleira, colocando-se logo curiosa com o que ouviu já à guisa de saudação.

Recuando um tanto, perguntou, oferecendo à tia o braço, enquanto davam entrada na casa palestrando em tom afável:

— Olha que mamãe anda mesmo pelas beiras com a tua ausência dilatada do nosso convívio, titia. Mas agora o teu comentário desperta-me o interesse de saber, pois venho hoje bem à cata de novidades tuas e das primas.

Atília alongou a vista para além dos pórticos da moradia, em busca de movimento. Certificando-se de que Drusila se achava lá para trás, nos domínios dos jardins, introduziu o assunto com brevidade e discrição:

— Várias coisas ultimamente vêm me desagradando deveras, à minha revelia, Claudia, já que se dão não exatamente ao meu gosto e vontade. Ando preocupada com Blanda, de quem o aspecto excessivamente pálido e melancólico me deixou mal impressionada quando da sua última visita. Por outro lado, Drusila vem sendo outra fonte de zelos, já que, ao que parece, se deleita com uma vida de prazeres pouco apropriada à sua condição, quando já deveria estar atenta aos pretendentes dignos de situá-la de acordo com o destino condizente de uma futura matrona e mãe de família, ocupada dos filhos e da vida familiar, e não da roda-viva de jogos na Arena, de festivais e de eventos sociais, que lhe absorvem a vida durante a maior parte das horas — comentou, com patente desgosto, olhando a admirada Claudia junto a si.

— Ah! — a moça, sempre perspicaz, logo entendeu. — Drusila é feita de têmpera pouco amiga de uma vida sedentária, titia — sorriu. — Mas deixe estar que, quanto aos pretendentes dignos, o teu preferido para ela era bem o irmão de Marcus Flavius, embora a prima sofra de um fraco insistente pelo meu irmão.

Atília torceu a boca, em concordância.

— Ao menos este regalo eu teria no meu começo de velhice, de vez que Cássio é fiel às suas honradas tradições familiares, de um sem-número de gerações dedicadas ao serviço militar em Roma. Mas, qual? Drusila não ouve ninguém; e, sem querer desmerecer Marcelo, quero crer que, se ele ocupa os sonhos dela, sendo possivelmente a solução para este caso, todavia não o noto interessado em corresponder-lhe as expectativas. Não interessado o suficiente, ao menos. — E, a isso, a matrona olhou a sobrinha analisando-lhe as reações ao que dizia. — Marcelo, de fato, me parece muito dedicado à carreira nas armas, e não propenso a decidir definitivamente, ao menos por agora, acerca de sua vida familiar e amorosa. Sabes, destarte, que para uma jovem a contagem do tempo não é tão generosa.

— Não apenas isso; meu irmão, devo admitir, é inquieto, e vive inclusive metido em atividades paralelas da vida política, seguindo o rastro de papai. Tem o perfil pragmático demais. E para um homem se voltar o bastante para metas conjugais, penso que deve ser portador de uma faceta passional a mais, esmaecida em têmperas como as dele — Claudia riu-se. — Mas olha, titia, que não o julgo assim tão indiferente a Drusila como o temes. Já andei flagrando em outras ocasiões, entre os dois, algumas trocas de olhares e palestras sugestivas.

Foi a vez de Atília sorrir, prazerosa.

— Tu, sempre, a otimista incurável, Claudia. Não é por outra razão que, dos sobrinhos, és a que melhor comigo se afiniza. Acompanha-me até os terraços superiores, que dividiremos juntas uma tarde agradável e um bom lanche. Chamo em breve Drusila, que também folgará com a tua presença, porque hoje é dia em que o espaço térreo da casa será reservado aos homens. Dentro em pouco, ao que sei, Breno aqui se reunirá com Marcus Flavius e seu irmão, Cássio, a pretexto do trato de assuntos lá deles, e certamente de conteúdo bem pouco atrativo a nós outras.

Claudia, de seu lado, corou um pouco ao ouvir o nome do primo.

— Breno se acha em casa, titia? — indagou, reticente; ao que a matrona dirigiu-lhe uns olhos capciosos e irônicos, acrescentando a propósito:

— Sim. Chamarei meu filho dentro em pouco para cumprimentá-la, antes que se meta no triclínio em rodadas de vinho e em assuntos graves com os amigos. Venho observando Breno taciturno nos últimos tempos, mas não o questiono a respeito das razões; quero crer que, em sendo um militar, esteja contagiado pelo clima agudo de desassossego que grassa em toda parte hoje em dia.

Claudia ouviu aquelas novidades denunciando uma preocupação sincera na fisionomia.

— Bem, em sendo ele e Marcus tão amigos, é bem certo que a senhora tenha razão nas suas suposições — disse, e calou-se. Tratava-se de um assunto melindroso sobre o qual não quis estender-se mais. E Atília, em observando-lhe a atitude, dividiu com ela seus receios.

— Estás certa; mas abstenhamo-nos destes temas cujo trato e resolução não nos competem. — Pôs-se de frente para ela, segurando-lhe afavelmente as mãos. — Vou em busca de Drusila, e tu podes nos aguardar lá em cima, no frescor dos terraços. As copadas das árvores estão perfumadas hoje — comentou, renovando o sorriso, e com isso despertando nova disposição na jovem sobrinha. — Tu estás na tua casa, e dividiremos horas agradáveis.

Decorridas algumas horas, as risadas cristalinas das mulheres soaram no ambiente superior do prédio, a pretexto de assuntos pueris do trato feminino, enquanto, abaixo, no triclínio, já se reuniam em palestra os três militares: Breno, e os irmãos Marcus e Cássio.

O assunto entre eles seguia acalorado e vivo. Debatiam com energia algum tema grave, se bem que se preocupassem em não elevar demasiadamente o tom da voz, sabedores da presença das mulheres nos outros cômodos.

A questão abordada girava bem em torno dos últimos acontecimentos no templo, e da empresa malograda de Breno na companhia do então presente irmão de Flavius, este nervoso e encolerizado, de seu lado, tanto mais por, ainda uma vez, remoer a constatação de ter estado ausente justo quando Blanda mais precisara da sua intercessão.

— Que Marte me valha! Estivesse contigo nesta hora, e tu não terias gasto tanto tempo com explicações e justificativas perante este excelente falador — ele recriminava, até certo ponto, o irmão que, de seu lado, cerrou fileira.

— Tentamos, Marcus Flavius, Tentamos! Mas, numa tal conjuntura, as chances de fracasso são mais do que possíveis; são quase inevitáveis. Precisaríamos de uma rede de comunicação instantânea naquele momento para buscar duas residências ao mesmo tempo, e ademais desconhecidas, enquanto, sob as ordens de Pompílio, a escolta dividiu-se em rumo direto a estes lugares. Mesmo tu não te aviarias a tempo. Poupa-me, portanto, do teu mau humor — o rapaz rebateu, contrariado, diante da atenção interessada de Breno que, silencioso agora, bebia do seu vinho, meio reclinado nas almofadas.

Marcus voltou-se para ele.

— E que foi feito das famílias a esta altura? Sabes de alguma coisa a respeito?

Breno deu de ombros.

— Foram certamente encerrados nas masmorras da cidadela com os outros; haverá espetáculos nos próximos dias e, se já não expiraram sob tortura, aguardam um destes eventos. O que sei é que minha irmã deve estar mortificada em dúvidas. Evitei até agora dar-lhe novas acerca do ocorrido, mas já espero que mais dia menos dia me cobrará satisfações sobre o que nos solicitou.

— Crianças torturadas — Marcus largou mais imprecações, inconformado. —Pelas Fúrias! Maldita convocação de Estênio, logo naquele momento.

Breno fez-lhe um gesto breve, alongando o olhar para além das sombras dos reposteiros.

— Shhh... modera o teu tom, Marcus! — advertiu de novo. — Não estamos sozinhos, e este assunto é melindroso.

Flavius o atendeu, mas prosseguiu com as especulações que o obcecavam. Assim, olhando de um para o outro, aduziu:

— É propício este encontro de hoje, para que possamos antecipar e delinear planos. A hora de agirmos decisivamente, para estabelecer-se um basta a todos estes desmandos, está próxima; nós dois somos oficiais, Breno, e preciso saber se me apoiarás na iniciativa de engrossar as fileiras que restabelecerão a ordem e o poder em Roma, na hora certa. — Seu olhar despendia faíscas fixando o outro, que momentaneamente desviou-se, receoso. — Tu me acompanhas? Está mais do que na hora de assentarmos resoluções quanto a isso, pois toda esta ordem de ocorrências funestas já nos atinge, causando prejuízos evidentes.

Olhando-o, silencioso de início, Breno tomou mais do vinho, diante do olhar curioso de Cássio. Ao que parecia, para se encorajar a dizer o que sabia que teria que dizer.

— Não poderei agir de outro modo, Marcus, ainda porque, do contrário, serei talvez constrangido a reforçar a segurança de

Nero, no momento do tumulto — deliberou, por fim. E tossiu um pouco; os olhos arderam. — E eu me verei em maus lençóis ao ter que desempenhar uma obrigação dessas, ademais temerária, que me colocará em risco por mais de um motivo: não envidarei conscientemente nenhum esforço para salvaguardar a pele de um insano, e talvez que antes lhe enterre a adaga no pescoço, se me vir frente a frente com ele, em tais circunstâncias.

Marcus riu sombriamente, ao ouvir aquela declaração, aliviado por saber que contaria com a parceria do seu melhor amigo na hora crítica. E voltaram os olhos, os dois, para o agora acuado Cássio.

Entrementes, nos terraços superiores, a risadagem cristalina das mulheres, em meio ao trato de assuntos agora maliciosos, é interrompida, quando Atília constata que a jarra de suco esvaziou-se, levantando-se:

— Prossigam com a conversa até a minha volta. Drusila precisa das tuas alusões oportunas quanto a mais de um assunto relacionado ao que tratamos neste momento, minha sobrinha, de vez que, lá embaixo, se acha o nosso Cássio, talvez afogando as frustrações amorosas em bebedeiras junto com o meu filho — avisou, mas foi interrompida pelos modos sempre desenvoltos da filha.

— Basta; não se fazem necessários conselhos neste sentido, já que o coração me serve como autêntico conselheiro. — E, lançando um olhar astucioso à agora risonha Claudia, que lhe devolveu um outro olhar, entre compreensivo e resignado: — Vou eu, mamãe, em busca de mais sucos, já que interessa-me apanhar também os véus de seda síria adquiridos nas nossas últimas compras, com um dos quais pretendo presentear minha prima. Assim, ao mesmo tempo, me certifico se bem está o nosso Cássio, ou se, de fato, se afoga em bebedeira, como tu me advertes.

E já foi saindo às gargalhadas, assim comentando, e despertando de imediato o zelo materno com aquelas palavras e modos.

— Oh, Drusila, por Mercúrio! Há uma reunião de homens lá embaixo, e certamente nenhum deles pretende intromissão feminina agora. Não sejas inoportuna, que assim haverás, antes, de perturbar sem proveito o pobre rapaz. Detém-te na busca dos sucos e dos véus, apenas — ralhou; mas Drusila já se evadira com rapidez do recinto, ganhando o corredor que levava às escadas.

— Esta é a Drusila, titia. — Claudia ainda ria-se um tanto, com divertimento. — Do que te admiras?

Atília meneou com desânimo.

— Não gosto de ver Drusila fazendo pouco dos sentimentos alheios. Foi assim que sempre agiu com Blanda e com mais de um pretendente, o que nunca surtiu bons resultados; urge que cobre mais da compostura e da seriedade que se pedem para uma jovem, ademais nos tempos em que vivemos. — Deteve-se um pouco, mergulhada num alheamento claramente eivado de preocupações de outra ordem, para depois enveredar por um assunto mais ameno, na intenção de não tornar desagradável a visita da jovem sobrinha. — Mas de fato as sedas são lindíssimas, Claudia, e apraz, inclusive, que façamos presente com algumas delas para a nossa Virgínia. Conta-me, por tua vez, como ela vai passando, bem como a boa Aca.

— Bem, com a graça dos deuses; e ultimamente Virgínia vem sendo assediada pelo cortejo do filho de um senador, o que muito agrada aos nossos pais — contou Claudia, palestrando com desenvoltura sobre o assunto.

Uma vez no andar de baixo, mais sob a pressão da advertência materna, Drusila procurou fazer por onde evitar o ambiente onde os homens ainda palestravam ruidosamente a respeito de coisas que, evidentemente, lhes exacerbavam os ânimos por uma razão desconhecida qualquer. Ouvindo os rumores indistintos da acalorada discussão, no interior de um dos cômodos da ala feminina da casa, a jovem rodou nos calcanhares por um momento à cata do que buscava, avistando-o, afinal, sobre uma cadeira de estofados rubros.

— Ah, as sedas! — exclamou com prazer, os olhos brilhando vívidos à vista dos tecidos de cores chamativas e elegantes. E correu a recolhê-las todas, de vez que eram muitas, cuidando ao mesmo tempo que o fazia de selecionar aquelas com as quais pretendia presentear a prima.

Em meio a esta iniciativa que consumiu no andar térreo mais tempo do que pretendia, e de início abstraída do burburinho abafado do diálogo de seu irmão com os visitantes no recinto afastado do triclínio, no entanto, de súbito entreouviu algo que fê-la aguçar imediatamente a atenção, em estado de alerta, pronunciado por uma voz que, dado o timbre grave e enérgico, lhe pareceu como vinda de Marcus Flavius. E, quase irresistivelmente, sem dar muita conta do que fazia, encaminhou seus passos até a porta de acesso àquela saleta, detendo-se na soleira com discrição, sem ganhar o ambiente do corredor.

— Tenho todo um plano de ação traçado para estes dias, até mesmo no que se relaciona a interesses particulares meus. Devo me evadir de Roma durante algum tempo após estes sucessos graves, cuja eclosão é para esta data, já de algum tempo prevista e bem marcada.

Um riso entre irônico e malicioso fez-se ouvir, ao que parecia vindo de Breno.

— Consigo imaginar quais são estes teus interesses particulares a serem resolvidos justo de entremeio ao calor de uma rebelião que, decerto, a mais ninguém deixará tempo para a solução de interesses de outra ordem que não sejam ou fugir e se abrigar, em dias de extremo perigo, ou partir para a luta, engrossando as fileiras pró ou contra a derrubada de Nero do poder.

Fez-se uma pausa. Ouviram-se alguns murmúrios entremeados de risos, ao que parecia vindos da parte do jovem Cássio. De seu posto de escuta, agora deveras inerte e perplexa, por de imediato compreender a que, provavelmente, se referiam aquelas alusões, Drusila viu-se trânsida de susto e de receio, sem conseguir se demover de imediato do ponto da residência de onde ouvia de maneira sofrível, era verdade, aquela importante palestra, mas acessando o suficiente do que se dizia para entender o sentido do que naquele instante era tratado.

— Uma conspiração, e sendo planejada aqui em casa — chegou a sussurrar para si, o coração disparado em seu peito. — Aqui, na residência de um sacerdote de Apolo! Oh, pelos deuses! Estará meu irmão envolvido com estes desvarios?

Tentou aguçar ainda mais o sentido da audição. Julgou ouvir a resposta de Marcus ao comentário capcioso feito por Breno momentos antes.

— Tudo isto está concatenado, e seguirá uma ordem lógica! Mas prefiro não abordar nuances deste particular, em especial hoje, nem aqui, por se referirem apenas a coisas que me dizem respeito exclusivamente. Teu auxílio neste mister, contudo, faz-se indispensável, Breno.

— Sem dúvidas, e reputo tua cautela mais que necessária. — Ele acrescentou algo ao comentário, em surdina, que escapou aos ouvidos de Drusila. Risos pueris fizeram-se ouvir ainda outra vez. — E, particularmente, penso que, em se tratando de um poltrão que nada faz nem reage sem o apoio maciço de sua segurança pessoal, e ainda tendo em conta que a fidelidade do exército e da guarda pretoriana foi posta à matroca desde o assassinato de Burros, não haveremos de contar com muita dificuldade ou resistência para fazer o que deve ser feito.

Naquele ponto, Marcus bebeu um pouco do vinho, voltando-se para o calado e pensativo Cássio.

— Compreendes qual a tua parte no caso por enquanto? És de uma guarnição diferente, o que se torna uma vantagem na hora de se colher informações úteis. Toda cautela te será pouca, destarte, Cássio, e convém procurares as pessoas do teu regimento que te mencionei, para te escorares devidamente no apoio dos aliados que te serão mais próximos, no caso de qualquer eventualidade. Qualquer elo a mais nas diversas legiões representa flexibilidade, eficiência e agilidade nas articulações entre as várias facções do movimento.

Cássio apenas assentiu. Sério e grave, e ademais sedado pelas doses generosas do vinho, não mais lembrava o rapaz folgazão de horas antes, preocupado apenas com os seus negócios e lazeres. Via-se, a partir daquele momento, metido em sérias especulações a respeito do futuro, e apenas a confiança cega que nutria na capacidade de liderança nata e na argúcia férrea que caracterizavam aquele seu irmão mais velho o sossegava quanto à sua resolução objetiva de integrar um movimento de caráter grave para os rumos políticos de Roma que, até então, apoiava discricionalmente, sem coragem de nele se ter engajado de maneira definitiva.

Um comentário tecido de rompante por Breno, talvez que na intenção proposital de descontrair os ânimos, num desvio oportuno de assunto, veio colher Drusila de surpresa, ainda parada em choque na soleira da entrada da saleta, tendo quedas nas mãos pálidas as peças de seda que viera buscar.

— Desanuvia tua fronte, Cássio. Sabes que a tua preferida acha-se em casa hoje, não? Ainda não te avistaste com ela, desta forma, e, em proveito de desfrutarmos de um pouco mais de leveza de disposição, visitemos as mulheres desta casa nos terraços frescos do andar superior, aliás bem mais agradáveis do que o abafamento que aqui domina.

Uma risadagem disposta de Marcus respondeu àquele convite; mas agora não havia mais ninguém na saleta próxima ao triclínio.

Drusila havia galgado os degraus de acesso aos terraços com uma velocidade vertiginosa. Lívida, entrou silenciosa, avançando até a mãe e a prima sobraçando os tecidos, e descaiu-se ao lado delas nos estofados.

A sua indisfarçável fisionomia descomposta causou imediato zelo à perceptiva Atília.

— Por Juno, que se passou contigo para que te demorasses esta eternidade lá embaixo, Drusila, e ainda voltando até nós com este ar de quem deparou com Plutão?

Claudia interrompeu-se na palestra desanuviada que mantinha com a tia para dar atenção maior ao que também notara por alto com a volta da moça ao terraço, sem nisso deter-se devidamente.

— Não me recordava do lugar onde punha as sedas — devolveu laconicamente a filha, parecendo perdida nos pensamentos.

Atília franziu o sobrolho. Estava claro que algo inaudito se dera. Mas não dispôs de tempo para insistir no assunto, porque naquele exato instante as vozes fortes dos rapazes se fizeram ouvir para além das escadarias, anunciando a sua chegada.

Claudia corou de pronto em reconhecendo o timbre cristalino e jovial da voz de Breno, que tantas emoções desencontradas lhe provocava no coração sensível; Drusila fez-se ainda mais pálida, causando nota na mãe, que ainda a observava, em franco estado de aturdimento. Mas houve que recompor a atitude em vista da entrada do filho e de seus amigos.

Ela se pôs de pé, avançando em primeiro lugar e saudando-os gentilmente.

— Eis que se cansam dos assuntos sérios para buscarem o eterno fascínio das companhias femininas — insinuou, com saudável humor, abraçando Breno e cumprimentando polidamente os dois irmãos.

— Os assuntos sérios estavam esfalfando mais especificamente um de nós, que não conseguia evitar dividir seus pensamentos entre o que conversávamos e este ambiente agradável dos terraços, em ouvindo-vos as vozes de longe, o tempo todo — comentou Marcus bem-disposto, troçando do agora amolado Cássio, porque em presença da por sua vez calada Drusila, que tinha se levantado junto com a prima para recebê-los, ambas denunciando emoções diversas nos semblantes. E para o também risonho Breno: — Da próxima vez em que necessitarmos nos reunir a pretexto de assuntos de peso, Breno, é conveniente que o façamos no Fórum, ou mesmo que em alguma taberna de Roma. Em algum lugar onde a presença de ninfas e de divindades não desnorteie os raciocínios volúveis do meu irmão — arrematou, com uma gargalhada.

Marcus e Cássio se acercaram afinal das moças um tanto intimidadas, cumprimentando-as cavalheirescamente, e escusando-se pelas brincadeiras; e Atília os convidou a se acomodarem, solicitando à escrava de plantão que lhes servisse o lanche que compartilhavam.

— A demora não será muita, de vez que já estendemos demais a nossa presença nesta casa, roubando-lhes a privacidade; a intenção é apenas uma breve palestra para saber do vosso passadio, e o dos outros componentes desta família, ausentes neste momento — comentou o primeiro, com intenção dúbia que logo Atília captou.

—Vamos bem passando nas atividades diárias, Marcus, e, quanto aos ausentes, um deles é meu marido, e acha-se bem ocupado com as tarefas usuais que conheces; quanto à outra *ausente* — sublinhou, com certa malícia estampada nas feições, que provocou um sorriso leve escorregando nos lábios do oficial —, aguardamos para breve notícias dela, com a sua visita periódica, o que aliás sempre me ocasiona acentuada ansiedade, de vez que ainda não me habituei à ausência diária de minha filha mais nova.

— Não é apenas da senhora o atributo desta ansiedade, domina — ele replicou, aceitando das mãos da criada um copo com suco —; e eu nem preciso aludir por quais razões assim se dá — insinuou, de dentro de íntegra franqueza.

Atília apenas meneou, baixando o olhar num ângulo. Não podia obrigar-se a mentir para si mesma que não a agradava o sentimento que aquele pretoriano, probo e honrado, devotava à sua filha com tanta lealdade e pertinácia, e mesmo após os sucessos avessos à sorte da união entre os dois. Mas, de outro lado, por brio mesmo e por pundonor, não lhe cabia nutrir ou incentivar abertamente aquela quase impertinência com que ele se apegava a um envolvimento malogrado na nascente, e para o qual ela não entrevia, ao menos até aquele dia, nenhuma esperança a mais.

— Pareces abatida, Drusila! — Breno oportunamente desviou aquele assunto, tendo estado já de alguns instantes com a atenção presa no estado de espírito singular visível na irmã. — Algum desgosto te desfigura a fisionomia. Que se passa? Claudia nos traz alguma notícia ingrata? — indagou, preocupado.

Mas Claudia desfez logo aquela possibilidade, embora também lhe causasse espécie desde o retorno da prima ao terraço aquela sua nota sombria nos modos e no semblante.

— Ao contrário, meu primo, de vez que lhes trago antes recomendações e saudades dos meus, e, a Drusila em especial, algumas novidades interessantes — respondeu, sorridente, lançando à moça sentada ao seu lado um olhar sugestivo. Pois referia-se ao que segredara à prima havia alguns instantes, durante a conversa até então entusiasta entre ambas, a respeito da intenção manifestada por Marcelo durante o jantar acontecido em sua casa, havia alguns dias, de convidar a prima a acompanhá-lo numa festividade palaciana a dar-se dali a alguns dias, em obediência às celebrações da Saturnália em Roma, ao que Drusila se animara inexcedivelmente. As duas primas trocaram algumas impressões a mais a respeito do assunto, mostrando-se a filha de Atília mais refeita de seu estranho alheamento; mas, em ouvindo de chofre os comentários acerca daquela notícia, de seu lado, o já meio casmurro Cássio acabou de esmorecer o restante do ânimo que normalmente lhe empolgava o espírito jovem e otimista.

Ele trocou com o compreensivo Marcus Flavius um olhar de entendimento, como se a lhe transmitir que nada mais havia que fazerem naquela casa, àquela altura. Assim, após entreter-se com alguns temas triviais a mais, os filhos de Túlio enfim empertigaram-se denunciando o momento da despedida.

— Domina, transmite a Valério os nossos respeitosos cumprimentos... e a Blanda o meu sincero saudosismo, se acontecer de te avistares com ela nos próximos dias — disse Flavius à guisa de despedida, entre afável e altivo, após dirigir-se às jovens presentes, ao que Atília, de seu lado, anuiu com comedimento, agradecendo-lhes a visita agradável. Então os irmãos deixaram o andar superior da casa, na companhia de Breno, que os acompanhou até a entrada no átrio, ainda troçando do agora sisudo Cássio.

— Cássio, se já contas em teu prejuízo com o fraco da minha irmã pelo arrogante Marcelo, sinto ter que advertir-te de que, se nas raras ocasiões em que com ela te avistas, o fazes metido neste mutismo pétreo com que te conduziste até há pouco, podes definitivamente perder toda a esperança nesta disputa. Conheço minha irmã, e afianço-te: ela jamais se sentirá atraída por derrotistas e por homens de espírito misantropo.

— Coisas outras tratadas convosco no dia de hoje me preocupam, Breno. — Cássio desviou-se um tanto do assunto que já o tinha enfastiado para além das medidas. — Bem em breve haveremos de obrigatoriamente esquecer dos negócios de Vênus, para nos aferrarmos nos embates sangrentos de Marte. Que ele nos valha, é o que pretendo para todos nós.

Marcus, a seu lado, serenou diante das lembranças que aquele comentário soturno evocou. E, em trocando os três um último olhar mudo de entendimento e concordância, enfim despediram-se, na ignorância de que as batalhas próximas se fariam bem mais difíceis do que até ali poderiam supor, na sua visão otimista da situação.

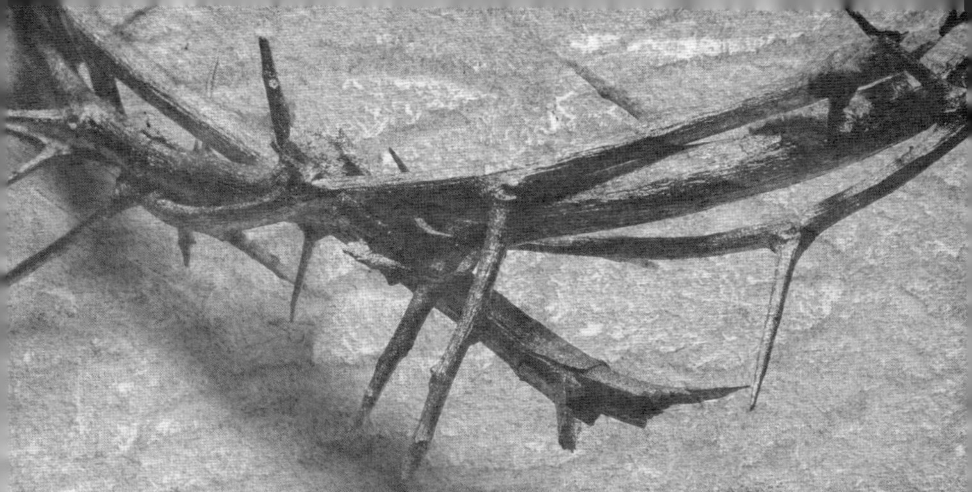

Capítulo XXV

Um romance a preço vil

Corriam frenéticos em Roma os dias de festivais em honra a Saturno, antecedendo imediatamente o despontar triunfante do deus Sol, renovador de vida e de saúde, com todo o seu cortejo de liberalidade, algaravia, pujança álacre e um sem-número de festividades cuja tônica era o mais absoluto despojamento de qualquer nuance do que hoje em dia se entende como moral. Assim, e ao gosto de Nero, a par de apresentações artísticas e teatrais, em todo canto da vasta cidade a noite, principalmente, era tomada pelos ruídos e luzes das orgias desenfreadas, regadas a vinho, a excessos e a uma variegada expressão de ocorrências deprimentes.

Naquela ocasião, como mencionara Claudia dias antes, Drusila não cabia em si de entusiasmo e de contentamento, já que fora finalmente distinguida de forma mais ostensiva por Marcelo para um lazer ao qual compareceriam privando os dois apenas, na festividade palaciana organizada pelo próprio Nero. Agradava mais do que tudo a Drusila o fato de estarem ausentes tanto a sua, a seu ver, taciturna irmã quanto também a mãe, que declinara da extensão do convite do sobrinho em decorrência de, particularmente, não apreciar aquele gênero cáustico de festividade, ocupando-se, naquela data, justamente de uma visita a Lélia, em companhia da filha mais nova, então licenciada de suas obrigações no templo até o final das Saturnálias. E isto lhe conferiria ampla desenvoltura para ser ela mesma, sem as observações por vezes inconvenientes da natureza diversa da pacata Blanda, bem como do controle normalmente rígido de Atília no tocante à postura das filhas, mesmo que em se tratando de se estar diante da companhia de um aparentado.

Jamais ocorreria à jovem que, no convite do primo, visava ele extrair proveito em mais de um sentido daquela oportunidade. Não que Drusila não o atraísse efetivamente, no sentido de ele pretendê-la para algum tipo de envolvimento mais sério, quando a isso se dispusesse; mas era que, por enquanto, e naqueles tempos de acontecimentos graves que envolviam a política e o meio militar, de modo algum a sua têmpera ousada e pragmática lhe permitiria agir com maior detença sobre estes assuntos, com uma crise prestes a rebentar em Roma. E, de outro lado, em acordo com a sempre astuta orientação paterna, o ambiente da casa de Valério se fazia fértil em informações de proveito, já que lá residia um outro representante do exército romano, aliás, chegado a Marcus Flavius, o comandante da 13ª Legião — detalhe estratégico propício, que Pompílio reservava apenas a si mesmo nas suas maquinações ao lado do filho —, que nunca se mostrou necessariamente um partidário aberto do poder estabelecido nos tempos que corriam.

E Marcelo adivinhava em Drusila, por instinto próprio, uma fonte pródiga de informações interessantes, como, ainda uma vez, se confirmou no decorrer daquela noite, com a moça empolgada com a situação alvissareira na qual entrevia perspectivas esperançosas para o aspecto amoroso de sua vida.

Em buscando-a na residência do tio, com o cair das primeiras sombras noturnas, desta forma, o jovem militar, de saída, pôde constatar — não sem franca satisfação transparecendo nos seus olhos escuros, onde se lia, meio a meio, clara intenção sedutora e uma luz qualquer, velada, de maliciosa argúcia — o tanto que Drusila se achava deslumbrante no esmero do seu vestuário, mais ainda do que em todas as outras ocasiões em que pôde com ela privar nos grandes eventos sociais da cidade.

De sua parte, à perspicaz Drusila não escapou esta fachada melíflua nos modos do primo, a que ela soube corresponder e explorar com toda a entusiasmada desenvoltura que a ocasião propícia lhe inspirava aos gestos, palavras e intenções.

— O grená sempre te caiu bem aos cabelos escuros, minha bela prima — o garboso militar a reverenciou, cortês, mal ela o alcançou nos umbrais da residência de Valério. E, em dizendo-o, tomou-lhe as mãos delicadas e bem tratadas, beijando-lhe ligeiramente os dedos alvos e perfumados.

— Assim como sempre te caiu bem a farda pretoriana na natural galhardia dos teus modos, Marcelo — ela abriu um sorriso entre radioso e irresistível, saudando-o, esfuziante. — Bom ver-te! Mal posso esperar pelos eventos desta noite, e quero agradecer-te pela distinção do teu convite, pois que já temia não dispor de companhia adequada para comparecer aos festivais destes dias.

— Com o que Breno não acompanha a irmã a estes eventos brilhantes da sociedade romana? — notou Marcelo com certa intenção, logo de saída, e para início de assunto, enquanto a conduzia ao transporte que os levaria ao palácio. — Pretoriano e oficial, para ele é mais do que um lazer, antes obrigação social que lhe compete a título de uma boa conduta mediante a etiqueta e o protocolo que regem os altos escalões militares. Se é que ele visa a ascensão na carreira, como suponho, e como é natural a todo bom tribuno que almeja o consulado ou os patamares superiores das hierarquias.

— Breno? — voltou Drusila, num meneio depreciativo. — Orientando-se pela escola do melhor amigo, Marcus Flavius, não creio que sejam estas as suas principais preocupações atualmente, como de fato se pediria para o seu brilhantismo e reconhecimento nas tropas pretorianas. Para um componente da guarda de elite de Roma, meu irmão é muito pouco convencional.

O olhar de Marcelo brilhou, sub-repticiamente.

— Deveras? — Ele se preocupou em imprimir casualidade no tom, que lhe encobrisse o crescendo do seu real interesse por aquele diálogo. — Que queres significar com este *pouco convencionalismo* a que te referes nas atitudes dele?

A isso, todavia, a pueril Drusila riu-se.

— Dirijamo-nos às festividades. As horas correm céleres, e teremos tempo para discorrer, com o passar da noite, sobre o assunto. Não quero que nos atrasemos para o recital, e nem é de bom alvitre, perante o Imperador — a jovem prometeu, em parte desinteressada de demorar-se naquele assunto que ficava em segundo plano nas suas intenções prioritárias e mais íntimas. Ao que Marcelo não refutou, para não ser descortês, e também a fim de não despertar desconfiança acerca do verdadeiro móbil que o compelia a aprofundar a questão.

— Certamente, Drusila. Como sempre, és avisada, e tens razão nas tuas observações. Aproveitemos a noite — aquiesceu, atencioso, enquanto tomavam a quadriga, fazendo para o condutor um comando para que se pusessem em movimento, e enveredando, por ora, durante a viagem, por assuntos leves e descontraídos, que despistassem eficientemente qualquer nota em falso nos seus propósitos naquela noite em que não descartava a possibilidade de encetar com a bela prima um começo de envolvimento que adivinhava ser-lhe proveitoso em mais de um sentido.

Poucas horas antes de estas coisas se desenrolarem com o cair da noite morna na vasta cidade imperial, noutra via pública, Blanda e Atília são conduzidas ao seu destino ao balançar leve da sua liteira particular, transportadas pela força firme dos braços vigorosos dos escravos. Momentaneamente silenciosas, contudo, após se demorarem durante um intervalo extenso na contemplação do movimento incessante em torno, e do ir e vir barulhento do povo entretido em alarido com lazeres e com o pregão forte dos mercadores, Atília, finalmente, parece acordar para o modo ainda mais acentuado como a sua filha se demora em cismas durante o percurso, tendo o olhar vago e ausente, como se estivesse presente apenas de corpo. E, em adivinhando mais ou menos o que a compelia a imergir naquele estado peculiar de espírito, a matrona enfim dirigiu-lhe os olhos entre interessados e zelosos.

— Consigo adivinhar que me acompanhas nesta visita pouco à vontade, Blanda. Entretanto, te consomes à toa, metida em temores e em escrúpulos; noto-te pálida e sobressaltada. Sossega! Não te levaria a esta visita se ao menos suspeitasse de algum risco de depararmos com Marcus Flavius em casa. Mas, pelos comentários de Breno hoje, na parte da manhã, estou segura de se achar ele em serviço com as legiões, como aliás também acontece com o teu irmão, porque são dias em que destacamentos inúmeros são requisitados para fazer a segurança na cidade, durante os excessos e os desregramentos comuns no decorrer destas festividades. Um outro número expressivo de oficiais está convocado ao serviço no palácio, e outros tantos recolhidos às obrigações da caserna. — Atília suspirou. — Escutei de Breno comentários discretos tecidos com teu pai hoje cedo, a respeito de ter ouvido de um superior de armas alusões acerca da provável necessidade, nos próximos dias, de um reforço militar estabelecido nas fronteiras, de vez que uma ameaça de rebelião se anuncia, agitando o meio político e as rodas imperiais.

— Poderias fazer esta visita a Lélia sozinha, mamãe. A só proximidade da residência de Marcus já me evoca ao espírito enorme consternação — Blanda esquivou-se daqueles assuntos que a aborreciam, detendo-se apenas no que a atingia mais de perto.

Mas a mãe discordou, enfática, encarando-a.

— Achas-te soturna e de aspecto doentio, Blanda. E julgo com acerto que o que te penaliza tão visivelmente é uma adaptação sofrível ao confinamento que ultimamente te foi imposto na austeridade das obrigações religiosas. Um pouco de convívio social, quando em nossa companhia, se faz mais do que necessário. É salubre ao teu bem-estar de corpo e de espírito. E Lélia, uma tua admiradora sincera, haverá de apreciar a tua presença ao meu lado. Vinha reclamando da nossa ausência em sua casa durante todo este tempo, e tu bem sabes que alinhavávamos juntas planos que dizem respeito a Drusila e a Cássio.

Neste ponto Blanda riu-se, entre irônica e melancólica.

— Oh, mamãe, tu ainda não desististe! Queres mesmo nutrir qualquer esperança relativa a isto, com Drusila na noite de hoje sozinha na companhia de Marcelo, durante os festivais organizados por Nero em palácio? E, de acréscimo, crês também que me fará bem ouvir de Lélia as novidades referentes aos filhos? É certo que ela mencionará Marcus, e eu não posso nem vou ocultar o grande incômodo interior que tal contingência me provoca.

— Deves por força te adaptares à realidade da tua vida de agora por diante, Blanda, bem como à verdade inevitável de que deverás, ainda, te deparar muitas vezes no futuro não apenas com as novidades a respeito de Marcus, ou com a sua família, mas com ele próprio, eventualmente, sabendo reagir a isto com o equilíbrio que é devido — notou a mãe, preocupada.

— Perdoe-me, mamãe; mas pedir-me isto é o mesmo que exigir naturalidade e indiferença com a presença do próprio Apolo diante dos meus olhos, enquanto me achasse confinada no recinto do templo — Blanda devolveu, olhando-a nos olhos com inteireza e honestidade, às quais a mãe não soube mais como reagir, calando-se, enquanto seguiam caminho durante mais algum tempo em silêncio, cada uma delas mergulhada nas suas reflexões particulares.

Só havia um motivo a encorajar Blanda naquela circunstância delicada e especial: a oportunidade de, em se encontrando com as pessoas certas, passar a elas determinadas informações relacionadas à sua firme determinação de alertá-las sobre as ameaças ocultas que lhes pesavam sobre a cabeça nos últimos tempos, talvez que na sua maior ou menor ignorância dos fatos. E a sorte do dia haveria de brindá-la com a satisfação deste intento.

Para a sua grata satisfação, Lélia não se achava em casa sozinha naquele momento. Recebendo de braços abertos a amiga de muitos anos e sua filha, ladeavam-na em casa a filha afastada por residir em longínqua província romana, em visita à casa naquela tarde, Lívia; e o filho mais novo, Cássio, usufruindo licença em decorrência dos revezamentos de plantão que o liberaram para esta folga após vários dias fustigado por plantões noturnos ininterruptos.

Quando a matrona as recebeu na entrada da moradia, com um sorriso radiante e simpático, Lívia a acompanhava, e as mulheres gastaram algum tempo em expansões felizes e saudosas. Cássio, atraído pelo rumor das visitas, surgiu alguns momentos depois, quando já se achavam acomodadas no terraço ajardinado, entretidas por palestra regada a risadas cristalinas e ditames bem-humorados.

Em vendo-o à entrada do pátio, o coração de Blanda descompassou e os olhos brilharam de prazer. Notando-o, a arguta Lívia chegou a supor entre os dois algum possível envolvimento, dado o prazer notório estampado nas feições da jovem filha de Atília.

Lélia, de seu lado, empertigou-se, prazerosa, com a presença comedida do filho.

—Vem — convidou, imperativa, fazendo-lhe um gesto acolhedor. — Bem sei que é um aborrecimento para um militar, eventualmente, os assuntos femininos. Mas é preciso que sejas cordial com as nossas visitas ademais importantes, a quem já não vemos de há muito.

Sem hesitar, o simpático Cássio aquiesceu, pois dividia com a mãe a amizade alimentada de há muitos anos com a família de Valério, de cujas filhas uma secretamente o interessava de maneira particular, de modo que a ocasião tanto a Blanda quanto a ele suscitava assuntos interessantes a ambas as partes. Tanto que, passado algum tempo durante o qual a expansiva Lívia, sempre alegre e bondosa, se encarregou de atenuar um tanto a disposição desanimada da filha de Atília — pois que já posta ao corrente de determinados assuntos interessantes por parte do irmão mais novo —, Cássio, em se acercando de maneira especial e oportuna de Blanda, aludiu com intenção premeditada:

— Como estás, Blanda? Dirijo-te esta pergunta com sinceridade, e por encomenda particular de uma pessoa que bem conheces... — murmurou, em instante durante o qual Atília havia se afastado momentaneamente com Lélia, que desejava mostrar-lhe vestidos adquiridos em províncias ricas através de mercadores acostumados a negociar com Túlio.

Lívia, ao lado, contudo, ouviu-lhe o aparte entre contida e tendo o semblante tomado por leve sorriso indicador de que sabia das intenções do irmão ao abordar daquele jeito a agora intimidada Blanda, o que fez Cássio apressar-se em acrescentar:

— Temos em Lívia uma franca aliada no que se relaciona a alguns assuntos — sorriu-lhe, sugestivo, ao que a irmã prontamente reforçou:

— Estou aqui para uma visita de dois dias, Blanda. Meu marido, militar de fronteira, não se demorará no atendimento a uma obrigação extemporânea que o atraiu a Roma por agora; de forma que tens diante de ti primeiro uma simpatizante sincera pela preferida do meu irmão Marcus; e depois uma esfinge, cujo silêncio é inviolável no que diz respeito a assuntos em que não me cabe interferência — assegurou. Blanda então, mais aliviada, riu junto com ela, e, olhando em volta, não perdeu tempo para executar o que trazia em mente desde o trajeto até aquela casa.

— Cássio, sei que Marcus tem em ti um aliado em relação a coisas sérias, de forma que, impedida de me avistar com ele com maior freqüência, desejo que lhe transmita o que te tenho a dizer, exatamente nestes termos. — Deu uma pausa para tomar fôlego. O seu tom fez com que os dois irmãos serenassem, atentos diante do ligeiro nervosismo que se denunciou nos traços esvanecentes do seu rosto pálido. Sem querer perder a oportunidade, e temendo o retorno breve da mãe, ela refez as forças e prosseguiu: — Já pude antes me entender com Marcus sobre este assunto, Cássio, mas não tive a coragem de expor todas as minúcias que o envolvem; no entanto, as circunstâncias, de dia para dia, têm se tornado insuportáveis com a agravante de determinados acontecimentos inusitados que precipitaram certas decisões minhas. Quero que advirta Marcus de que meu tio Severo e Marcelo, meu primo, o vigiam constantemente de tempos a esta parte, e não somente por suporem nele um conivente com a seita cristã.

Cássio, impressionado, franziu sombriamente o cenho neste ponto da confissão visivelmente angustiada da jovem.

— Que queres dizer com isso, Blanda?!

Lívia notou que Blanda ofegava ligeiramente, desassossegada. Era visível que se revestia de grande dose de coragem para expor pela primeira vez o que a atormentava já há tanto tempo, sem poder dividir tal angústia com ninguém mais próximo, dados os graves inconvenientes de tal iniciativa, o que a levava a se apegar àquela oportunidade como quem se agarrava a um socorro extemporâneo e extremamente bem-vindo nas pessoas do jovem militar e de sua irmã.

—Vivo um problema de ordem familiar com meu tio Pompílio, Cássio, que vem num crescendo desde que adentrei às obrigações do templo. Ele me assedia e me intimida, e tio Pompílio — agora o sei! — obviamente manobrou as situações na hora de influenciar o meu pai a me impor o serviço religioso, antes mesmo que eu me decidisse a tal, e justo no momento em que percebeu o meu envolvimento às claras com Marcus Flavius.

Cássio tomou um sobressalto íntimo ao entender de súbito as implicações do que escutava. Entreolhou-se com a também espantada Lívia, e, consultando os arredores, tomou a agora aflita Blanda pela mão e a puxou.

— Vamos para um lugar mais adequado a esta conversa. Há ouvidos demais em torno, nesta parte da casa, e o som das nossas vozes atinge com facilidade o cômodo onde minha mãe se encontra com a senhora Atília. Vem também, Lívia — convocou. E, a isso, os três saíram, furtivos e rápidos, na direção dos salões do triclínio.

Diante de toda uma numerosa e brilhante platéia dividida meio a meio entre admirar e se enfadar — entre estes, a representação política mais austera e mais afeita a pergaminhos do que a manifestações artísticas —, Nero mais uma vez cantava, ele mesmo tangendo a lira.

Drusila e Marcelo se achavam entre os primeiros, ambos afeitos que eram aos fulgores e alaridos enganosos de uma civilização cuja expressão contraditória era o ápice do poder e da glória e uma sórdida decadência de costumes. Mas, ocupados naquela ocasião em especial com interesses particulares que os embriagavam melhor do que os efeitos do vinho servido à farta à sociedade ali reunida, roubando-lhes a atenção da atração principal da noite, ambos se entretinham em palestra mais reservada, acomodados num ângulo mais discreto e recuado da assistência, que lhes possibilitava entregar-se aos seus assuntos de entremeio à simulação de interesse pelo que lá na frente se desenrolava no altiplano onde o Imperador prosseguia com seus gorjeios afetados.

Já agora, para sumo enlevo da filha de Valério, e após um intervalo extenso onde puderam colocar-se mais à vontade um com o outro, Marcelo tinha a mão delicada da moça presa nas suas, sentando-se muito próximos, coisa que a necessidade de discrição e de amenidade no tom de suas vozes só reforçava. De modo que, tonta, embriagada de felicidade, a frívola Drusila de jeito nenhum media mais o que dizia ou o que fazia; e Marcelo, de sua parte, e seguro do alcance da sua capacidade sedutora a esta altura, tinha como certa a consecução feliz dos seus planos e do conhecimento de novidades que prometiam ser interessantes, já por duas ou três vezes insinuadas pela moça no decorrer das suas conversas. Tudo isso ao preço cômodo e fácil de um envolvimento com uma jovem que, a bem da verdade, não deixava a desejar nos seus atributos positivos de beleza e de ostensiva sensualidade.

Após alguns ditames sugestivos que mais ainda selaram a união celebrada entre os dois naquela noite, o ardil de Marcelo enfim surtiu o efeito pretendido.

Encerrava-se mais uma apresentação longa e algo maçante de Nero, que a todos respondia aos calorosos aplausos com mesuras também longas e exageradas, e Marcelo, voltando-se a sentar com a jovem em meio ao alarido ainda vívido dos circunstantes em estado de euforia, comentou:

— É de impressionar verdadeiramente que um homem como ele, ultimamente alvo das mais disparatadas correntes políticas e militares contrárias, se veja assim arejado para apresentar-se com toda esta desenvoltura. Há rumores graves de conspirações dentro da própria roda do governo. Não é o que também tu achas? — comentou, esboçando um sorriso premeditadamente descontraído.

— Verdadeiramente... E eu sou dos que, mais do que ninguém, conhecem as razões... — Drusila por fim não se agüentou, deixando-se arrastar pelo furor e pelo enlevo do momento.

Depois, desviando dele os olhos para os arredores iluminados feericamente pelas tochas espalhadas em profusão no ambiente, pareceu dar mostras de retrair-se; mas Marcelo não mais o permitiria, e estava seguro do resultado da investida final.

Serenou, e, buscando-lhe, zeloso, os belos olhos verdes, assegurou-lhe, calculista na sua expansão protecionista:

— Drusila, deixa-me afinal dizer-te que me preocupa o verte visivelmente, já por duas ou três vezes desde que te encontrei hoje, aflita e inquieta por algo que te consome o foro íntimo. — E achegou-se a ela afetuosamente, o brilho entre enérgico e hipnótico dos seus olhos negros paralisando instantaneamente a moça, que sentiu-se desfalecer-se emotivamente com aquela proximidade. — Não preciso, a esta altura, dizer-te que podes contar comigo como um amigo e aliado incondicional que te defenda os interesses, e te resguarde nos teus instantes de inquietação. Conta-me, pois: que é que te desassossega deste modo? Por certo que é coisa grave, uma vez que te percebo oprimida... e justo neste momento marcante para as nossas vidas — insinuou, num murmúrio entre apaixonado e grave.

Foi a gota d'água para a resistência da fraca Drusila que, olhando-o irresistivelmente, acabou anuindo, embora um tanto trêmula, e denunciando panes que o nervosismo ocasional lhe impunha ao tom da voz vacilante.

— Oh, Marcelo, preciso, de fato, desabafar com alguém sobre coisas graves que vêm se dando nos bastidores do ofício que tu e o meu irmão, os dois, desempenhais. E quem mais, se não tu? — replicou com o olhar úmido. — Somente tu poderias me aconselhar a respeito do que ouvi há poucos dias no âmbito mesmo da minha moradia, e talvez que acalmar-me com a tua opinião. Mas — adiantou-se, num sobressalto súbito —, de outro lado, preciso confiar no mais absoluto sigilo da tua parte, quanto a isto que te porei ao corrente em absoluta confiança, pois o caso se prende a iniciativas de pessoas próximas de nós.

O olhar arguto e profundo do militar brilhou com maior energia, quando ele inclinou-se e, enlançando-a, entre protetor e persuasivo, enfatizou, convicto:

— Tens em mim um amigo e defensor fiel, Drusila. Mas doravante não deverá haver entre nós nenhum segredo. Conta comigo como se fosse o teu melhor confidente, e por fim me conta: que de tão grave assim se passa? Certamente que poderei te orientar a respeito.

Drusila lançou-lhe apenas um olhar a mais, antes de enfim render-se ao que, ao seu espírito fraco e volúvel, se revelava inevitável.

— Oh, Marcelo... — E, baixando o tom da voz: — Há poucos dias, em minha residência, durante um encontro de meu irmão com outros militares...

Palpitante, o olhar despendendo velado e fugidio clarão de triunfo, Marcelo inclinou-se um pouco mais, de modo a que nada lhe escapasse.

— Mas... com o que nos dizes que vens de há tempos sendo assediada pelo teu tio Pompílio, Blanda? Isso é... revoltante e inadmissível! Por que não nos puseste ao corrente disso há mais tempo, a Flavius, principalmente, que, uma vez empenhado contigo em compromisso, tudo envidaria para te livrar desta situação impossível?

Cássio assim se exprimiu, dominado por incontida revolta, ao fim do comovente relato de Blanda, que os pusera a par de tudo que vinha padecendo havia dilatado tempo: os de início velados assédios inescrupulosos do magistrado que, ingênua, a princípio interpretara com cautela e boa-fé, sem querer admitir naquela atitude incompreensível qualquer intenção escusa; a continuidade daqueles incidentes, cada vez mais incômodos, e, agora, mesmo desesperadores, perante os quais não sabia mais como se aviar para impedi-los ou contorná-los; e a sua decisão final de tudo mobilizar na tentativa de fugir, em algum momento propício, daquela contingência sombria e insustentável que se apoderara do seu destino, decisão ademais motivada por este mesmo desespero, ao presenciar os desmandos do tio, endossados pelo seu pai, contra os inocentes cristãos, que eram tomados brutalmente como pretexto conveniente para justificar os excessos de crueldade de Nero no intuito de acobertar as verdadeiras responsabilidades dos últimos sucessos sinistros em Roma, envolvendo perseguições, assassinatos e um sem-fim de atrocidades perpetradas à menor suspeita de traição e de conspiração que porventura lhe assomasse à mente doentia e obcecada com manias e com as mais tenebrosas extravagâncias de conduta.

Cássio e Lívia ouviram o extenso relato boquiabertos, alternando entre acessos de indignação e de perplexidade. Nunca imaginariam que a visita a princípio despojada de fins outros que não o deleite compartilhado de uma agradável reunião social lhes ensejaria o conhecimento de tais vilanias, e da parte de uma das respeitáveis autoridades romanas.

Blanda, a seu turno, e se vendo assim inquirida, buscava se explicar.

— Foram várias as razões, Cássio; uma delas, e talvez a principal, a de que jamais eu sairia bem-sucedida de um embate contra meu pai neste sentido. Ele me enclausuraria à minha revelia, pois não denotou disposição de levar em conta os meus desejos e posicionamentos sobre o caso. E olha que, na ocasião, protestei com franqueza meu amor por Flavius, asseverando que minha vida como sacerdotisa se reverteria inútil e vazia, tendo o coração preso secretamente ao homem que amo com sinceridade até o fim dos meus dias. Mas nada o demoveu; e, como eu suspeitasse com o correr do tempo da participação de meu tio, de algum modo obscuro, no triste enredo com que me foi selado o destino, em vista da continuidade das insinuações de sentido cada vez mais evidente com que vem me assediando, comecei sinceramente a suspeitar de que Marcus corre riscos com a sua tão-só proximidade da minha pessoa, e não quis expô-lo à cólera de tio Pompílio.

Desta feita, para franca comoção de Lívia, lágrimas puseram-se a escorrer-lhe, incontidas, dos bonitos olhos aveludados, enquanto um soluço escapou de sua garganta contraída. A moça prosseguiu:

— Só que não suporto mais esta ordem de coisas, Cássio, e preciso que alguém, de alguma forma, me ajude a sair disso. Ultimamente somente tu e o meu irmão Breno compareceis ao meu entendimento como possibilidades reais de auxílio não só a mim, mas também a Marcus. Mas... por favor... — e ela agora dirigia-se aos dois igualmente —, por favor: mantenham severo sigilo disso, ou eu e Marcus estaremos definitivamente perdidos, de vez que estas coisas envolvem pormenores mais graves, que dizem respeito à aderência do teu irmão, Cássio, aos últimos movimentos que tomam vulto, em favor da derrubada de Nero.

Ainda sumamente revoltado, Cássio largou um riso seco.

— Mas nem precisaria referir isto — ponderou, olhando depois para Lívia. — Mal vejo a hora de me encontrar com Marcus para pô-lo ao corrente destas coisas. Certamente, Blanda, que ele saberá o que fazer para sanar todos estes males — assegurou à chorosa Blanda, de dentro de convicta tranqüilidade.

Lívia assentiu em aprovação, visivelmente solidária com a jovem quanto àquelas lastimáveis atribulações. Mas agora o ruído próximo da chegada das matronas denunciava o momento em que aquela importante palestra deveria findar.

Cássio não poderia adivinhar que, por conta de um outro acerto acontecido por infelicidade naquele mesmo fim de tarde, não apenas Marcus, mas também ele mesmo se veria envolvido por sérios contratempos nos momentos que estavam por vir.

Capítulo XXVI

Cilada

Ora, o que colocaria Marcus Flavius mais a salvo das pretensões sombrias de Pompílio era um fator com o qual ele não contava, e que não levara devidamente em consideração: Marcus Túlio, homem outrora pertencente às altas patentes do exército romano, com relacionamentos importantes em várias vertentes militares e políticas, que, estando metade instintivamente ao corrente das tendências perigosas dos dois filhos nos últimos tempos, por conta havia, sigilosamente, se mobilizado, no sentido de resguardar a ambos, acionando as influências certas que vinham tolhendo, no âmbito administrativo de suas ocupações, as providências escusas do magistrado e de seu filho, espreitando-os sem que disso se dessem conta, e improvisando toda sorte de retenções para que não dispusessem, doravante, de tempo de sobra que lhes proporcionasse se ocupar de outra coisa que não de assuntos incômodos relacionados às suas ambas atribuições na vida política e militar da cidade.

Assim, durante aquele período foram correndo os dias sem maiores novidades e ameaças; mas, embora o zelo do antigo e valoroso general pretoriano, Cássio e o irmão de Blanda, Breno, não se furtariam totalmente aos apuros que, nada obstante, os aguardavam; contudo, Marcus Flavius, um comandante da legendária 13ª Legião, conservava sua mobilidade de iniciativas de maneira plena, antes mesmo de se inteirar do recado aflitivo da jovem filha do sacerdote, em palestra de caráter urgente envidada pelos irmãos, dias depois daquela visita, e tão logo se viu mais desobrigado e de volta ao lar durante um intervalo mais extenso.

Para preocupação de Cássio, nem bem acabara de falar, teve que se interromper ao notar no irmão mais velho um algo qualquer que indiciava um acesso colérico indefinido e suscetível de propiciar nele alguma reação descalibrada. Percebeu-o sucessivamente pálido e rubro, contendo a pulso a indignação visivelmente enfurecida, e parou para advertir:

— Marcus, pelos deuses! Mantém o teu sangue frio; é disso que precisarás para deslindar estes problemas, e não de perderes a cabeça justo num momento destes.

— Por Plutão, que só agora consigo compreender uma série de coisas e detalhes inexplicáveis que presenciei com o passar do tempo sem apreender o seu sentido — ele explodiu de súbito, pondo-se de pé num rompante.

Cássio o acompanhou. Achavam-se nos terraços posteriores da moradia naquele instante, mas Lélia não se encontrava longe, tratando com serviçais da casa próxima dali, providência envidada habilmente por Lívia, ainda hospedada por aqueles dias.

— Marcus — Cássio repetiu, num murmúrio prudente, olhando em torno, apreensivo —, por Júpiter! Contém teus impulsos, pois nossa mãe se acha aqui por perto. Ela anda preocupada contigo ultimamente, questionando de maneira repetida a mim e a nosso pai das razões do teu inexplicável perfil irascível, porque nunca foste deste jeito.

Mas Marcus o enfrentou. Avançou dois passos, cravando-lhe o olhar de fogo, pois irritava-o neste irmão o excesso de displicência quando os assuntos tratados eram graves.

— Transmites-me novidades envolvendo conspiração contra mim e meus camaradas, e ameaça franca à mulher que eu amo e que se vê vulnerável justamente contra um tio que é um magistrado de Roma, e queres que me mantenha sóbrio? De que espécie de matéria julgas que sou feito? — vociferou, dominado pela cólera. — Sou um comandante das legiões romanas, Cássio, e honra é um dos meus princípios! Hei de encarar esta afronta e desmascarar devidamente estes farsantes camuflados sob as vestes de militares e de políticos de Roma.

— Marcus!

Mas Cássio não pôde acabar de falar. O irmão já saía, num rompante, sem querer mais ouvi-lo, deixando-o ali mergulhado em imensa aflição pelo seu visível transtorno e pelo que estava por vir, e quase arrependido por ter dado voz, sem maiores reflexões, àquelas notícias, uma atitude motivada sobretudo pela preocupação em atender ao pedido angustiado de Blanda ao visitá-los.

Todavia, estava feito. E Cássio deprecou a Marte e aos ancestrais para que tivesse tomado a iniciativa certa, rogando proteção para os dias que estavam por vir.

No ambiente sóbrio do templo, um homem embuçado deu entrada a certa hora da tarde, a passos precipitados. Deteve-se apenas por um instante, inspecionando em torno, e, avistando um noviço de plantão nas cercanias, aproximou-se, procurando abrandar e modificar um tanto o tom da voz ao dirigir-se a ele:

— Sou militar, e preciso de tratamento para um ferimento que não estanca, além de augúrios para as próximas campanhas. Falaram-me de Blanda, a sacerdotisa. Preciso ter com ela.

Ao noviço, um tal episódio àquela hora do dia era acontecimento corriqueiro, de vez que tratava-se de horário propício àquele gênero de visitas, em grande número solicitadas por militares envolvidos com serviços em províncias e penalizados com sofrimentos físicos de maior ou menor intensidade. O rapaz calvo e vestido numa túnica branca, sem reconhecê-lo, limitou-se a inclinar-se em leve reverência e afastar-se.

O ardil tinha surtido resultado, uma vez que as entrevistas entre consulentes e sacerdotisas eram privativas, com a única presença de um serviçal surdo-mudo que as secundava.

Assim, passados alguns instantes, sem maiores dificuldades, Marcus Flavius foi conduzido à saleta de rituais privativos dos oráculos, e dos ofícios públicos das sacerdotisas e aspirantes. Tendo estado entretida até aquele horário em recolhimento e com rituais de evocação ao deus, em sendo solicitada por um consulente, Blanda deixou a sala onde oficiara ao lado das demais componentes do corpo sacerdotal feminino do templo e, sem de nada desconfiar, seguiu o noviço até o recinto onde deu com um homem embuçado e cabisbaixo aguardando a reservada distância, de quem, no primeiro momento, de jeito nenhum logrou acertar com a identidade.

Parada em atitude interrogativa e curiosa à entrada da sala, ouviu o que o noviço sussurrou-lhe contritamente aos ouvidos, afastando-se logo em seguida; e avançou uns passos indecisos, medindo o visitante supostamente desconhecido em atitude entre pensativa e cautelosa.

Como o homem não se mexesse nem se arredasse do lugar onde se encontrava, afinal resolveu falar algo que o fizesse dar pela sua presença no recinto.

— És militar, e rogas o auxílio de uma das sacerdotisas de Apolo? — indagou, polidamente.

Afastado, e de dentro das sombras do capuz de seu manto, que lhe velava as feições quase completamente, depois de breve intervalo, ele respondeu, num tom de voz grave e baixo que soava como um murmúrio:

— Padeço de uma dor renitente no peito já de há várias semanas, domina. E, em vias de empreender campanha militar delicada, ocorreu-me procurá-la, já que vem se comentando em toda Roma acerca da eficiência da sua intercessão.

Blanda franziu de leve o cenho, em ouvindo aquilo; viu-se confundida entre tentar entender o que o estranho lhe dizia e experimentar a insólita sensação de que já conhecia, talvez, o timbre grave e rouco daquela voz; todavia, o modo como ele se expressava não lhe permitia adquirir de pronto esta certeza.

— Favorecem-me sem razão plausível, pois o corpo sacerdotal feminino do Templo de Apolo é igualmente eficaz no alívio dos males do corpo e da alma, senhor. Todavia, envidarei ajudá-lo no que me for possível.

— Tenho a certeza de que somente tu o poderias, de fato — o homem revidou; e agora Blanda julgou distinguir, no tom com que se pronunciava, algo que denunciava estar, estranhamente, sorrindo para ela, embora de maneira contida.

Aquilo despertou-lhe até certo ponto algum receio; mas cabia-lhe cumprir o seu ofício no ambiente sagrado, e, revestindo-se de serenidade, fez-lhe um gesto delicado para que se aproximasse, enquanto acomodava-se no assento que lhe era destinado.

Agora em passos resolutos, sem poder mais consigo na sua ânsia contida, Marcus adiantou-se. Mas, tão logo alcançou o local onde Blanda o aguardava, olhando-o com impressão incerta, desvelou de inopino o rosto, puxando para trás o capuz escuro de seu traje, e provocando na moça, com isso, inaudito sobressalto.

Lívida, oscilando entre um involuntário desfalecimento de forças e o descompasso incontrolável das batidas de seu coração, a jovem sacerdotisa fez um gesto abrupto para que o assistente que a assessorava a distância se retirasse. E, tendo o homem deixado de imediato a sala, sem questionar, ela enfim deixou o assento e, num impulso, lançou-se impetuosamente nos braços acolhedores com que Marcus, emocionado, a envolveu, larga e apaixonadamente.

Mergulhados os dois na intensidade emocional profunda daquele momento, dava-se ali, naquele instante grave e significativo, o limite de suportação da jovem filha de Valério para com toda aquela ordem insustentável de coisas que vinham lhe exigindo, há meses seguidos, uma dissimulação cruel dos verdadeiros e autênticos sentimentos que lhe regiam o íntimo, da mesma forma que, para Marcus, esgotava-se com o ardor intenso daquele encontro, inapelavelmente, o prazo durante o qual, estoicamente, viu-se obrigado a tolerar o afastamento sofrido da mulher que amava, furtada ao seu convívio de maneira intempestiva e arbitrária justamente no momento crítico em que, num início de um envolvimento apaixonado e pleno em correspondência amorosa, se daria da forma mais dolorida possível tal interferência despótica no curso de seus destinos em favor de interesses outros, escusos, e de ordem religiosa.

Assim, quando espontaneamente Blanda se viu imersa naquele abraço arrebatador, correspondeu, sem pensar em mais nada, ao ímpeto emotivo de Marcus; como nele, a devorava a sede de compensar todo o insuportável distanciamento que padeciam, e que só serviu para aumentar a intensidade do sentimento que nutriam um pelo outro. Nada daquilo fazia mais sentido; ela agora detinha a certeza inabalável, ali, naquele minuto!

Quando deu por si, portanto, se estreitavam ansiosamente naquele abraço. Acariciaram-se, e beijaram-se, longa e apaixonadamente.

Ao enfim distanciar-se, para surpresa e pesar de Flavius, Blanda tinha lágrimas de intenso sofrimento escorrendo-lhe dos belos olhos. E ela desabafou:

— Marcus, tira-me daqui. Tu vens correndo riscos, Marcus...

E pendeu o rosto em seu peito, os soluços empolgando-lhe os ombros delicados que ele ainda mais envolveu, agora dividido entre a revolta e a profunda preocupação com o flagrante abatimento de que a moça dava mostras.

Trouxe-a de volta ao assento, onde se acomodaram, e ele principiou a tentar acalmar-lhe aquela crise com palavras amorosas, beijos e afagos.

— Calma, meu amor. Nada mais vai nos separar. Agiremos juntos para vencer este problema, e sairemos disso vitoriosos — murmurou-lhe, impondo maior serenidade no tom apesar de toda a aflição que, por dentro, o remoía. —Vamos conversar e aproveitar o tempo de que dispomos aqui, e que não há de ser muito. Conta-me tudo sem demora, Blanda. Cássio me transmitiu o teu recado; tudo isso é um ultraje inadmissível! Comprometo-me a tirar-te desta situação o mais rápido que me seja possível, fazendo pagar por ela os seus responsáveis, mas preciso que não me omitas mais nenhum detalhe. — Espalmou-lhe no rostinho, carinhoso, a mão firme e vigorosa, e meneou em desaprovação. —Tu não podias ter-me deixado na ignorância dessas coisas, meu amor.

Mas o que, então, ela passou a revelar o convenceu da gravidade ainda maior do caso, tanto quanto da dimensão exata do seu padecimento, já de há muito tempo.

— Não podia agir diferente, Marcus. E mesmo agora o que me compele a modificar minha atitude a respeito é a urgência de alertar-te destas coisas, na suposição de que talvez as ignorasses. Além do mais, determinadas menções de meu tio, em algumas ocasiões em que o avistei, como no dia em que presenciei, horrorizada, o flagelo imposto pela coorte pretoriana, no ambiente do templo, aos pobres cristãos aprisionados, foram de molde a deixar claro, apenas a mim, o que me era exigido para poupar as pessoas que me são caras: tu, principalmente. E disso não me restaram dúvidas nas entrelinhas do que me fora dito e insinuado.

— Canalha — rugiu Marcus, em surdina, mal podendo consigo de indignação.— Com o que te dirige ameaças no ambiente mesmo do templo, e com a conivência do teu pai, Blanda?

— Meu pai, infelizmente, foi manipulado por tio Severo durante todo este tempo, Flavius. Sabendo das intenções dele de me conduzir ao serviço religioso, soube usar de influência na hora certa para induzi-lo a isto — meneou, com tristeza. —Ainda não posso lhe dizer de que forma isto se deu; no entanto, dada a atitude de tio Pompílio, fácil me veio a dedução de que serviu aos seus propósitos o fato do ingresso na vida religiosa ter me afastado de ti. É fato... — E, apertando carinhosamente as mãos dele, aflitiva: — Contudo, para o momento — prosseguiu, o olhar rebrilhando com renovada nota de ansiedade —, o que cobra maior atenção são as novidades que obtive por intermédio do aviso oportuno de Claudia. Tu não deves te descuidar, Marcus.

Entretanto, o indócil Marcus se detinha em outros aspectos da situação que o atormentavam insistentemente.

— Dize-me, Blanda — pediu, premindo-a contra si, entre apaixonado e zeloso —, bem notei qualquer coisa estranha na ocasião da tua consagração, sem poder atribuí-la ao motivo exato naquele tempo. Teu tio te molestou de alguma outra forma mais grave? Conta-me, para que, sendo o caso, eu possa providenciar de imediato a desafronta.

O tom de voz com que se exprimia era surdo, quase ameaçador, o que assustou a jovem, em notando-lhe no tom azul intenso dos olhos aquele brilho maligno, vingativo.

— Não, meu amor, pelos deuses! Nada houve que não ameaças e insinuações veladas. Sossega o teu íntimo. Não vás te expor de modo imprudente sem necessidade, porque o momento é de agires com cautela. É imprescindível que te preserves, Marcus, tanto para que possas agir com desembaraço de movimentos nestas coisas graves com que te ocupas na tua vida militar, quanto nas que nos interessam mais de perto — advertiu, lucidamente; após o que o comandante das legiões caiu um tanto mais em si, imerso em indócil estado de reflexão. Lia-se na sua fisionomia que se via metido em intenso conflito íntimo, com planos e ponderações desencontrados.

— Preciso furtar-te a este lugar que, para ti, nada mais significa, Blanda, e que, no que nos diz respeito, representará, doravante, entrave grave aos nossos planos.

Ela concordou, embora o excesso de temor determinasse que o fizesse com certa relutância. O militar sentiu-a trêmula em seus braços, e a comprimiu mais contra si, calorosamente.

— Por certo que sim; todavia, no momento certo — ela meneou, persuasiva, mergulhando no dele o seu olhar assustado e súplice —, não antes. Porque, Marcus — vacilou —, o que tão-só acontece aqui, agora, neste instante, se flagrado por meu pai ou por qualquer sacerdote oficiante — e ela percorreu brevemente o olhar intimidado pelos arredores da sala, em visível e grande apreensão —, te poria a perder, bem como a mim, que seria excomungada publicamente do serviço religioso, coberta de opróbrios. Em casos mais graves deste tipo, Marcus, a sacerdotisa é murada viva, como perjura, e amaldiçoada por toda a casta sacerdotal, pela sociedade e pelos seus familiares.

Mas, em ouvindo aquilo, impetuoso e arrebatado, Marcus devolveu, com ardor intenso a refletir-se no brilho aguerrido e enérgico de seus olhos:

— Shh... silencia, Blanda; te esqueças dessas coisas. Tu não mais pertences a esta vida, a não ser pelo único liame de permaneceres, apenas por algum tempo a mais, dentro destes muros. Mas hei de tirar-te daqui em breve, e, para isso, devo cientificar-te, sob sigilo severo da tua parte, do que tem sido planejado para breve. — Inclinou-se, aproximando-se, e o seu hálito aqueceu a pele suave do rosto da jovem, que se sentiu paralisada pelo magnetismo forte e apaixonado do seu olhar. — Nero em breve será deposto, meu amor. E tu... de agora em diante, Blanda, tu passas a me pertencer — um sorriso meio sufocado, meio ansioso, desenhou-se em seus lábios, enquanto entreolhavam-se, irresistivelmente. — É o que também tu queres, não é, meu amor? Diga-me apenas uma palavra — cobrou, enfático, quase impaciente.

Nenhuma palavra foi dita. Dividida entre o receio da situação no local no qual se via e o sentimento profundo e dominador pelo militar das legiões de Nero, que a avassalava toda, contra qualquer outra consideração possível; e sentindo a mente vazia, nula de pensamentos, a jovem sacerdotisa, esquecendo-se afinal, e completamente, mesmo de onde se achavam naquele instante, rendeu-se ao ardente apelo daquela declaração, e ao modo apaixonado e envolvente com que ele a retinha contra si.

Enlaçou-o ternamente pelo pescoço, entregue. Outra vez uniram-se os lábios, longa e fervorosamente; acariciaram-se, estreitaram-se com força. E descaíram sobre o assento, confundindo-se no calor incendiado e intenso daquele abraço.

Assim, quando, uma hora mais tarde, Marcus Flavius deixava o templo a passos rápidos, após minucioso e prudente exame dos arredores, quem ficara à sua espera em indócil estado de expectativa pelos próximos acontecimentos não mais se tratava apenas da jovem sacerdotisa de Apolo, recém-consagrada, praticamente à sua revelia, pelo altivo pai, Valério Graco, mas sim aquela a quem o impetuoso comandante da 13ª Legião já tomara como sua esposa, e de quem a todo custo lhe caberia o dramático resgate em momento próximo, segundo os planos meticulosos delineados pela sua férrea têmpera para os dias posteriores.

Ambiente de caserna na cidadela romana. Marcelo sai a passos decididos do pretório e, consultando os arredores, fecha a mão no bocal da espada que lhe pende da farda, e dirige seus passos para o local onde reconhece, num grupo de soldados reunidos que se descontraem em barulhento alarido entremeado de gargalhadas, alguns homens cuja presença naquele instante lhe interessava sumamente.

Tem o semblante fechado ao fazê-lo; parece absorto, ruminando idéias sombrias em seu íntimo.

— Metelo! — chamou, enérgico, atraindo para si de imediato a atenção de um dos legionários do seu regimento, que interrompeu de chofre as pilhérias que dividia com os camaradas em volta. O rapaz empertigou-se, dando continência, enquanto os demais também silenciavam, perfilando-se.

Entre eles se achava o agora entre interessado e tenso Cássio, de vez que certamente serem abordados por um oficial àquelas horas da tarde, e no meio do horário de descanso das guarnições, significaria atribulações ou problemas, além do acréscimo do fato da presença de Marcelo, de si, e por razões profundamente pessoais, sempre lhe provocar indescritível mal-estar.

— Senhor!...

Marcelo acercou-se deles, altivo, e aparentemente imbuído, à percepção dos legionários ali reunidos, somente do propósito de bem cumprir as preocupações profissionais que lhe tomavam os pensamentos naquele instante.

— Após o descanso, devereis dirigir-vos ao comando, de vez que o general necessita de homens para mais de uma missão de escolta de alguns áulicos de Nero que viajarão, ainda hoje, para províncias afastadas daqui. — Acrescentou, intencionalmente: — E, embora vos antecipe sob sigilo, de vez que não se trata de informação oficial, convém que vos coloqueis de sobreaviso, pois há rumores de que a guarda ainda hoje fará busca e aprisionamento noutro daqueles encontros de cristãos. Segundo informes dos espiões, a operação acontecerá na décima hora, próxima à Suburra, diante da taberna de Tito, onde os cristãos haverão de se reunir para dali se dirigirem às suas atividades espúrias.

Em ouvindo aquilo, contudo, Cássio franziu o cenho. Cristãos se reunindo na Suburra, e ainda marcando um encontro diante de uma taberna? Não condizia... todavia, ocorreu-lhe que tal medida funcionasse como subterfúgio e salvaguarda, já que o raciocínio lógico era justo o que lhe ocorria naquele momento. E, infelizmente, o ardil de Marcelo o pegou de fato desprevenido.

Sairia dali já arquitetando o melhor modo de prevenir Marcus Flavius, ou algum outro com quem desse a sorte de encontrar até o momento azado, para envidarem auxílio às prováveis próximas vítimas da crueldade encarniçada do Imperador.

Entrementes, enquanto Cássio valia-se do tempo restante de seu horário de folga para alertar justo Juliano — o oficial e amigo pessoal de Marcus Flavius que, em consenso com ele, participava das conspirações dos movimentos militares ligados a Galba para a derrubada de Nero do poder, de resto outro simpatizante e protetor da causa cristã, com quem combinou um acerto para evadirem-se na nona hora sob uma forjada alegação de serviço, na companhia de mais dois ou três soldados escolhidos para apoiá-los na missão de alertar a tempo e, se não fosse possível, darem cobertura de fuga às vítimas da cilada daquela tarde —, Marcus Flavius, do outro lado da cidade, providenciava outras coisas tanto mais importantes do ponto de vista pessoal.

Preocupava-o sumamente o fato de que deveria se afastar dali a alguns poucos dias justamente para alinhar providências com os correligionários a postos na Espanha, devendo contatar elos estratégicos situados em locais premeditados que permaneciam na expectativa da hora certa de agir. Não queria deixar Roma com estes fins antes de alinhavar com segurança, destarte, medidas que lhe garantissem sucesso na hora de se evadir da cidade de vez carregando consigo aquela que já tinha como sua esposa, e que apenas esperava o desenrolar dos próximos dias e um seu aviso final para se colocar de sobreaviso e a postos para acompanhá-lo.

Assim, a dada hora daquela tarde morna nas vielas poeirentas e mais distanciadas do centro de Roma, eis que quatro estudadas batidas na porta de uma moradia singela, cercada de jardins floridos e de uma pequena horta, atraem para a entrada o morador: aquele Lucílio que recebera em reunião o ancião Josias, João e Antonio, salvos de captura por uma das guarnições do exército devido à intercessão providencial de Blanda na questão.

Agora, em abrindo a porta, ele já recebia Marcus demonstrando serenidade e segurança, de vez que nele reconhecia, de há muito, um colaborador franco dos cristãos oprimidos pelo sistema cruel vigente em Roma, um defensor sincero da causa de Jesus que operava, da maneira mais oportuna, no mesmo ambiente inimigo que os ameaçava.

— Comandante Marcus Flavius; que Jesus o abençoe. — Convidou-o num gesto largo e cordial para que entrasse na sala modesta, onde dois meninos brincavam e interromperam-se de abrupto, levantando-se e recuando, intimidados pela farda imponente do inusitado visitante.

Enquanto Marcus aceitava o convite, saudando-o com cordialidade, Lucílio preveniu de pronto os filhos:

— Nada temam. Este é o oficial Marcus Flavius, nosso amigo e protetor. — E, como se desculpando para Marcus: — Não leve a mal, oficial; mas, por força dos sobressaltos em que vivemos hoje em dia, os meninos temem e assustam-se com a farda pretoriana.

Marcus eximiu-os, acercando-se das crianças com afabilidade, e passando afetuosamente a mão pelos cabelos escuros do menino menor, que agora o encarava com um misto incerto de admiração e receio.

— Venho de fato, e como sempre, com certa pressa, Lucílio. Gostaria de solicitar da tua boa vontade, bem como da de Josias e de João, um subido favor que prevejo para breve.

O homem logo mostrou-se satisfeito e disposto em poder ser útil àquele que certa feita salvara-lhes a vida.

— Dispõe de mim e dos meus com franqueza, oficial. Senta-te, e expõe tudo de que necessitas, e que envidaremos com presteza. Josias e João não se acham aqui neste momento, como sempre atarefados com o socorro das almas de muitos.[15]

A um meneio leve e rogativo do militar, e a pedido do pai, os meninos foram se entreter com seus brinquedos noutra parte da casa; e Marcus sentou-se, mais à vontade, começando:

— Lucílio, dentro em pouco uma rebelião estourará em Roma e porá abaixo o governo de Nero — meneou. — Todavia, conto com a sua discrição mais severa quanto ao que te revelo neste momento. — Ao imediato e seguro assentimento do ou-

---

[15] Após o lastimável passamento de Matias e de sua família, Josias e João foram carinhosamente acolhidos pela devotada família de Lucílio, cuja moradia se via mais a salvo das constantes incursões militares devido ao afastamento excessivo do centro da cidade, e por não ser um núcleo habitual de reuniões dos envolvidos com o cristianismo nascente. (N. do A. E.)

tro, prosseguiu: — Engrossarei este movimento, que deverá se dar rápido, duro e definitivo. Precisarei, contudo, ao término da minha intercessão, de quem me ofereça refúgio na minha retirada de Roma, pois, em acordo já acertado com contatos militares da resistência em Espanha, deverei me evadir para juntar-me aos exércitos sediados em alguma daquelas províncias. Estarei levando comigo Blanda, minha esposa — declarou gravemente ao agora admirado Lucílio, que o ouvia, todavia, manifestando a mais ostensiva compreensão, porque sabia de quem se tratava aquela a quem Marcus se referia e se recordava perfeitamente ser ela a mentora da operação que os pusera a salvo do aprisionamento naquela noite já distante e memorável. — Ela é a filha mais nova do sacerdote Valério Graco, e, apenas devido a uma série de contratempos e contingências adversas que nos frustraram os planos, acha-se ainda enclausurada no Templo de Apolo, no corpo de sacerdotisas.

Arrematando o seu breve relato, com um meneio visivelmente contrafeito, continuou:

— Nunca deveria ter dado entrada no sacerdócio. Honro meus ancestrais e tradições, Lucílio... — O tom agora era confuso e reflexivo a um só tempo. — Por outro lado, sendo militar, não sou muito inteirado dos mistérios religiosos. Mas, dados os últimos acontecimentos em Roma envolvendo o teu credo, não consigo mais alcançar um entendimento que harmonize a glória de Apolo com a atitude francamente incompreensível dos seus representantes.

— Mas Jesus acolhe e entende a todos, filho — voltou Lucílio, com simplicidade bondosa diante do aturdimento nítido nos modos e na fisionomia do pretoriano, sentado adiante em atitude grave. — As contradições são humanas, e os homens fazem as religiões. Deus, do alto de sua Misericórdia infinita, o permite para o nosso aprendizado, tanto de algozes quanto das vítimas de qualquer tempo, porque a nossa trajetória não reside tão somente aqui, nestes palcos ingratos do mundo. A eternidade nos reserva todas as consolações e respostas.

Marcus olhou-o, reconhecido, e estranhamente apaziguado por aquelas palavras cujo significado ainda não entendia em toda a sua extensão, mas apreciando a paz profunda que se desprendia da presença amigável do seu modesto anfitrião.

— Posso, então, contar convosco, Lucílio? Todavia, se faz necessário que vos resguardeis, durante este intervalo, de complicações com a espionagem severa levada a cabo pelos prepostos de Nero. Todo o cuidado é pouco para que tudo saia a contento, inclusive levando em conta os graves informes que acabo de te transmitir.

Lucílio assentiu.

— Assim que retornem João e Josias, os colocarei a par de tudo. Manteremos sigilo e contato, tomando, de resto, todas as precauções para que nada vaze e venha a comprometer o sucesso do teu cometimento. — E, com simpatia evidente, anotou: — Devemos isto a tua bondosa esposa, que tanto nos beneficiou no passado, ao preço do próprio risco.

Marcus apenas sorriu, novamente reconhecido; não quis revelar a Lucílio que de fato alto fora o preço das intercessões da jovem naqueles tempos de incerteza, tendo ela pago a sua devotada abnegação em favor dos oprimidos com o próprio sacrifício, ao ser introduzida à força nos serviços do templo, pelas imposições irascíveis e despóticas de seu pai.

Capítulo XXVII

A ineficácia da armadilha

Noutro setor da cidade, pouco mais tarde, desencadeava-se o princípio dos contratempos.

Tendo sido alertado por Cássio, e reunidos os legionários em confiança, a pequena escolta liderada por Juliano dava saída da cidadela militar rumo ao emaranhado tumultuado de ruas da Suburra, mal suspeitando que seus movimentos eram vigiados justo por Marcelo que, por sua vez, em conluio com o melífluo Lúcio, já havia arquitetado a perdição de todos os envolvidos naquela pequena operação de salvamento de uma fictícia reunião de cristãos.

Com efeito, tendo com presteza sido alertado, Pompílio Severo, mancomunado com os planos do filho, já havia expedido antecipadamente o mandado de prisão contra Juliano, Cássio e todos os legionários da escolta, de forma que o magistrado considerava triunfal a chegada daquele dia, em que afinal encontrava ocasião favorável à execução de seus planos de retaliação conjunta, não somente à odiada seita cristã, mas principalmente aos que, em sendo membros eminentes da sociedade e do meio militar romano, por motivos combinados se tornaram, com o passar do tempo, odiados rivais, como era o caso de Marcus Flavius.

Todavia, em meio à plena execução de suas deliberações, algo veio empanar um tanto o brilho completo da satisfação daquele feito.

Em recebendo o intempestivo comunicado do magistrado requisitando do alto comando militar o aprisionamento de um oficial e de legionários, nada obstante, todos componentes da guarda de elite pretoriana, foi justo Tarquínio Décimo — um dos coadunados com Marcus Túlio já de longa data na prevenção de determinadas adversidades — o responsável pela autorização de envio do destacamento que se desincumbiria da missão. E, em dando com o nome de Cássio Quintiliano entre os demais, e de resto com o de Juliano Sérvio, um valoroso oficial das centúrias romanas, houve que se aviar rapidamente para manejar de modo hábil com as providências, de modo a não causar nota ao magistrado, aparentando cumprir-lhe à risca as ordens, ao mesmo tempo que, veladamente, tomava outras medidas de emergência.

Assim, paralelas às providências de praxe, expediu missivas urgentes, uma a Marcus Túlio, outra a Marcus Flavius, com a devida brevidade, para colocá-los de prontidão para com os desdobramentos das infelizes ocorrências que se desencadeavam.

Em paralelo, despachou a Pompílio, no devido uso da autoridade que lhe cabia para tanto, explicações concernentes à aplicação de cautela com punições que porventura se requisitassem para Cássio Quintiliano ou para qualquer representante da família de Marcus Túlio, de vez que eram todos secularmente referendados de Varro Licínio, general e cônsul eminente das rodas mais privativas do Imperador.

Asseverou a Pompílio que se precavesse de adotar medidas demasiadamente severas naquela conjuntura porque, se via-se Nero disposto, como de costume, a respeitar e não se imiscuir nos casos de insubordinação e de indisciplina nos meios militares, de outro lado facilmente se demoveria, se instigado por argumentos habilidosos das pessoas certas, a vislumbrar em tal ataque contra coligados a Varro indícios claros de conspiração.

Pompílio, portanto, ciente da doença renitente que obsediava Nero todo do tempo, levando-o a enxergar conspiradores até mesmo nos representantes mais fiéis de suas rodas mais íntimas, não foi insensível aos informes que lhe chegaram às mãos em caráter de urgência, e iniludivelmente em tom de ordem não passível de ser desacatada, antes mesmo que a escolta liderada por Marcelo se desincumbisse a contento da missão que já levava a cabo noutro setor de Roma. Mas, eminentemente perspicaz, não foi também ingênuo a ponto de não suspeitar nisso alguma outra rede subterrânea de influências agindo, já de algum tempo, contra as suas finalidades. Assim, após séria reflexão nos domínios de seu escritório particular, decidiu-se a adotar certa providência taxativa e definitiva, no interesse de se assegurar do aspecto pessoal que lhe tocava mais de perto naquela trama, fosse qual fosse o desfecho do episódio difícil que estava para ter início nos próximos momentos, num dos salões do Fórum destinados aos julgamentos públicos.

Juliano e seus homens se acercaram da taberna de Tito, em meio à sordidez deplorável que dominava diuturnamente o ambiente misérrimo das ruas e moradias da Suburra, bairro pobre dos meandros de Roma que contrastava gritantemente com o perfil elegante de outros dos seus centros populacionais.

Ignorando a azáfama, o oficial fez sinal a que estacassem. Experimentava um mal-estar indefinido, do qual de jeito nenhum, ali, naquele instante de tensão, atinaria com as razões, atribuindo-o à ansiedade natural gerada pela contingência de se ver no comando de uma guarnição romana destinada a realizar exatamente o oposto do que normalmente, naqueles tempos turbulentos, ocupava as legiões atribuladas com a perseguição encarniçada aos cristãos, sob os efeitos do delírio despótico que assenhoreava o Imperador romano.

Excessivamente cauteloso, todavia em não notando nada além do movimento costumeiro e tumultuado que reinava normalmente naquele local, Juliano avançou alguns passos a mais, liderando o reduzido destacamento que o seguia em silêncio tenso. E, abordando um circunstante, um homem que sugeria, pelos trajes, ser trabalhador habitual de um daqueles toscos estabelecimentos, simulando casualidade, indagou dele:

— Sabes de algum ajuntamento previsto para esta taberna no decorrer do dia de hoje?

O homem de aspecto promíscuo e decrépito mediu o altaneiro chefe da guarda, um tanto ressabiado, voltando-se para ele.

— Ajuntamento? A que te referes, soldado?

— Recebi informes de que se realizaria um encontro de baderneiros bem aqui, neste antro. Estamos averiguando; há suspeitas de que estejam envolvidos nestes boatos os cristãos, e temos ordens para sufocar qualquer ameaça de desordem pública

— Juliano arrematou, olhando casualmente em volta.

O homem daquele jeito inquirido, contudo, não sabia mesmo de nada relacionado ao que o militar se referia, e teria assim se esquivado se uma intervenção súbita e intempestiva não se encarregasse de desviar o curso dos acontecimentos, de um modo abrupto que de imediato provocou nos legionários da escolta de Juliano pronto e acerbo temor.

— Estranho que o Comando tenha mobilizado duas guarnições para este mesmo fim, Juliano — uma voz enérgica fez-se ouvir, fazendo o oficial voltar-se, de chofre, logo intuindo alguma cilada ao dar com Marcelo à frente de outro destacamento militar, estranhamente mais numeroso, fortemente armado, e indiscutivelmente hostil.

Entretanto, o experiente oficial não se deixou intimidar pelo inusitado que assim o colhia de improviso.

Encarou Marcelo de frente, altivo, sem modificar a expressão fisionômica — embora a mão, contudo, estivesse firme no bocal da espada embainhada por debaixo do manto escuro que vestia —, e devolveu:

— Compartilho a tua opinião, comandante. A que te referes, afinal? Aqui viemos cumprindo ordens de coibir um ajuntamento suspeito, e não entendo a procedência do engano de se enviar outra guarnição, quando levaríamos a cabo, com toda tranqüilidade, tal incumbência, tanto mais porque, ao que suponho, houve engano nos informes transmitidos aos nossos superiores: nada de anormal se passa por aqui neste momento.

— É aí que te enganas — riu-se Marcelo, de dentro de uma mordacidade sombria que fez o estômago de Cássio gelar, em decorrência de um mau pressentimento. — Algo bastante anormal se passa aqui, centurião. Mal acreditei quando o Comando me cientificou de que teria que dar flagrante e voz de prisão a toda uma escolta militar romana, que até aqui havia se arredado, e de resto à paisana em horário de serviço, coisa altamente irregular e indiciadora, por si, de ações espúrias — passeou o olhar de uma ironia implacável pelo aspecto dos homens ali agrupados —, a este sórdido pardieiro, com a finalidade conspiratória de salvaguardar mais um encontro da perigosa seita cristã.

Juliano estreitou ligeiramente os olhos na direção do outro militar. Instintivamente compreendeu que estava perdido, embora sem poder definir ao certo, ainda, as razões, ou o que havia saído errado nos planos.

— A que te referes, Marcelo? Explica sem demora esta acusação grave e despropositada que me assacas. Honro a farda pretoriana.

— Por certo; mas imagino que certamente a honres com finalidades outras, que não os interesses diretos do Imperador. — E, largando uma risada seca, maligna, Marcelo destilou o veneno final: — Foi forjado um ardil de captura, oficial, de vez que nenhuma reunião cristã está prevista para este local. Mas os objetivos da operação foram atingidos a contento — e, percorrendo o olhar enérgico pelo agrupamento de militares sob o comando do agora emudecido Juliano, que enfim compreendia tudo, arrematou, a voz timbrando áspera, inclemente — de vez que surpreende a eficácia desta rede de conspiração, que tão rapidamente vos mobilizou até estas profundidades do Hades com o único e pérfido móbil de, em flagrante ato de traição, livrar a pele de criminosos perseguidos pelos exércitos em toda a extensão do Império.

Sem querer mais explicações ou conversa, num gesto rude para um dos seus soldados, acionou a sua escolta, autoritário, alteando a voz forte e chamando a atenção do amontoado de povo que entupia aquela viela, e que logo se ajuntou ao redor, curioso com a insólita cena que se desenrolava:

— Políbio! Proceda ao aprisionamento de todos. Arredemos daqui com estes traidores até a presença do magistrado.

O destacamento cumpriu as ordens, num átimo. A desesperada guarnição de Juliano, nada obstante, não resistiu.

Arrastados implacavelmente ruas poeirentas abaixo, debaixo de opróbrio, dos berros e dos impropérios dos legionários, Cássio deprecava a Marte, abatido, sem poder naquele instante se aviar para imaginar o que o aguardaria nas difíceis horas que estavam por vir.

Noutro setor da gigantesca Roma, Marcus Flavius dá entrada em casa a passos rápidos, metido nos seus pensamentos algo desencontrados após o importante encontro na casa de Lucílio horas antes, quando notou que alguém avançava, a passos precipitados, na sua direção.

Ergueu a vista, admirado, e notou o pai se acercando dele em visível estado de ansiedade.

— Marcus Flavius, em que tipo de barulho te meteste, tu e o teu irmão? — foi logo atacando, sem preâmbulos, ao alcançá-lo ainda na entrada. Atônito, o filho notou: Túlio chegava a ofegar de impaciência, o olhar enérgico despendendo faíscas de inquietação, a fisionomia venerável vincada por profunda angústia.

— Que se passa, pai? — ele cobrou logo, também tenso, estacando. Pai e filho se entreolharam brevemente.

— Acompanha-me! Se chegas em horário de folga, esqueça! Há uma batalha a ser enfrentada. E preciso de saída te dizer que, não fosse a intercessão de Tarquínio, e te verias com a vida em risco diante do próprio Imperador. Todavia, precisamos interceder pelo teu irmão, certamente aprisionado a estas horas.

O olhar de Marcus relampejou, incendido.

— Cássio, preso? Mas... por Júpiter, a que aludes?

Com um gesto firme de cabeça, Marcus Túlio lançou em torno um olhar precavido, e instou para que o acompanhasse, dando entrada de volta na moradia e atraindo o filho para dentro do seu escritório, onde trancaram-se.

Longe dali, entretanto, está formado um tumulto além do comum observado em cerimônias e debates públicos. O povo se amotina em ondas turbulentas diante das colunatas imponentes do edifício, onde havia pouco viram a cena insólita de um destacamento pretoriano escoltando com hostilidade um outro agrupamento de soldados, no meio do qual se reconhecia um popular centurião.

Nada obstante, Juliano seguia sereno e altivo em meio ao alarido e aos impropérios ofensivos da malta de legionários que os conduzia com brutalidade. Cônscio de que o aguardavam momentos críticos, não se atemorizava diante do inevitável. Oficial valoroso e reto, nunca tendo anteriormente recuado ante ameaças e perigos os mais dantescos nos campos de batalha, não seria agora que vacilaria; tal pusilanimidade de caráter não constituía um traço seu de personalidade, e ali, agora, comparecia tranqüilo diante das conseqüências adversas de suas escolhas políticas, apesar da preocupação natural com os desdobramentos daquilo para os seus familiares, esposa e filhos, e ainda um irmão mais novo que sabia envolvido inteiramente com as facções dos exércitos adeptos da rebelião em iminência de desencadear-se.

No interior do prédio via-se tumulto idêntico. No altiplano circular já estavam à espera Pompílio Severo e outras autoridades do mundo romano, cujas responsabilidades se prendiam aos julgamentos, sentenças e deliberações punitivas, mas também Tarquínio Décimo, a quem oportunamente coubera a incumbência de acompanhar os trabalhos, na qualidade tutorial de acusados que pertenciam às fileiras militares de Roma.

Em estacando a guarnição liderada por Marcelo, e após os preâmbulos de praxe, exsudando prazer mal disfarçado ao distinguir em meio ao agrupamento de militares aprisionados o irmão mais novo de Marcus Flavius, Pompílio, sem perder mais tempo, começou, desfechando incisivamente:

— Há várias acusações graves a serem aferidas neste momento contra vós, traidores da vossa própria farda romana, cuja honra cobristes de opróbrio ao agirem contra os interesses do povo, e em afronta às sábias deliberações do divino César.

Diante da observação também prazerosa do filho postado à frente da escolta que comandava, da altivez inarredável de Juliano, e do óbvio nervosismo expresso nas fisionomias dos legionários, mais nas de uns do que nas de outros, e inclusive na de alguns componentes da guarnição de Marcelo, de vez que se viam na iminência de cumprir ordens de prisão e, quiçá, de morte e de tortura de camaradas, alguns dos quais lhes eram conhecidos próximos, continuou:

— É quase inacreditável que o contágio da doença cristã até a vós tenha afetado, antes valorosos servidores do exército romano. Isto vem, efetivamente, comprovar até que ponto é perniciosa a influência deste sortilégio maléfico, de vez que mesmo mentes supostamente as mais robustas sucumbem ao seu fascínio nefasto. — E, ganhando novo fôlego, antes de prosseguir, com a anuência das autoridades circunstantes, a consultá-los com o olhar, enquanto Tarquínio mantinha-se, até ali, simplesmente grave e circunspecto: — Só há uma saída para que a vossa punição seja, quando muito, amenizada, de vez que, junto à pecha de desertores do vosso juramento militar, ainda vos pesa nos ombros a acusação de conspiração contra o governo de Roma.

O burburinho em volta aumentou de volume, na platéia numerosa e agitada que entupia o ambiente do Fórum assistindo ao desenrolar dos acontecimentos, e isto exigiu que Pompílio alteasse a voz, que ecoou, implacável, no recinto:

— Ordeno que protestem votos de fidelidade e adoração às seculares e tradicionais divindades romanas, resgatando, deste modo, a dívida para com os vossos próprios ancestrais, divindades representadas aqui por Júpiter Capitolino e por Marte, o deus protetor das mesmas legiões às quais servis, e de que atraiçoastes sordidamente os regimentos e princípios com a vossa vilania inadmissível, buscando resgatar cristãos da justa e merecida punição. Oficial — apostrofou a Juliano, firme e ríspido —, tu primeiro!

E recuou uns passos, aguardando.

Fez-se silêncio na grande sala de audiências.

Respirando fundo, a seu turno, o oficial avançou, com grande dignidade. Trocou de longe um olhar com o agora nitidamente pesaroso Tarquínio, e, sóbrio e sereno, enfrentou o perquiridor Pompílio e todas as autoridades ali reunidas em expectativa pelas suas próximas atitudes, em instante em que o que se colocava em declarado xeque, com implicações óbvias, era a ascendência suave dos postulados de Jesus sobre os seus simpatizantes, contra os efeitos do despotismo férreo do sistema político imperial sobre as reações de um oficial dos exércitos romanos.

— Honro meus ancestrais e suas tradições, aos quais nunca reneguei, nem em pensamentos, quanto mais em atitudes — declarou, seguro e convicto, em tom de voz firme na qual se liam nobreza e honestidade transparentes, impressionando significativamente a numerosa assembléia em volta.

Apenas a Pompílio e a seus propósitos espúrios aquelas palavras não influenciaram, e ele conservou a austeridade hostil na postura altaneira.

— Tanto melhor para ti; mas lembro que isto não te livra das outras acusações mais graves das quais restam suspeitas pesando sobre os vossos ombros. Para início do teu julgamento, contudo, aproxima-te do deus e sacrifica — ordenou, enfático.

Mas Juliano, aparentemente ignorando as implicações melífluas daquele discurso, prosseguiu no que dizia, que ainda não concluíra, e que lhe interessava dar vazão naquele momento crítico, obediente à enorme e irresistível necessidade de desfazer-se da opressão que já de há tempos o consumia.

— Contudo, deixa-me alertar-te, e o faço honradamente, mesmo diante de meu superior hierárquico — e ainda que conhecendo o provável desfecho a me ser reservado, em decorrência —, que a mim apenas cabe toda a responsabilidade pela operação de hoje, alvo de delação e de conseqüente aprisionamento, meus e de meus homens. Rogando-vos que sejam liberados, de vez que cumpriam as minhas ordens expressas, assumo que de livre vontade os conduzi com a intenção de salvaguardar inocentes que — sim! —, a meu ver, nenhum perigo representam para a soberania de Roma e de suas seculares instituições — completou, íntegro e altivo, a voz firme ressoando pelo silêncio do amplo salão, que, àquilo, pareceu ainda mais quedar-se em pasmo e perplexidade.

Os legionários de ambos os destacamentos, réus e os liderados pelo agora estupefato Marcelo, entreolharam-se, inseguros e perturbados. De onde estava, Juliano lançou ao distanciado Tarquínio o olhar calmo e isento, ao que o general respondeu-lhe de respiração presa, a fisionomia congesta, enquanto fechava por breve instante os olhos experimentando em seu íntimo elevadíssimo grau de preocupação pelo que haveria de aguardar o probo centurião dali para diante. Receava, e com razão, que nem mesmo a sua influência lograria livrá-lo da tempestade dantesca que o colheria nas próximas horas; e, em compreendendo isso intuitivamente, suspirou, abismado em receios e em pensamentos sombrios.

Pompílio, contudo, em ouvindo aquilo, julgou ter alcançado o triunfo final. Largando uma risada alta, entre mordaz e cruenta, complementou:

— Há! — E, em olhando em torno, deitou, teatral, um olhar de indignação acerba para seus pares e circunstantes, arrematando, num gesto largo: — Eis que temos aqui o exemplo final do limite extremo a que chegaram os componentes representativos das autoridades romanas, requisitando-se, por isso mesmo, e sem adiamento, medidas duras e exemplares que venham assegurar a ordem pública. Um centurião romano afirmando que aqueles que estão debaixo da suspeita direta do próprio Nero pela responsabilidade dos incêndios criminosos que quase calcinaram por completo a nossa cidade há pouco tempo "nenhum perigo representam para a soberania de Roma"! — enfatizou repetindo e voltando-se para Juliano, agora truculento e colérico. — Não representam nenhum perigo, centurião? — meneou, de dentro de uma mistura de lástima caricata e veemente revolta. — Mas, que dizes tu, justo um representante destacado dos exércitos encarregados da defesa e da manutenção da segurança do nosso povo e das nossas fronteiras? Eis aí, no teu atestado confesso de loucura, a prova insofismável do teu provável envolvimento não apenas com a seita criminosa, mas também com movimentos contrários aos interesses mais prementes e importantes que povoam as preocupações do Imperador nos últimos tempos. E vens dizer-me, para finalizar o teu desvario, que legionários inconscientes te acompanharam de maneira involuntária neste ato declarado de traição, a pulso de ordens?

— Sim, senhor! — Juliano sustentou, sem se abalar. — São legionários fiéis a Roma e ao Imperador. Não ousam desacatar ordens superiores, nem questioná-las. — Lançando esquivamente a Tarquínio os olhos escuros e brilhosos, lia-se, veladamente, uma súplica pela sua intercessão em favor dos aflitos homens que o cercavam.

Tarquínio envidou o escasso recurso que lhe cabia, em atendimento à súplica muda do centurião, bem no momento em que, de início desapercebidos, Marcus Flavius e o pai davam entrada no ambiente lotado do Fórum por entre a turba comprimida, metendo-se às cotoveladas no meio do povo a fim de alcançar o máximo de proximidade do que acontecia lá na frente.

— Com todo o respeito, magistrado, receio que ao menos quanto a este pormenor o centurião esteja oferecendo argumento lúcido e inatacável. Cabe ao oficial a responsabilidade pelos atos de seus homens — atalhava o general, posicionando-se do alto daquilo que sua autoridade lhe permitia interpor.

— Mas, cônsul — voltou Pompílio, sem querer se arredar de sua vindita pessoal —, faço nota aqui à presença, entre estes homens, de elementos já de longa data incluídos no rol de suspeitos dos movimentos de rebelião que ameaçam Roma de tempos a esta parte.

— O que está em julgamento hoje, aqui, não é nenhuma rebelião declarada, magistrado, mas a atitude suspeita de um oficial liderando homens em posição irregular e contrária aos interesses políticos e religiosos do Imperador. Sejamos objetivos para não incorrermos em excessos na tradicional sobriedade dos nossos trabalhos nesta

Casa — devolveu Tarquínio, exibindo fino e irônico sorriso que acabou por desconsertar o ardor desmedido com que o outro se exprimia, obrigando-o ao menos a buscar contemporizações.

Tomando fôlego, e transparecendo clara contrariedade, Pompílio deu prosseguimento às suas deliberações, após aquela pausa incômoda que pesou no ambiente tomado pela extrema expectativa das dezenas de circunstantes.

— Seja! Ouçamos o parecer valioso do eminente representante da hierarquia militar aqui presente — anuiu. — Destarte, que todo o destacamento proteste sua adoração e fidelidade aos nossos deuses aqui representados, renegando, publicamente, o vil Deus dos nazarenos, procedendo após ao aprisionamento severo de todos os participantes da conspiração, até que ulteriores determinações sejam expedidas no tocante à punição reservada a cada um deles, aspecto da questão na qual, fique registrado nos anais — fez questão de enfatizar voltando-se para o agora calado Tarquínio —, pesarão os seus pareceres, naturalmente, por prender-se a ocorrência a um caso de insubordinação nas atitudes de representantes da elite do exército romano.

Houve aquiescência geral em volta. Tarquínio, de seu lado, não arriscou, por ora, aventar mais o que quer que fosse.

A guarnição aprisionada foi conduzida com estupidez até diante das estátuas dos deuses postadas perto, no altiplano.

Juliano as encarou, grave e imperturbável, e assim os legionários que foram postados ao seu redor, cada qual espelhando sentimentos e emoções diferentes em suas fisionomias — todos, no entanto, dominados por temor nítido e inegável.

Fez-se um intervalo tenso, carregado de grave expectativa.

Para o horror pavoroso de autoridades e de todo o povo ali reunido, e que, a partir daquilo, entregou-se a caótica reação dominada por alarido ensurdecedor, os únicos que protestaram fidelidade às divindades ali representadas pelas efígies frias de pedra mármore foram dois dos legionários mais novos, movidos por extremo e indiscutível medo.

— Não protesto fidelidade a deuses mudos diante de crueldades e ignomínias praticadas contra crianças e inocentes — Juliano vociferou entre dentes, rente ao escandalizado Pompílio, e com o apoio tácito de Cássio postado à sua direita, que lhe repetiu o gesto inopinado e desdenhoso, cuspindo de lado, ao ser enfim arrastado brutalmente para fora do ambiente do Fórum pela escolta de Marcelo, ocupado, agora, em abrir caminho em meio à turba delirante, aos berros.

Naquela reação firme e nobre de Juliano estava selada a ineficácia da armadilha de Pompílio para corromper almas e corações, escravizando-os aos velhos e despóticos sistemas religiosos vigentes, e dobrá-los às manobras políticas obscuras da hora que passava.

Em meio ao tumulto, ambos tendo disfarçadas as fisionomias por mantos pardos com capuzes, Marcus Flavius, rubro e encolerizado, avisou ao pai, alteando a voz para se fazer ouvir acima da gritaria caótica em torno.

— Preciso me entender com Breno sem demora. Teremos que precipitar os planos, e antecipar a minha partida ao encontro de Galba.

E saiu intempestivamente, sem dar chance ao pai para argumentar o que quer que fosse.

O antigo general, também dividido entre a indignação impotente perante a sorte adversa do filho mais novo e a preocupação, só teve tempo de chamar, tentando detê-lo, sem proveito:

— Marcus, não vás agir irrefletidamente!

Mas o filho já havia desaparecido na ondulação desencontrada do povo que se comprimia para assistir ao arremate dramático da assembléia, e ao mesmo tempo se evadir para levar as novas aos diversos pontos e moradias de Roma.

Capítulo XXVIII

O desenrolar de trágicos acontecimentos

Breno foi chamado sem demora para frente da casa por um dos criados, que o alcançou esbaforido em seus cômodos particulares justo no momento em que saía rumo às suas obrigações cotidianas.

Em ouvindo que Marcus Flavius o aguardava sem demora para tratar de assunto urgente, adiantou-se, presto, e tomado por acentuado mau pressentimento.

Buscou corredores alternativos por onde ganhou o portão de acesso, evitando chamar a atenção da mãe e da irmã, presentes na casa naquela hora, e abordou o amigo no limiar, por antecipação admirado da expressão dura e congesta flagrante na sua fisionomia.

— Que aconteceu, Marcus? — foi cobrando, mal o alcançou. — Teu semblante não prenuncia nada de bom!

— Tens que evadir-te e colocar-te a salvo quanto antes, Breno, e, junto comigo, antecipar-te na partida ao encontro das tropas a nossa espera em Soborna.

A notícia provocou um impacto inesperado que fez descair o estômago do irmão de Blanda.

— Desvairas? A pretexto de que vens aqui, a estas horas do dia, dizer-me estas coisas?

Marcus não fez rodeios para colocá-lo a par das últimas e graves ocorrências.

— Em decorrência de alguma armadilha forjada por Marcelo e por Pompílio, meu irmão acaba de ser preso junto com uma guarnição à paisana liderada por Juliano que, segundo o teor das acusações, dirigia-se ao bairro da Suburra com a finalidade de auxiliar cristãos — explicou, embora ainda fundamente transtornado e constrangido, condição íntima que também tomou conta de Breno de rompante.

— Armadilha? Cristãos? — meneou energicamente. — Não compreendo o que está acontecendo, e aonde queres chegar.

— Shhh! — advertiu Marcus, lançando o olhar em torno pressuroso, quando o outro alteou, nervoso, o tom da voz. — Cuida do que dizes, e me acompanha. No caminho te explico tudo, embora de minha parte também me veja perdido quanto às razões do que se deu. O que sei, para agora, com certeza, é que, se Cássio ou Juliano não apresentarem resistência suficiente diante do que está por vir, nós dois corremos risco. Preciso passar-te informações do que combinei com Blanda. Trocaremos idéias, e nos inteiraremos melhor das ocorrências; meu pai, neste momento, deve estar na presença de Tarquínio, envidando o possível para amenizar esta situação que, de resto, sugere-me cilada traiçoeira propiciada pelos informes de algum espião.

Os dois militares desceram rua abaixo, quase a correr; não perceberam que nas cercanias da parte dianteira da casa, contudo, a agora lívida Drusila, ainda uma vez escutando ocasionalmente coisas indevidas em hora imprópria, corria de volta para o interior da residência, o coração descompassado, encerrando-se em seu cômodo presa de subido transtorno.

Lançou-se em seu leito e, sem que ninguém se apercebesse do seu insólito e deplorável estado, mergulhou num mar de lágrimas, entre assustada e temerosa do que estava por vir, enquanto acerbo remorso, por aguçada intuição da causa verdadeira daquelas novidades sombrias, dominava-lhe a alma sempre inquieta, imatura e imprevidente.

— Tu terás que apostrofar perante o deus!

Foi esta a declaração inusitada que Breno ouviu de chofre de Tarquínio, ao chegar na companhia de Marcus, notando em seu superior hierárquico a atitude de quem já os aguardava para breve.

Esbaforido pelo esforço de acompanhar Marcus Flavius em galopada à moda de relâmpago por Roma afora, o jovem Breno cumprimentou sumariamente os dois circunstantes, em atitude grave, e lançou-se, pesaroso, no banco diante da mesa do general, naquele escritório recuado dos seus aposentos particulares.

Deu continência, respeitoso, recobrando compostura e levantando-se, ao que Tarquínio logo os dispensou, instando a que descansassem para o devido trato de assuntos sérios.

Serviu-lhes vinho, e principiou:

— Dizia a Marcus Túlio que conheço o provável desenrolar dos acontecimentos das próximas horas. Privei com Pompílio, e o alertei no sentido de te poupar, e possivelmente a Cássio, Marcus — começou, dirigindo-se ao agora tenso comandante —, lançando mão do ascendente prestígio de que a tua família priva diante de Varro, íntimo de Nero. Creio ter salvaguardado a tua pele, mas temo que não a de Breno, mesmo em se tratando do filho do sacerdote. E quanto a Cássio, infelizmente, devo prevenir-vos de que a imprudência desnecessária com que se conduziu no Fórum praticamente lhe selou o destino; é pouco provável que escape das conseqüências nefastas que aguardam a todos os componentes da guarnição. — E acrescentou uma nota sombria: — Teremos que ser gratos aos deuses se resistirem à sessão de tortura à qual serão submetidos, na tentativa de se arrancar informes outros, concernentes à conspiração da qual, Pompílio insiste, todos vós fazeis parte.

— Por que dizes que terei que apostrofar? — inquiriu Breno, ainda fundamente confuso.

Tarquínio dirigiu-lhe o olhar profundo e arguto, enquanto Túlio limitava-se a ouvir, tomado de grande preocupação e pesar.

— Por alguma razão que desconheço, ao deixarmos o Fórum, a primeira reação de Pompílio foi dirigir-se ao Templo de Apolo, a fim de privar com o irmão, suponho. É conveniente que te coloques de sobreaviso contra qualquer eventualidade, filho, porque, privando com ele anteriormente à assembléia de hoje no Fórum, deixou escapar algo em seu discurso acerca de ter o filho tomado conhecimento, por intermédio de informação de alguém indefinido, de indícios fortes de conspiração em ocasião havida dentro da própria residência de Valério. Forjaram, a partir disso, a cilada de hoje, simulando uma operação de captura a cristãos, na qual caíram Juliano e Cássio, completamente desprevenidos.

O estômago de Breno descaiu novamente, com outro baque.

— Drusila! — exclamou, instantaneamente encolerizado, voltando-se para o agora incrédulo Marcus Flavius. — Só pode ter sido Drusila, Marcus. Está envolvida afetivamente com Marcelo, de tempos a esta parte. E a ocasião só pode ter sido aquela desafortunada reunião que promovemos lá em casa há algum tempo.

— Preveni de que estávamos tratando de assuntos melindrosos em local inadequado, mas, que Plutão me valha, Breno, os efeitos do vinho falaram mais alto! — Marcus largou uma imprecação, levantando-se e pondo-se a andar de um lado para outro da sala qual fera. — E agora todo o arcabouço de uma grave situação política está em vias de ir por água abaixo por causa do legendário destempero verbal de uma jovem tola!

Breno emudeceu, ele também dominado por raiva idêntica, resolvido a, tão logo lhe fosse possível, fazer a irmã pagar caro por mais aquelas conseqüências da sua proverbial intemperança. Mas, em meio àquele impasse, a Marcus ocorreu algo que o chumbou no meio de uma passada, diante da atenção tensa dos demais.

— Pompílio foi ao templo em meio a este furacão? Que quererá ele no templo? — retorquiu, cego pela cólera. E teria se precipitado porta afora se Marcus Túlio, de um impulso, não o tivesse a tempo impedido.

— Onde vais, imprevidente? Que te passa pela cabeça para assim te expores num momento destes? Precisamos serenar os ânimos e pensar numa saída favorável a todos os envolvidos nisso!

Marcus enfrentou-lhe o olhar duro e perquiridor, sem querer demover-se da urgência que o compelia a sair, com destino incerto.

— Há mais alguém correndo riscos dentro daquele templo. Preciso resguardar Blanda — vociferou, quase fora de si, perdido entre o ódio que o destino funesto do irmão, em decorrência das maquinações de Pompílio, lhe provocava e a preocupação dolorida com a vulnerabilidade de Blanda naquela conjuntura. Com acerto, previu que ela seria a próxima a padecer debaixo das ameaças opressivas do magistrado, e queria a todo custo vingar-se, impedi-lo, e quiçá antecipar seu plano de evasão de Roma, carregando consigo a moça, e livrando-a para sempre daquele martírio imerecido.

— Pelos deuses, Marcus, não sabes o que dizes. Não é hora de evocares teu passado amoroso. Blanda é sacerdotisa, está resguardada no ambiente do templo... — ia repreendendo Túlio severamente, mas Marcus o cortou com rispidez.

— *Tu* não sabes o que dizes! — berrou, fora de si. — Blanda não é mais sacerdotisa. É minha mulher, a quem arrastarei comigo para fora de Roma tão logo atinjamos nossos objetivos no fim da rebelião.

Marcus Túlio, agora ele, emudeceu, preso de grave perplexidade, embora ainda sem afrouxar o aperto que retinha o filho. Ficaram se medindo, tensos, diante da visível interrogação no semblante do general e da impassividade lúcida de Breno, que já se via de posse daqueles informes surpreendentes.

— Cuida das tuas atitudes, Marcus — ele lembrou ao amigo, todavia, após passado aquele instante de pesada expectativa. — Depois cuidaremos desses assuntos.

Foi com aspecto sombrio que Blanda atendeu ao inusitado chamado do tio àquelas horas da tarde.

Fez por onde atendê-lo no recinto público do templo, local que nunca se via isento do ir e vir de um ou outro noviço ou circunstante.

— Admira-me a tua visita, tio Pompílio. Queres um particular com meu pai? Ele se acha em serviço ritualístico privativo prestado a um senador, e creio que ainda se demorará — adiantou-se, ligeiramente nervosa no tom de voz com que se exprimia.

O magistrado aproximou-se, melífluo, deitando na receosa sobrinha o mesmo olhar carregado de incômoda lubricidade que lhe dirigia sempre, tendo ou não disso a consciência clara.

— Desejo de fato ter sem muita demora com Valério, Blanda; mas o assunto que me traz aqui também te diz respeito.

A jovem meneou de leve, mal impressionada. Um leve calafrio agourento percorreu-lhe os membros frágeis, e seu primeiro temor se prendeu ao receio sempre presente de que a sua atual situação com Marcus de algum modo tivesse extrapolado os limites sigilosos da entrevista há pouco acontecida entre ambos, transpirando de forma inaudita para o conhecimento do tio.

Pôs-se em estado de alerta máximo, prevenida contra isso, para que se aviasse sabiamente nas suas reações e palavras, nos próximos momentos. Mas o desvio natural do assunto, se por um lado a tranqüilizou quanto àquele pormenor, de outro veio lançá-la num estado alarmante, quase desesperador, dadas as implicações visíveis do que ele disse em seguida.

— Que podes querer comigo, tio Pompílio, que não uma entrevista ligada aos ofícios pertinentes ao serviço do deus?

Pompílio sorriu maliciosamente, sob as sombras algo deprimentes do silencioso recinto. Blanda julgou notar no seu semblante uma fácies qualquer de satisfação dissimulada, maligna, ou cruel.

— De dentro do afeto familiar que a ti me prende, desde a tua infância, Blanda, devo dizer-te que conheço, com muita clareza, que não habitam o teu íntimo e as tuas preocupações mais reservadas apenas os ofícios religiosos, de vez que a tua vida anterior não caiu na não-existência com a tua consagração; outrossim, que apenas em algum compartimento mais reservado e sigiloso dos teus sentimentos, pensamentos e atitudes — ele notou, arguto, que, a isso, ela empalideceu um pouco. — É tendo em vista estas coisas, e na intenção de te preservar de dissabores inúteis, que me vejo na obrigação de te prevenir a tempo que te ponhas de guarda, a qualquer custo, no sentido de evitar qualquer proximidade de um homem que já te foi caro ao coração, pois que hoje é tido em conta praticamente de criminoso, em vias de aprisionamento pelas forças imperiais, devido a suspeitas de traição e conspiração contra o governo. Estou certo de que, mais do que eu mesmo, como tio, teu pai principalmente compartilhará comigo este zelo; é conveniente, portanto, que saibas de que, em decorrência de acontecimentos graves havidos nas últimas horas, qualquer aproximação de Marcus Flavius deste templo, ademais vigiado por prepostos meus à sua procura, significará a sua morte, desonra, e completa perdição — arrematou, sem conseguir extrair da voz o prazer com aquelas declarações que sabia contundentes para o espírito frágil da moça —, uma vez que o irmão mais novo, Cássio, acaba de ser aprisionado e, certamente, condenado à execução nas próximas horas, em vista de ter sido flagrado em ação conspiratória ligada à amaldiçoada seita nazarena.

Blanda cambaleou, atônita, apoiando-se no espaldar de um assento próximo. A vista obscureceu momentaneamente, e ela julgou baquear, fugindo-lhe a consciência por dilatados instantes.

Quando enfim a recuperou, pouco depois, para seu inaudito desgosto, viu-se acomodada estreitamente nos braços de Pompílio Severo, que a amparara na hora do lapso e se acomodara com ela de improviso num assento próximo, fitando-a com uma proximidade insinuadora de alguma atitude talvez escusa e incontida.

Tomada de indescritíveis pavor e repugnância, Blanda recuperou todas as forças de abrupto e, soltando um grito lancinante, desprendeu-se de um só impulso, evadindo-se do recinto e desaparecendo na sombra de um dos corredores próximos, deixando ali, sozinho, o magistrado arfante e mergulhado em sentimentos desencontrados e tumultuosos.

Cássio sentia sem incertezas ter atingido os últimos momentos de sua breve e, até então, despreocupada vida.

Jovem e típico militar romano, tendo conduzido sua existência até havia poucos meses antes de dentro das ocupações comuns à sua faixa etária naqueles tempos, entre o rigor da vida da caserna, mulheres, jogos e eventuais viagens em campanha a províncias afastadas, usufruíra de tudo um pouco da algaravia libertina habitual numa sociedade enriquecida até a saciedade, em decorrência do crescimento ininterrupto de um Império próspero e portentoso, quanto opressor e presa de aviltamentos morais. Com isso, não dispusera de tempo e oportunidade para amadurecer tanto quanto Marcus Flavius, um experiente e bem-afortunado comandante das legiões romanas; todavia, também desde cedo mais sóbrio e ponderado, de índole e de temperamento.

Em meio ao profundo e doloroso atordoamento daquela hora, refletia ele, ali, sobre lances esparsos da sua curta jornada, e sobre o real proveito colhido de tudo. Ocorria-lhe de relance que nada fizera sentido, afinal. Por que haveria de alguém com as suas inclinações ter se envolvido, sob a influência persuasiva do irmão mais velho, naquelas conspirações de fundo eminentemente ideológico, que em tão pouco tempo modificaram a sua visão de mundo, a ponto de comprometê-lo tão drasticamente?

O ruído surdo e tétrico de um murro desfechado a seu lado o arrancou de chofre do seu alheamento. Voltou-se, meio tonto. Ele, Juliano e os demais companheiros da desafortunada guarnição achavam-se amarrados a postes no ambiente de punições da caserna, e, àquelas horas, sob a supervisão direta de Marcelo, Juliano era brutalmente torturado sob perguntas incessantes e entremeadas de ameaças, proferidas pelo oficial aos berros, na tentativa implacável de arrancar-lhe informes que sabia valiosos para o destino político próximo de Roma.

Para ele — e talvez que em decorrência dos efeitos dos avisos dirigidos a Pompílio por Tarquínio — não haviam destinado tais requintes de crueldade, e Marcelo limitara-se a instar os carrascos ali presentes para que lhe aplicassem uma sova que, nada obstante, quase o reduzira ao estado agonizante, também sob perguntas proferidas com cruel brutalidade. Mas, de sua fibra valorosa, aliás nobre herança familiar do altivo Marcus Túlio, nada arrancaram. E agora, em vendo o desafortunado oficial vitimado por mais um golpe violentíssimo, cogitava de si mesmo como se mantinha consciente e, mais do que tudo, firme da postura silenciosa que se impusera desde o momento em que se iniciara aquela sessão feroz de interrogatório acompanhado de tortura. Pois, se se via Juliano literalmente esfolado corporalmente, e nada obstante ainda de pé em decorrência do seu inacreditável preparo físico, Marcelo, o condutor da entrevista, no entanto, se via em estado pior, ao menos de espírito, rubro e encolerizado, por enfim compreender que atingiria o arremate trágico daquela providência tendo revertido falhos os seus objetivos finais, que eram desmascarar e desmantelar toda a conspiração da qual os serviços de espionagem militar possuíam indícios, mas não provas — o que era fundamental para se envidar qualquer iniciativa mais dramática.

— Fala de uma vez, desgraçado, de vez que de há muito pesam suspeitas sobre ti, de te veres mancomunado com protetores de cristãos e com movimentos de revolta contra o governo de Roma. Quem são os teus chefes? Fala, porque a morte de qualquer modo é o que te aguarda; resta-te apenas o recurso da escolha de uma menos dolorosa e mais honrada. — E, como o ainda altivo Juliano se mantivesse íntegro e algo lúcido, apesar do sofrimento físico intenso e martirológico, Marcelo acabou, enfim, por perder a cabeça e o autocontrole, após decorridas quase três horas naquele mister que, a esta altura, começava mais a torturá-lo do que aos prisioneiros, ao roubar-lhe praticamente a voz já roufenha naqueles berros inúteis, e esgotando-lhe, finalmente, todos os recursos perversos da sombria estratégia militar usada em Roma para extorquir à força confissões porventura mentirosas de muitos, noutras ocasiões em que sucumbiam a elas os torturados mais para se livrar da morte infamante e da escatológica tortura.

Sem mais demoras naquilo, ademais providenciado debaixo do sol escaldante da tarde que os castigava naquele pátio dos fundos da caserna, recuou bruscamente uns passos, ordenando a dois dos soldados da sua guarnição:

— Glauco, aproxima-te tu; e tu também, Otávio! — Fez um gesto de comando que denotava sua fúria. — Posicionem-se e desfechem de vez o golpe final nestes farsantes, de vez que já não posso mais com paciência nem com recursos que lhes destravem as malditas línguas.

Mas, para a sua surpresa, enfim ouviu-se a voz de Juliano, num sopro agourento e sombrio, antes que o soldado postado atrás lhe encravasse profundamente a espada na parte anterior da nuca:

—Vejo-te, em breve, no Hades, crápula — aludiu, com estranho sorriso, tomando o sobressaltado Marcelo de improviso.

E tombou, inerte, a cabeça ensangüentada, ao mesmo tempo que o mesmo acontecia ao desesperado Cássio, cuja última atitude foi elevar aos deuses os olhos marejados, saturados de angústia, e os seus pensamentos, em súplice rogo de proteção para o seu espírito e para aqueles que deixava no mundo.

Capítulo XXIX

A importância da gota d'água

Ao término da reunião, em caráter de emergência com Tarquínio, um legionário da confiança do general adentrou de inopino o escritório, após ser anunciado por um servo de plantão do lado de fora da porta.

Esbaforido, e saudando em continência sumariamente os outros oficiais presentes, acercou-se da mesa de seu superior e procurou recobrar o fôlego para falar.

Quando o fez, contudo, intimidou-se com as reações dos circunstantes, sobretudo com a de Marcus Flavius.

— General, acabo de obter confirmação: após quase quatro horas encerrado com a guarnição no pátio de punições, Juliano foi executado, após extensa tortura. Ao que consta das informações a que tive acesso, Marcelo realizou um interrogatório implacável atrás da obtenção de certas informações.

O soldado deu uma pausa, receoso; ao seu lado, Marcus Flavius sentiu a vista obscurecer de ódio mal contido; o rosto ficou congesto, como se ateado em fogo. Breno, de seu lado, por prevenção, o conteve pelo braço, e Marcus Túlio baqueou no assento, entendendo de imediato o que estava implícito naquela notícia: acabara de perder o filho mais novo.

Tarquínio, contudo, necessariamente mais frio, procurou explorar outras nuances do acontecimento.

— Sim? E que mais? Não te detenhas neste relatório, pois o momento é crítico. Fala! Marcelo conseguiu acesso aos informes que pretendia? Alguém cedeu à tortura?

O soldado meneou, abatido e cansado.

— Não, senhor. Nenhum cedeu. E, ao que me contaram, Juliano ainda tripudiou sobre o oficial no momento final, com desconcertante ironia.

— Juliano nunca nos decepcionaria — Marcus aludiu, rubro, entre dentes, largando um riso mordaz. Depois trocou um olhar de entendimento com Breno, justo quando Tarquínio comentou, após dispensar o legionário com um gesto enfático:

— Tu, Marcus Túlio, que acabas de sofrer perda injusta e irreparável, deixa a meu encargo a desafronta destas coisas no que diz respeito a Pompílio; Nero, e mais ainda Varro, haverão de gostar de saber da versão interessante que eu mesmo me encarregarei de transmitir-lhes a respeito desta história.

— Não! — voltou o soturno Marcus Flavius, inesperadamente. — General, eu vos rogo: Pompílio fica a meu encargo. Tenho contas pessoais a ajustar com este homem. Agradeço-vos se puderdes executar providência parecida em relação ao ardiloso Marcelo, que agiu espuriamente para encurralar toda uma guarnição nossa, da qual faziam parte não apenas o meu irmão, mas também valorosos companheiros, como Juliano — adiantou-se uns passos, diante do olhar preocupado do pai e da observação admirada de Tarquínio. — Peço-vos como favor pessoal, general. E rogo, de outra feita, a vossa autorização para precipitar com Breno as demais providências do levante, em vista desses sucessos extraordinários, que são de molde a alertar-nos de que o nosso movimento está sob ameaça iminente.

— Que queres significar com isso, Flavius? Então estás mesmo associado oficialmente a Galba? Por Marte, que não quero perder mais um filho em decorrência de toda esta catástrofe política — rebateu Túlio, revoltado, cortando-o, mas depois despertou para uma outra implicação séria no que o filho dissera, e se voltou para o impassível Tarquínio: — Tu também andas às voltas com o separativismo militar que anda rondando Roma?

— Conhecendo-me como me conheces, é de admirar que só agora atentes para isso, Túlio. Por qual razão achas que me imiscuí em toda esta questão, infiltrando-me deliberadamente naquela assembléia, na tentativa de algo envidar por uma mera guarnição envolvida em atitude irregular? Mais ainda, em assunto envolvendo a polêmica cristã? Não foi necessariamente por pretender proteger cristãos que, diga-se de passagem, reputo inocentes em toda esta deplorável mixórdia, porque faz pouco tempo tive um filho, militar, milagrosamente arrebatado das garras de uma moléstia grave pelas mãos de um destes misteriosos, porém bondosos homens — ele meneou com gravidade algo melancólica. — No início mantinha-me sóbrio, mas o decorrer dos anos nos provou que o governo de Nero transmudou-se em gangrena política e social. Não posso permitir que as outrora gloriosas legiões romanas continuem sendo modificadas em exércitos de carrascos, incumbidas exclusivamente de praticar crueldades contra inocentes, em lugar do que antes, e adequadamente, lhes cabia no serviço militar honroso da expansão do Império.

Assentada com aquele discurso taxativo a posição de Tarquínio no caso, diante da expressão incerta e hesitante do pensativo Túlio, Breno dirigiu-se a Marcus, antes de despedir-se e sair, apressadamente.

— Encontro-te no pretório, em uma hora. Não posso ir antes de me entender devidamente com uma pessoa em particular, em casa, onde passarei para munir-me de provisões e apetrechos.

Marcus assentiu, com um meneio.

E, com o consentimento do general, Breno saiu, dando continência. Os três homens demoraram-se apenas um pouco mais por ali, trocando planos finais e impressões.

— Silas! Silas!

O cochicho se repetiu por três vezes, até que um menino do corpo de noviços do templo, que àquelas horas dirigia-se aos corredores de acesso à saída para o cumprimento de obrigações atinentes às compras de miudezas para a ornamentação e provimento dos rituais, finalmente estacou, em dúvida, firmando a vista na direção de onde supôs se originar o esquisito chamado.

Em o fazendo, afinal notou em meio às sombras silenciosas da escadaria que dava para os pavimentos femininos superiores alguém, que lhe acenava com gestos denunciadores de certa urgência.

Avançou até lá, e, aliviado, notou tratar-se de uma das sacerdotisas, a quem logo reconheceu como sendo a filha de Valério Graco.

— Em que posso lhe ser útil, Blanda? — indagou, logo que a alcançou na penumbra dos primeiros degraus.

Mesmo para a sua pouca idade, Blanda lhe pareceu um tanto trêmula e nervosa, por uma razão qualquer desconhecida que lhe escapava. Entretanto, não querendo ser inconveniente, limitou-se a aguardar o que ela certamente tinha a lhe dizer com indisfarçada pressa.

— Silas, tu sempre foste para mim um irmão mais novo, aqui, dentro do confinamento frio deste templo. Uma vez disseste que poderia contar contigo para qualquer coisa que se fizesse necessária, lembra-te? — ela procurou sorrir-lhe, gentil, no intuito de disfarçar o grau excessivo de ansiedade que a empolgava.

Um sorriso radioso e franco logo desenhou-se no semblante do noviço.

— Certamente, Blanda. Fui sincero ao dizer que nunca esqueceria o favor com que me distinguiste, livrando-me daquela moléstia ingrata que me prendeu por vários dias no leito.

Blanda meneou com simplicidade. Levou a mão carinhosa ao rosto alvo do menino.

— Nunca pretenderia te cobrar um favor, e envidei aquilo por ti em razão de afeição e de verdadeira amizade, Silas. No entanto, vejo-me em graves dificuldades neste momento e, por incrível que te pareça, tu és o único com quem posso contar neste caso, justamente por seres apenas um noviço, a quem ninguém daqui se detém com maior atenção ou desconfiança.

— Pois dispõe de mim com franqueza, até porque agora vejo-me preocupado com o teu bem-estar. Noto-te pálida e aflita. Fala, portanto, com brevidade aquilo de que necessitas, que envidarei com a devida presteza.

Sem poder demorar-se por mais tempo naquele diálogo perigoso no recinto do templo, sem esperar mais, Blanda retirou de dentro das dobras de suas vestes um pequeno recado enrolado e lacrado, apresentando-o ao noviço.

— Vês? — cochichou. — Tu vais te ausentar daqui por algumas horas a serviço, Silas, e preciso que acrescentes mais uma tarefa aos teus afazeres, sendo que esta de caráter urgente e, principalmente, *sigiloso* — frisou. — Preciso que te dirijas, antes de qualquer coisa, e em primeiro lugar, ao ambiente do pretório. Lá, procura por Marcus Flavius e, se não te for possível achá-lo, pelo meu irmão, Breno, e entrega a um ou a outro esta missiva. Por favor, Silas... — o tom de voz era súplice e visivelmente angustiado. — É preciso que saibas que da entrega precisa deste recado a Marcus Flavius dependem vidas e o desfecho de coisas graves e importantes. Posso confiar na tua providência? É apenas a um destes dois homens que este bilhete se destina... e a ninguém mais... ou eu mesma correrei risco de vida.

Silas arregalou os olhos azulados para a sacerdotisa, agora verdadeiramente admirado do que ouvia. Entretanto, não esmoreceu na disposição; e foi com transparente segurança na entonação que tranqüilizou a jovem filha de Valério Graco:

— Sossega! Se o caso é assim tão urgente, deixa-me aviar logo, para que não percamos tempo. De volta ao templo, te procuro, para dar-te conta do desfecho da missão.

Sorriu-lhe, confiante. Blanda apertou-lhe as mãos jovens entre as suas, trêmulas, e, esgueirando-se rapidamente para dentro das sombras dos seus aposentos, eclipsou-se da visão do noviço, que de seu lado ganhou rapidamente a liberdade das ruas, desaparecendo por entre o vaivém incessante do povo.

Silas tomou rumo em direção ao pretório no mesmo momento em que Breno deixava sua casa após uma horrível tempestade familiar que envolveu Drusila e Atília, no momento em que se fez presente na residência de maneira breve, apenas para munir-se dos apetrechos suficientes para viagem rápida e em seguida deixá-la, talvez não de forma definitiva, mas durante um bom tempo, ou ao menos pelo período de duração da iminente reviravolta política que estava para se dar em Roma. Em adentrando o ambiente da moradia da família, e dando logo de cara com a irmã, para início, e sem mesmo se deter no estranho abatimento visível na sua fisionomia, começou logo por avançar-lhe de encontro, desfechando-lhe, para seu avultado susto, e confirmando-lhe de maneira irrefutável o teor dos pressentimentos sombrios que a dominavam toda, desde o instante em que entreouvira aquele trecho de entrevista entre ele e Marcus, horas antes:

— *Tu, maldita!* Tu, por Mercúrio, e por todos os deuses do Hades, de alguma forma convença-me de que não foste a causadora maior de toda a desgraça que se abateu sobre as nossas cabeças desde o decorrer deste nefasto dia — esbravejou, o olhar despendendo faíscas na direção da agora atemorizada jovem, e com tal brutalidade, que o modo estentórico como berrava de imediato chamou a atenção de Atília, atraindo-a do interior da casa, pois imediatamente correu para o vestíbulo, sobressaltada.

— A que te referes, insano?! — ela ainda teve forças para rebater, louca, exasperada, sem notar a entrada da mãe no recinto, assim como também Breno, que, possesso, fora de si, a cortou abruptamente.

Ele cresceu para ela alguns passos, os punhos cerrados, fazendo com que recuasse involuntariamente, espavorida, dando com as costas na presença amparadora da mãe, que adiantara-se sem ser percebida.

— A que me refiro? Estúpida! — E assacou, furibundo: — Sabes que Cássio acaba de perecer debaixo dos golpes impiedosos do carrasco seguidos de execução sumária, porque chegou aos ouvidos do magistrado que não apenas ele, mas toda uma guarnição das legiões estão sob suspeita de conspiração contra o poder de Roma? Sabes que a minha própria vida e a de Marcus Flavius estão por um fio? Segundo informes seguros, por causa da indiscrição e do falatório desastrado de alguém que reside *aqui... debaixo deste teto!*

Lívida, acuada, emudecida, Drusila colou-se ainda mais na atordoada Atília, que àquela altura logrou cortar com energia aquele acesso enfurecido do filho, a custo apenas do peso de sua autoridade materna.

— Cala-te, louco! Tens noção da gravidade das tuas acusações? Prova-o, antes que o pavor do que proferes não transtorne a tua irmã por completo, levando-a ao desatino e ao teu conseqüente e irremediável remorso tardio. Prova o que tu pronuncias, porque te reputo preso de desvairamento.

— Tu estás envolvida com Marcelo, harpia. Tu o negas? — Breno, contudo, prosseguiu impávido no seu ataque verbal contundente e irrefreável, intentando responder à mãe de maneira definitiva, ao mesmo tempo que o fazia: — Dize-me, portanto, de que outro modo pode ter ido parar nos ouvidos de tio Pompílio que há suspeitas de que houve aqui, dias atrás, um encontro no qual foram tratados assuntos suspeitos e de teor passível de ser interpretado como rebelião contra o governo de Roma?!

Que outro se não Marcelo pôde ter tomado conhecimento disso através da tua boca ferina, de vez que de há tempos reunião nenhuma houve nesta casa que não aquela em que compareceram militares do meu círculo de convivência e interesses, e muito do teu conhecimento? Alto, portanto, jovem tola, foi o preço do ter afinal consentido Marcelo com este envolvimento, para o qual anteriormente sempre se mostrou refratário e negligente — arfou, sem fôlego, crispando as mãos cerradas. —Pois disso tive a confirmação, através das informações do meu próprio superior hierárquico que, privando com tio Pompílio, ouviu dele estas declarações graves. Eis aí, a prova! E, agora, devo deixar-vos... já que cabe-me, como romano e militar, tomar parte naquilo que me parece mais justo e urgente para o resgate do bem-estar da população de Roma, bem como para salvaguardar a minha vida e as de outras potenciais vítimas.

Meneando a cabeça, entre pesaroso e profundamente encolerizado contra a irmã, lançou um último olhar respeitoso à agora atarantada Atília que, muda, chumbada ao lado da filha trêmula e mergulhada em amargas lágrimas, não mais soube o que fazer ou dizer.

Breno tomou seu elmo e o seu fardel, lançando-o às costas e, num átimo, desapareceu porta afora, sem mais nenhuma palavra ou despedida, encerrando um trágico episódio familiar que vinha ainda uma vez provar a insuspeitada diferença, para o melhor ou para o pior, que faz a influência de uma reles gota d'água num oceano de decisivos acontecimentos.

Capítulo XXX

Na iminência da derrocada

Quando Silas atingiu o limiar do pretório, não soube muito bem como se aviar para encontrar Marcus Flavius ou quem quer que fosse na extensão avantajada, para muito além das suas modestas suposições, daquela vasta dependência militar. Contudo, o acaso o favoreceria, porque, se não lhe atendia a chance de, àquela altura, achar o destinatário principal da importante missiva da qual se fazia portador, por felicidade lograria cruzar rapidamente com a sua segunda e importante alternativa, com quem deparou tão logo acercou-se do ambiente austero dos umbrais da caserna, uma vez que Breno retornava do grave encontro familiar terminado há pouco em busca mesmo de Marcus Flavius, conforme fora acertado anteriormente. E Silas o conhecia bem, das outras ocasiões em que o avistara em Roma na companhia da família e da sua jovem irmã e sacerdotisa de Apolo.

— Oficial, oficial! — ele chamou, impaciente, correndo-lhe no encalço tão logo o viu.

A presença disparatada daquele menino em ambiente tão diverso dos que lhe eram habituais logo provocou no arguto pretoriano um sinal interior de alerta. E ele se lhe acercou, entre curioso e atento.

— Que me queres? Tenho pressa! Não és um dos noviços do templo, onde serve a minha irmã?

— Sim — o garoto confirmou de pronto. — E é justo por ela que me encontro aqui. Júpiter seja louvado por tê-lo assim encontrado com tanta facilidade, oficial; pois que porto recado grave e urgente da parte dela, a ser entregue ao comandante Marcus Flavius, ou à sua pessoa, senhor — contou, de resto ainda esbaforido pela pressa excessiva com que se pôs a caminho a fim de bem cumprir a sua importante incumbência. Ele bem sabia que Blanda também aguardava com ansiedade suas notícias a respeito do ter ou não sido bem-sucedidos os seus esforços.

Impressionado daquilo, e temendo mais problemas, Breno correu o olhar em torno, pressuroso. Depois, conduziu o menino por um braço até um ponto mais ermo e a salvo de indiscrições daquela avenida, e então aceitou de suas mãos o recado enrolado e lacrado de forma impermeável.

— Dize-me — cobrou dele, entre sério e preocupado, brandindo com agitação o pergaminho —, minha irmã está bem? Passa por alguma dificuldade? Fala sem reservas, porque tal inesperada atitude só pode significar apuros.

Mas Silas apenas pôde menear, sincero e solidário.

— Senhor, notei apenas a sacerdotisa acentuadamente ansiosa quanto a alguma coisa que não pude discernir. Ela me pareceu muito preocupada, e encomendou urgência para a entrega desta missiva. Disse-me que vidas dependem disto.

A isso, no entanto, Breno largou uma imprecação surda. Desligou-se um pouco da presença do garoto, que se mantinha a olhá-lo de dentro de franca lealdade; e, percorrendo em torno durante algum tempo os olhos escuros, pensativo, esboçou um gesto de ansiedade que conteve, para dizer ao mensageiro, com expressão entre ausente e soturna:

— Não precisas me dizer nada mais. Tua tarefa está cumprida. Encarrego-me de fazer chegar isto com segurança às mãos de Marcus, com quem vou ter em breve; transmite à Blanda, por tua vez, que nada tema, e que tudo envidaremos, eu e Flavius, para que as coisas se resolvam a contento. — Em seguida, sublinhou para o agora impressionado noviço, com firme austeridade, inclinando-se e mergulhando no dele o seu olhar de fogo: — Isto tudo deve se dar de dentro do mais inviolável sigilo, menino! Absolutamente nada do que está acontecendo pode transpirar para quem quer que seja daquele templo, sejam quais forem as perguntas que porventura alguém te dirija.

— Saberei me esquivar, senhor — o menino assegurou-lhe, no entanto, com confiável dignidade.

A isso, o oficial se tranqüilizou um tanto. E dispensou-o com um gesto, pois que estender-se mais naquela palestra insólita, e naquele local, poderia brevemente despertar curiosidade e atenção inconvenientes.

— Bem, podes ir, então. Sou-te grato pelo concurso nesta hora de necessidade.

— Admiro muito a sacerdotisa, e farei o que me for possível para auxiliá-la. Até mais ver, senhor — despediu-se Silas com um sorriso. E, em afastando-se, depois de um último olhar perscrutador em volta, Breno também avançou, respondendo a continência do sentinela e desaparecendo nos vastos domínios da caserna romana.

Momentos depois encontrava um indócil Marcus nas cercanias do pretório, que se acercou a ele, afoito, antes mesmo que desse pela sua presença por ali, tendo já dois cavalos encilhados e amarrados em postes, e entretido a andar desassossegado de um lado para o outro.

Seu grau de ansiedade, todavia, aumentaria com as ocorrências em seguida.

— Breno, por Marte que deves gratidão à minha lealdade! Se não és tu, me aviaria sem mais detença para Soborna, já que por duas vezes despertou curiosidade a minha presença inerte aqui, sem nenhuma finalidade útil.

— Tua presença também exige cautela em outros locais, doravante, meu amigo. Lê esta missiva, e a partir daí combinemos o que de melhor se há a fazer; todavia — o rapaz frisou, o olhar incendido parado na fisionomia interrogativa do outro, conhecendo como lhe conhecia os rompantes inquietos, mais ainda em se tratando do que dizia respeito à sua irmã —, ajamos com sangue-frio, para que não comprometamos outras pessoas e a situação ímpar da qual participamos com iniciativas impulsivas.

E estendeu-lhe o recado que portava, que Marcus arrancou-lhe da mão, sério e sombrio, enquanto, entre preocupado e reflexivo, parando um pouco para recuperar o fôlego da corrida até ali, e retirando o seu elmo, sentava-se no batente, passando pelo rosto suarento um braço.

Dizia a mensagem:

Marcus, acautela-te! Acabo de ter com tio Pompílio, que me falou em tom e em termos que não deixam dúvidas à ameaça velada da tua ruína, caso de mim te aproximes, implícita nas palavras que me pronunciou. Teus passos andam vigiados, e mais ainda nas proximidades deste templo, pelo que entendo, agora com o consentimento de meu próprio pai. Soube por ele dos lamentáveis acontecimentos envolvendo teu irmão, e oro ardentemente por ele, e por ti. Envida o que te cabe na missão importante que tens de levar a bom termo, pelo bem de Roma, Flavius; resguarda-te, antes de tudo, mesmo que isto signifique abdicar temporariamente daqueles nossos propósitos combinados em conjunto. Silas é noviço do templo, da minha absoluta confiança, e portador fiel destas linhas, que oro aos deuses possam alcançar sem maiores problemas as tuas mãos, ou ao menos as de meu irmão. Amo-te sempre. E hei de esperar-te infinitamente.

Blanda.

Sentado ainda, instantes depois, ao fim da leitura, Breno julgou reparar no semblante do amigo um rubor perigoso e febril, indiciando qualquer atitude próxima a um acesso enfurecido contra alguém. Todavia, este não se concretizou; Marcus limitou-se, durante uns poucos minutos, a amassar nervosamente o bilhete entre as mãos crispadas, para depois trocar idéias com o companheiro, dificilmente controlando a violenta e irascível comoção de que se via preso.

— Está evidente que ela escreveu este bilhete debaixo dos efeitos de intensa emoção e urgência; reparou no talho da letra, trêmulo e corrido? Não pôde, evidentemente, se estender sobre as minúcias da entrevista com o teu tio, porque certamente esta visita perigosa se deu no intervalo entre os últimos acontecimentos, quando Pompílio se dirigiu ao templo, com intenção indefinida, mas que penso adivinhar.

Breno se pôs de pé, ainda mal refeito do choque dos episódios difíceis das horas precedentes. Arfou de leve, e ele e Marcus se entreolharam.

O militar chegava a sentir a intensa fornalha que era a disposição incendiária do outro naquele momento decisivo.

— Que faremos, Marcus? Iremos já a Soborna?

No primeiro instante, Marcus se deixou levar pela irreflexão.

— Quero dar um jeito de tirar Blanda de lá, antes. E acertar contas com Pompílio, que não se peja de injuriar por esta forma a própria sobrinha, e no ambiente do templo no qual o irmão oficia como sacerdote.

Esta declaração descoroçoada, contudo, se encarregou de acordar o outro, devolvendo-lhe o senso prático.

— Enlouqueceste? De uma forma ou de outra, Blanda, por enquanto, acha-se a salvo dentro das paredes do Templo de Apolo, e, contra ela, não pesam suspeitas concretas, ou prova alguma de participação neste caso. Tratemos das outras prioridades, se me permites uma sugestão sã e precisa. E, no processo, concretizarás, com a minha ajuda, os teus propósitos, no que a vós diz respeito.

Sem querer deixar-se levar de início, dominado pelo transtorno que o conteúdo da mensagem lhe provocara, Marcus custou a decidir-se. Andou por ali um pouco, agitado, truculento.

— Pare para pensar, Marcus. Ou poderemos pôr tudo a perder. Sei que onde entra o fator amoroso tudo se complica; mas a prudência e a estratégia fria sempre foram o teu estilo, e tens acertado até então — Breno ainda aconselhou, valendo-se da ascendência amigável que sempre lhes temperara a convivência.

— Apressemo-nos... — Flavius determinou, vencido, por fim. — Antes que alguém mais se dê conta da nossa inércia aqui, aparecendo com tarefas ou com ordens impossíveis, pois contamos com a cobertura de Tarquínio, que não deve ser desperdiçada. Entretanto — acrescentou, diante da curiosidade atenta do amigo e subordinado —, preciso tomar uma última e precisa providência. Vamos em busca de Lucílio, ou de João — declarou, em tom surdo, procurando burlar a audição de quem porventura se visse às ocultas por ali, já que guardava agora a certeza de ter todos os seus passos vigiados.

Breno assentiu, sem mais anotações.

E, com isso, ambos montaram, e galoparam velozmente, levantando uma nuvem de pó e deixando, definitivamente, o vasto e naquele momento silencioso ambiente da cidadela romana.

Dias depois, longe dali, num vilarejo afastado, ao cair das primeiras sombras da noite, um homem jovem bate com discrição na porta de entrada de uma moradia modesta e rodeada de uma pequena horta e jardim.

Era um modo peculiar de chamada ao qual estavam habituados os cristãos, que o tinham como código de segurança.

Em segundos é franqueada a entrada à sala familiar iluminada por tochas esparsas pelos ângulos das paredes, e o proprietário da moradia acolhe o visitante com as palavras fraternais de costume:

— João! Como sempre, sê bem-vindo, sob as bênçãos de Nosso Senhor.

O rapaz desfez-se, aliviado, do capuz acamurçado de que se valia durante aqueles tempos perigosos para transitar com maior segurança nas ruas hostis de Roma, e saudou com bem-estar a família amável ali reunida.

— Assim seja. Que Jesus seja com todos vós! — E, aliviando-se do fardo que carregava no dorso, no qual levava alguns pertences e utensílios domésticos de que se fazia portador para a família de Lucílio, comentou, apesar de tudo bem-disposto:

— Procurei atender-vos ao chamado com a devida presteza, assim que o irmão Josias me comunicou que necessitavas da minha presença o mais breve possível.

— Senta, filho, que já te exponho o problema.

O rapaz assentiu e, junto com Lucílio, enquanto sua esposa se aviava com as crianças para outro cômodo a fim de providenciar uma refeição leve para o recém-vindo, acomodou-se num dos assentos dispostos ao centro da sala, em torno de uma mesa na qual se viam um arranjo singelo de flores e pergaminhos que continham os ensinamentos do Nazareno, pontualmente examinados todas as noites pela família, ou ocasionalmente, durante as reuniões discretas promovidas com os adeptos do cristianismo nascente.

— Filho, não me demorarei em regateios. Creio que te recordas de que temos impagável dívida de gratidão para com uma jovem romana, outrora responsável pela nossa liberdade e pela sobrevivência de todos nós, em episódio no qual nos vimos ameaçados pela crueldade do poder vigente em Roma.

Os olhos aveludados e sinceros do jovem logo se acenderam com uma nova luz, apagando o cansaço de que se faziam portadores.

— Blanda! Mas evidentemente. Tens notícias dela, Lucílio?

— Sim, João, e, mais do que notícias, se apresenta agora a ocasião crítica em que não podemos negar-lhe auxílio numa hora de séria necessidade. Privei com o oficial Marcus Flavius estes dias. Ele nos buscou em decorrência da urgência de subido favor que nos roga, em benefício dele mesmo e desta pia moça que tanto nos valeu num momento de aflição e de angústia. Já tenho tudo delineado com ele, mas é preciso que também tu providencies um indispensável mister junto a uma outra jovem, para que ela se ponha de sobreaviso para com os graves acontecimentos que advirão dentro em breve.

— A quem te referes? — Preso de genuína preocupação, João logo se dispôs a ouvir e a interceder como se pedia, no que lhe estivesse ao alcance. E Lucílio não se fez demorar nas revelações importantes que guardava para aquele momento. Baixando o tom da voz, fixou no rapaz em expectativa o olhar profundo, murmurando:

— O governo de Nero está para cair, João; e o comandante tem participação ativa nesta grave eclosão de acontecimentos. Tranqüiliza-te, portanto, e ouve o que te tenho a dizer, e o que se faz necessário providenciar para que tudo, para ele e para sua jovem esposa, saia a contento, sem comprometê-los ou pôr em risco as suas vidas.

E assim começando, Lucílio inclinou-se, confidenciando em surdina ao prestimoso jovem os planos delineados para as próximas e decisivas horas.

A manhã posterior a estes acontecimentos surgiu banhada por um sol radiante, que aquecia Roma com seus raios sedativos. A população alegre e buliçosa que lotava suas concorridas avenidas, como de costume, não imaginaria que o céu azul e límpido e o perfume que se evolava dos campos verdejantes das colinas romanas escondiam um pano de fundo de ocorrências caóticas, delineadas para as horas e para os dias que se seguiriam.

De fato, enquanto nos meandros do portentoso palácio imperial Nero se ocultava em severo recolhimento, com os pouquíssimos assessores da sua relativa confiança que lhe restavam, cogitando a alternativa de evasão imediata do opróbrio que o aguardava após todo o período final e turbulento de um governo que tinha envolvido episódios de assassinato, de crueldade, devassidão e loucura, e já informado do levante prestes a se desencadear na sede do Império Romano, pondo em grave risco, em primeiro lugar, a sua própria vida, noutra residência da cidade, contudo, mais um cenário dramático se anuncia nas primeiras horas daquele dia decisivo.

Valério Graco não passara aquela noite em casa. Mas a esposa e a filha que ainda residia no ambiente doméstico, habituadas àquele gênero de acontecimento por força das particularidades do seu ofício religioso no templo do deus vitorioso de Roma, não fizeram caso disso, e se recolheram normalmente para o sono noturno, altas horas, após muito se demorarem em palestra grave e farta de impressões sobre as últimas ocorrências e sobre o comportamento insólito de Breno.

Por entre as lágrimas copiosas da filha, de fato Atília não pôde evitar passar-lhe severa reprimenda, em vista do que reconhecia, efetivamente, como reputado estouvamento pelo filho a respeito dos últimos lances desastrosos que tomavam a família de Marcus Túlio, em decorrência da irreflexão de Drusila na hora de não saber calar particularidades graves entreouvidas no ambiente doméstico acerca de assuntos que não lhe diziam respeito, e cujo teor não lhe cabia externar tão levianamente como o fizera para os ouvidos de Marcelo.

Drusila, por conta daquilo, nada obstante passara aquela madrugada praticamente insone. E, surpreendendo-a logo no início daquela memorável manhã, era justo Marcelo quem, inopinadamente, dava entrada no ambiente silencioso da opulenta moradia, em companhia do tio, que o precedia tomado de ar grave e visivelmente iracundo.

Em adentrando o lar e não percebendo movimentos que denunciassem presenças no primeiro momento, o sacerdote fez sinal ao sobrinho para que aguardasse, e envidou enveredar pelos cômodos mais íntimos em busca da esposa e da filha mais velha, que era com quem pretendia entender-se mais especificamente.

— Espera. Ambas devem se encontrar entretidas com os afazeres femininos nos fundos da casa — determinou, com austeridade. Ao que Marcelo assentiu com um simples meneio, e preocupado com o que o aguardaria nos momentos seguintes. Não lograra evitar aquele constrangimento iminente, já que fora conseqüência natural do entendimento urgente havido entre seu pai e Valério nos dias anteriores, após as ameaças habilidosamente dirigidas pelo magistrado à sua prima no ambiente mesmo do Templo de Apolo, porém, sem o seu conhecimento. Pois até aquela data não apenas Marcelo, mas também suas irmãs, e à exceção da melancólica Aca, desconheciam aquela faceta sombria que determinava boa parte das deliberações do pai no contexto privado de sua vida.

Momentos depois, quando o militar vagava de um lado para outro da sala com as mãos cruzadas atrás das costas, de um modo que não escondia de todo a inquietação surda que o dominava, Valério o arrancou de inopino do seu alheamento, retornando ao lado da filha ainda mortalmente pálida, e notadamente abatida, e da esposa fundamente intrigada com toda aquela ordem inusitada de acontecimentos.

O sacerdote parou solenemente no meio do cômodo e, dardejando na jovem o olhar duro e impiedoso, começou, sem tergiversações:

— Vais me confirmar agora, e sem apartes, o que, afinal, tu escutaste aqui, dentro da minha residência, durante a reunião infame a que te referiste para o teu primo pouco tempo atrás. E que fique claro que quero minúcias, e nenhuma omissão, sob a pena de banir-te impiedosamente do reduto do lar para os domínios da via pública, de vez que a filha de um sacerdote de Apolo não há de enlamear-lhe a honra subtraindo o conhecimento que detém a respeito de um conluio sórdido armado às ocultas contra o poder e a ordem estabelecida em Roma.

A isso, tomada de inigualável sobressalto, Drusila lançou a Marcelo um olhar dolorido de angústia; o militar, de seu lado, nada obstante impassível, parecia lhe dizer com a fisionomia acerca da inevitabilidade fortuita daquela circunstância.

— Mas... a que te referes, pai? — ela ainda tentou ganhar tempo, perdida nos pensamentos e nas palavras, atordoada. No entanto, foi cortada pelo pai com violenta rispidez.

— Criatura néscia! Não permitirei que, qual já ia acontecendo com a tua irmã, também tu enveredes pelas vias da traição e do opróbrio. Presenciaste, aqui, há pouco tempo, uma reunião organizada pelo teu irmão, aliás já banido permanentemente do ambiente doméstico em razão da incúria do seu procedimento ao envolver-se, de caso pensado, em conspiração e rebelião declarada contra Roma, justo ele, um pretoriano? — A isso, foi a vez de Atília tomar inaudito susto, de vez que desconhecia a extensão plena dos meandros daquele drama familiar que assim a colhia, de improviso. E Valério cresceu para a agora atemorizada jovem, mergulhada na impressão de que se via presa de um pesadelo sem fim. — Quero detalhes de tudo o que ouviste, sem um único lapso. Vamos, Drusila, avia-te! — intimou, peremptório, diante do pavor patente na disposição da esposa, e do silêncio entre altaneiro e enfadado de Marcelo, ainda a olhar o estado agudo de sofrimento daquela jovem pueril entremostrando claramente que se via ansioso por dar fim àquilo para dirigir-se à resolução de outras pendências sérias da hora que passava.

Entre revoltada com o que notava com clareza na frieza do semblante do homem que até então amava sem restrições, e acuada diante das ameaças sérias do pai, que vinham arrancá-la da legendária despreocupação frívola com que até então encarava os lances costumeiros da sua promissora vida de jovem participante da sociedade fútil da Roma daqueles tempos, Drusila, enfim, olhou Valério, sem ter mais como postergar o inevitável a fim de recuperar o seu sossego íntimo. E, lançando um último olhar odioso ao primo, adiantou-se, devagar, acomodando-se nos assentos próximos, ao lado da ainda paralisada mãe.

Em passeio vagaroso pelos bucólicos jardins dianteiros da sua residência naquela manhã perfumada que se descortinava, Claudia se achava pensativa e algo melancólica, considerando que seria impossível alguma contrariedade no decorrer de um dia que se anunciava assim, esplendoroso, com o céu intenso azul cortado pelo vôo gracioso dos pássaros, e com flores abundantes colorindo as touceiras e canteiros caprichosamente dispostos ao longo daquele sinuoso caminho de pedras trabalhadas pelo jardineiro.

O acontecimento seguinte, contudo, a colheria de surpresa, perturbando os seus devaneios. Ao se aproximar dos limites dos jardins que confinavam com a via pública, julgou ouvir um chamado baixo. E, em olhando para a direção de onde julgou se originar o movimento insólito, avistou, surpresa, um vulto embuçado cujo rosto era velado por capuz, mas de quem julgou, todavia, dado o porte e os modos, tratar-se de alguém jovem, cuja entonação de voz não lhe era de todo desconhecida.

Nada obstante, de início guardou distância, ciosa.

— Que me queres? Quem és tu?

— João, domina. Lembra-te de mim, em visita à tua casa com Blanda há muito tempo? Perdoe-me perturbar-te no teu repouso assim, intempestivamente... mas tenho coisas graves a transmitir-te da parte da tua prima e do comandante Marcus, e não posso por aqui me demorar muito para não chamar a atenção dos teus familiares e dos residentes da tua casa — o rapaz de pronto identificou-se, desvelando o rosto assim que viu-se abordado pela moça a distância, avançando a passos cautelosos.

Claudia gastou uns poucos segundos puxando pela memória... até que um reconhecimento súbito provocou-lhe um sobressalto, tanto mais pelo teor do que ouvia, ali, naquelas circunstâncias, e de alguém que evidentemente se arriscava em altíssimo grau para trazer-lhe alguma notícia urgente. De modo que prontamente mostrou-se preocupada, acercando-se do rapaz e instruindo:

— Avia-te. Não percas tempo! Vai nesta direção, até o pórtico dos fundos do jardim! Lá, a estas horas, não há sinal de vida, enquanto aqui existem jardineiros e criados cruzando de um lado para outro.

João concordou e distanciou-se. E ela, lépida, correu pelos caminhos sinuosos dos bosquetes para o destino pretendido, olhando em torno, cautelosa, qual gazela arisca.

Em poucos segundos se encontravam no local indicado, felizmente ermo e a salvo de presenças indesejáveis àquela hora tranqüila do dia.

— Mas com o que te arriscas por este modo, buscando esta casa? — foi dizendo Claudia, tão logo iniciaram o diálogo furtivo, lançando olhares de soslaio em volta, visivelmente desassossegada.

— Jamais negaria um favor ao comandante Marcus, a quem a comunidade cristã deve elevados favores e socorro, prestados em horas críticas — aduziu João, admiravelmente inamovível da sua habitual serenidade. — E mais ainda à tua priminha, que atravessa momentos de grande aflição. Mas não nos demoremos em digressões inúteis, domina, para que eu possa bem cumprir o meu papel diante de ti, já que coisas importantes haverão de se dar nos próximos dias, e o comandante e Blanda necessitam que eu te entregue isto, rogando, contudo, que só abras para leitura decorridos oito dias.

Claudia inevitavelmente se viu tomada de profundo espanto.

Estendeu a mão delicada, hesitante, para segurar a mensagem. De fato, aparentou a João que seria pedir-lhe muito que aguardasse aquele intervalo para se inteirar do conteúdo do documento; e isto o levou a preocupar-se francamente com o modo como a moça reagiria àquela ordem insólita de circunstâncias.

— A missiva vem da parte da tua prima, que há alguns dias a confiou ao comandante Marcus Flavius. Ocorre que não haveria como ele te entregar isto sem despertar atenções no ambiente da tua moradia, o que não convém aos dois nesta hora decisiva; então, a única alternativa viável foi valer-se do meu auxílio, em vista do que rogo que encares este meu pedido como vindo da parte da tua própria prima, de vez que, de mim mesmo, nada sei acerca do conteúdo desta mensagem. Todavia, julgo que, se ela assim te orienta, por alguma boa razão há de ser. Não vale a pena contrariar-lhe as disposições neste sentido porque, do pouco que me coube do entendimento da situação, Blanda acha-se em situação melindrosa no ambiente do Templo de Apolo — explicou o jovem, num tom rogativo.

— Mas... — atalhou Claudia, o semblante grave e contraído — por quê? Por que Blanda se acha em situação melindrosa no templo? E a pretexto de que me encaminha um bilhete que só pode ser aberto após oito dias? — agoniou-se; e, confusa: — Quem te entregou a missiva com estas orientações?

— O comandante Marcus Flavius — João respondeu, de pronto.

— Mas como pôde ele ter com Blanda no templo, se ostensivamente foram afastados pelas deliberações de tio Valério? E por qual acaso ela me encaminha, por intermédio dele, esta mensagem? — divagou, inquieta, sem poder entender. E tornou a lançar o olhar aflitivo em torno, pelas cercanias silenciosas do perímetro da casa.

A isto, contudo, João apenas meneou, querendo abreviar o mais possível aquele momento arriscado.

— Domina, tudo isto diz respeito, ao que sei, e que não é muito, a coisas graves que haverão de se dar nos próximos dias; esta foi uma das poucas e sumárias explicações do comandante. De acréscimo com a recomendação veemente de que o que acontece aqui, neste momento, seja guardado dentro de severo sigilo, ou, caso contrário, vidas, domina, estarão em risco por conta disso — João arrematou, algo impreciso, denotando também ele sentir-se perplexo diante desta conotação obscura do caso.

Ele e a jovem entreolharam-se com expressões distintas na fisionomia, mas igualmente tensos. Claudia lentamente contraiu a mensagem enrolada e lacrada contra o seio para enfim declarar, instintivamente, ouvindo mais a voz da intuição do que qualquer outra coisa, já que a explicação lógica para o inusitado daquela ocorrência não lhe atendia ainda, para a solução de todas as dúvidas.

— Está bem. Não posso faltar com a confiança da minha prima. Guardarei segredo disto até mesmo para com a minha irmã, Virgínia, com quem nunca mantenho restrições. Mas compreendo a seriedade do caso — o olhar brilhou com uma nova luz, mais inspirada e arguta. — Se estiveres, portanto, novamente na presença de Marcus Flavius, João, assegura a ele que esta mensagem está em boas mãos, e que farei bom uso dela, segundo as orientações que me transmitem através de ti.

João meneou, agora emocionado.

— Eu também, de minha parte, te agradeço, domina. Adivinho a real necessidade para que procedas desta maneira, beneficiando a todos.

Um último olhar foi trocado entre ambos.

— Que queres dizer? O que tu intuis? — Claudia ainda arriscou perguntar.

Mas, sem aviso, e após um aceno gentil e grato, João já se esquivava, distanciando-se pelo caminho que o levaria para fora das proximidades da moradia do poderoso magistrado romano.

Capítulo XXXI

A queda de Nero

Correram alguns dias sem maiores novidades. Dias agitados, tomados pela movimentação intensa no gigantesco labirinto de ruas e de vielas poeirentas que se entrecruzavam na opulenta Roma; e se anuncia uma noite vagarosa, durante a qual os nossos personagens se mantêm em insólita inércia, entretidos com ocupações e interesses secundários, como se imersos no prenúncio de inusitada tempestade após uma inesperada calmaria para cada uma das suas aguçadas preocupações.

Os primeiros clarões fugidios nos céus de Roma, prenunciando-se em fantásticas nesgas azuladas no escuro absoluto do firmamento, se fazem acompanhar de uma movimentação insólita e furtiva nos umbrais da moradia de Valério. Um único homem embuçado, de porte elevado, se esgueira pela entrada, ágil; e avança, a passos altivos e algo esquivos, ao encontro de quem já parecia aguardá-lo no limiar do peristilo.

A julgar pelo modo desembaraçado com que ganha o interior, deduz-se a familiaridade acentuada do visitante para com o ambiente da imponente moradia.

Efetivamente, Valério em pessoa o esperava no pórtico ornamentado com colunatas em mármore de uma alvura intensa, que as fazia destacar-se no breu da escuridão noturna com um brilho fantasmagórico. Tão logo identificou o recém-vindo, e em lançando um olhar cauteloso qual o de ave de rapina nas cercanias, a fim de certificar-se da ausência absoluta de circunstantes, não fez preâmbulos para começar, aos sussurros, em tom urgente:

— Então, já te diriges ao Fórum antes das primeiras claridades? Eu, em breve, irei rumo às minhas ocupações, e certamente posso contar com a tua providência impecável no tocante àqueles pormenores relacionados à segurança especial nos perímetros do templo.

Um sorriso desenhou-se, despercebido, por debaixo das sombras do capuz do visitante. Um sorriso irônico, que anonimamente zombava do desconhecimento de Valério, até aquela data, dos bons motivos pessoais que ele mesmo possuía para providenciar aquelas coisas de maneira indefectível.

Mal sabia Pompílio, contudo, que o seu precioso e escuso segredo estava em vias de ser descerrado, e pelas mãos daqueles que menos lhe convinham ter acesso aos pormenores de tal sigilo.

— Sossega — murmurou, seguro. — A despeito de não nos ter sido de grande valia o que Drusila entreouviu naquela data, para nos oferecer particularidades da conspiração, obtivemos o suficiente para adotar as devidas providências de segurança reforçada nos principais endereços de Roma. Conto com a providência de generais e de cônsules fiéis a Nero e à manutenção da ordem social e política; e a qualquer momento que rebente o levante, não apenas o Fórum, mas os demais pontos-chave da cidade estarão suficientemente resguardados pela guarda pretoriana, como também todos os templos. — E, assumindo um ar mais grave e condizente com o teor do que determinava aquele encontro inusitado e às escondidas: — Lamento estar teu filho envolvido nisto. Gosto de Breno, e dói também em mim, como teu parente. Com o teu devido entendimento para com as razões que me demoveram a tal pusilanimidade, contudo, Valério, não fiz caso, perante as autoridades, da inclusão dele nas acusações, detendo-me apenas em Marcus Flavius, sobre quem pesa maior culpa devido ao seu posto elevado no comando das legiões.

— Meu filho é um renegado e não haverá mais de cruzar os pórticos da minha moradia. Não dei sorte com filhos, Pompílio — rebateu Valério, transcendendo amargura e rancor em cada palavra. O irmão notou que resfolegava, preso de leve tremor nervoso, ao concluir, de forma definitiva: — Orgulha-te, pois, dos teus. Filhas e o meu único filho homem só me destinaram desgostos e maus augúrios, e se ao menos puder, a esta altura e em meio ao caos iminente, conservar a mais nova no serviço ao deus, e Drusila presa o suficiente, e ao alcance curto das minhas rédeas, já me darei por satisfeito! Mas encerremos sem mais tardança este encontro! O dia avança e o céu já se acha claro quase por completo; os servos não tardarão no serviço diuturno, e não quero despertar o falatório deles a respeito da nossa presença por aqui a estas horas. Vai-te! — meneou, com ênfase. Ao que Pompílio de imediato anuiu.

Dirigindo-lhe um último aceno, rapidamente desapareceu pórtico afora, ganhando o silêncio das vias ainda pouco freqüentadas do início daquele que seria um dos dias dramáticos para os rumos da história romana, no curso do ano de 68.

Três dias antes, naquela mesma hora matutina, todavia, mas em local distante daquele ponto situado no então Império do mundo ocidental, coisas não tão diversas se davam sob as primeiras claridades do amanhecer.

Em Soborna, Marcus Flavius, na companhia de Breno, deixa um prédio desgastado pela ação do tempo, de tonalidade escura e desbotada, situado em local ermo e distanciado de maiores concentrações populacionais. Era um endereço que já de há vários meses servira como ponto de encontro de militares e aliados do movimento contrário às diretrizes políticas de Roma, um grupo liderado por Galba, que haveria de estar à frente da invasão que breve transmutaria a face do governo imperial.

Deixavam a derradeira reunião com os chefes responsáveis pelas diretrizes dos grupos já esparsos estrategicamente ao longo daquele território, mas que desempenhariam papel-chave no momento decisivo. Eram as células dormentes presentes dentro do próprio núcleo do Império Romano, espiões e representantes de articulações importantes empreendidas junto às autoridades que, sub-repticiamente, tramavam com Galba o golpe letal próximo de se efetivar, transmitindo-lhe informes vitais do cotidiano dentro dos muros da cidade com o fim de que nenhum contratempo os tomasse de assalto no momento de agir.

Agora o alarme já havia sido dado; e ambos os antigos camaradas de profissão trocavam discretamente impressões, enquanto outros rapidamente dispersavam rumo aos seus postos predeterminados, em reunião aos demais que, na hora aprazada, agrupar-se-iam num só corpo armado devastador que, de um só planejado golpe, não deixaria às tropas romanas sediadas na capital chance a maiores resistências.

Os dois pararam uma última vez antes de tomar caminho, e Breno, observando o amigo de aspecto entre sério e dispersivo, o olhar alheio do intenso movimento em volta, comentou:

— Marcus, certamente tu compreendes que, pela lógica, e de acordo com as orientações de Mecênio, teu caso será a última coisa que resolveremos, para não chamar atenção indevida para os nossos passos, com o risco de se colocar a ação toda a perder.

Mas Marcus achava-se lúcido e tranqüilo quanto àquele pormenor.

— Muito do que realizaremos já está acertado com Blanda desde o nosso último encontro — ele meneou com franqueza. — Preocupa-me apenas a sua situação de fragilidade dentro daqueles muros, perante o teu tio, que a esta altura já está de posse de informes perigosos a respeito do nosso movimento. É pouco provável que não se utilizará desta vantagem para tomar tua irmã como possível vítima, contra mim. — E, num gesto contido de desassossego: — Imagino o tanto que está inquieta a esta altura, na expectativa de novidades.

— Mais uma razão para agirmos como o combinado. Contarás com a minha cobertura e com a de todo um destacamento de vinte homens. Irei na frente para sondar o território, e agiremos a partir disso. Nada sairá errado se fizermos deste modo, porque colheremos de surpresa quem quer que se interponha no nosso caminho.

Entreolharam-se. Um sorriso entre mordaz e amargo rasgou os lábios de Flavius, por sob a barba e o bigode alourados.

— O que faremos será uma violação ao templo do deus...

Breno deu de ombros.

— Penso que já houve violação ao ambiente do templo quando meu pai o usou para enclausurar uma jovem contra a sua vontade, unicamente por capricho e por aversão pessoal contra os cristãos.

Marcus pensou no que ouviu. Breno estava certo, considerou, desfazendo seus últimos pruridos íntimos.

Meneou, afinal, decidido; e, avançando, foi seguido pelo filho de Valério, desaparecendo com ele em poucos segundos em meio aos militares

Nero agita-se. Sente-se sozinho, e a desconfiança doentia consome-lhe as desequilibradas energias emocionais. Olha com ódio e zelo insanos até mesmo para os obscuros criados que lhe povoam os salões luzidios e ora desertos de seu palácio; outrora, salões ocupados pela multidão bajuladora e ociosa da brilhante sociedade romana, nos idos dos eventos artísticos que enchiam aqueles cômodos de luzes e de ruído álacre — agora, assemelham-se a espaços fantasmagóricos, pois, na situação crítica e ameaçadora, nem um só daqueles que antes lhe bajulavam a vaidade inflada e senil restara, para lhe oferecer apoio na hora grave que atravessava.

Um único assistente o secundava. Fiel... mas seria mesmo? Enquanto deslizava insone de um canto a outro dos corredores sombrios e frios pela madrugada, mesmo aquele último homem lhe sugeria um assassino de plantão, prestes a desferir o golpe fatal. E por isso Nero sucumbia a inusitados e violentos acessos de ira, volta e meia descarregando sobre o assistente assombrado um palavrório sem sentido e repleto de invectivas, de acusações e de injúrias sem cabimento. O homem limitava-se a assistir, algo trêmulo, àquela demonstração de loucura consumada, sem esboçar reações. Sabia que a integridade de sua vida — triste ironia para ele, um mero funcionário! — dependia do seu bom desempenho naquilo.

Aquele dia, portanto, amanhecera para o governante romano daquela forma insólita. As olheiras escuras denunciando a madrugada insone, a sensibilidade exasperada, e presa da séria moléstia psíquica e espiritual que o subjugava; infelizmente captava qual radar a iminência dos acontecimentos desastrosos, que as ocorrências seguintes se encarregariam de confirmar, para auge da demência do governante insano que, ainda naquele instante, teimava em manter a sua confiança na facção do exército sediado na cidade e que — diziam os seus conselheiros — permanecia fiel às suas diretrizes e à manutenção da sua segurança.

Mas, para sua perdição, no meio desta facção, e destes mesmos conselheiros, achavam-se infiltrados desertores e aliados do movimento de Galba, que minariam e desmantelariam todo o esquema de fortificação em torno do palácio, e nos perímetros da capital do Império.

Foi desta forma que o governante da Espanha[16] obteve a vitória fácil sobre as forças sediadas na cidade. Altaneiro e audaz, efetuou a ação contundente de que a história nos dá notícia, derrubando um dos governos mais prolongados e iníquos da história romana, e humilhando e abatendo, impiedosamente, um dos seus imperadores mais cruéis.

Um dos poucos que, desta forma e de fato, lhe permaneceriam fiéis o notificaria disso nas próximas horas, quando a defesa envidada pelo exército encurralado enfim desbaratasse,

[16] Província romana Hispania (Nota da médium).

sucumbindo ao poderio das legiões lideradas por Galba, com a conseqüente declaração oficial do Senado denunciando-o como inimigo público e determinando, com isto, a sua derrocada definitiva e a conseqüente ascensão do governante espanhol ao posto de Imperador romano.

Nero, com isso, qual ator decrépito e fracassado, desempenharia o ato final e o ápice da longa tragédia que fora a sua existência: fugiria para um lugar incógnito, consumando o suicídio.

Marcus Flavius finalmente via chegada a hora da sua desafronta.

Em acerto meticuloso e combinado com Breno, após sondagem criteriosa nos arredores do Fórum agora tomado pela balbúrdia dos militares vitoriosos, ocupados em recolher prisioneiros e na verificação das baixas da cruenta batalha há pouco levada a termo, o comandante romano sabia que Pompílio Severo achava-se acuado por ali, em algum canto, sala ou reentrância do vasto edifício. Assim, demorou-se o tempo necessário na busca encarniçada do seu inimigo pessoal, para a consumação do seu objetivo, antes de se encaminhar ao arremate da ação conjunta com o exército invasor, e à realização final dos seus propósitos particulares, deixando Roma, definitivamente, na companhia de Blanda.

O ruído de um tumultuado entrechoque de espadas numa certa direção chamou-lhe a atenção para uma reentrância vasta dos fundos do prédio. Empunhando sua própria espada, e dirigindo-se rapidamente para lá, chegou a tempo de ver uma facção das legiões abafando um foco de resistência que buscava, ao que parecia, resguardar uma personalidade que permanecia acuada num desvão daquele salão agora desorganizado, depredado e caótico.

Da entrada, Marcus levou apenas um minuto para reconhecer de quem se tratava aquele homem de aspecto feroz, arma também desembainhada, buscando defender-se de um pretoriano que lhe desferia estocadas furiosas qual um representante do Hades, e com tal intimidação e violência, que o outro não se aviava mais, idoso que era, para evitar-lhe os golpes perigosos e letais.

Eletrizado, Marcus acorreu naquela direção, ao passo que berrava, colérico:

— Cláudio, recua! Eu assumo. — E, emparelhando qual relâmpago com o soldado agora entre admirado e atento, que permaneceu, todavia, nas cercanias para oferecer-lhe lealmente cobertura: — Esta é a oportunidade pela qual há tanto tempo eu esperava, e nada neste mundo há de roubar-me o triunfo desta hora — vociferou, agora sob o olhar coruscante do magistrado que, em também o reconhecendo, recobrou grande soma das forças, nada obstante os ferimentos sérios de que já se fazia portador.

— Ah, eis que o traidor enfim se revela. Comandante romano renegado, que trai a própria pátria usando para isto a farda da elite das legiões romanas! — berrou-lhe Pompílio, fora de si de ódio.

— Ao contrário: honro a minha farda contribuindo para arredar do poder um monstro, que de modo algum representa a soberania e a nobreza do Império e do povo romano — arfou Flavius, entre indignado e diabolicamente triunfante. — Roma haverá de resgatar a honra dos seus primórdios, do período áureo de Augusto, quando merecidamente cresceu e prosperou diante das nações do mundo. Não permitiremos que reste nada da corrupção que ceifou a sua dignidade no decorrer de todos estes anos de ignomínias e de opróbrios.

E, em assim dizendo, partiu para cima do magistrado qual fera cruenta, engalfinhando-se em luta feroz que, de si, denunciava um final funesto para algum dos dois contendores. Com efeito, Cláudio, parado ao lado e tomado de grande preocupação, dividindo-se entre apoiar o desfecho da ação naquele setor do Fórum e observar, na companhia de outros camaradas, aquele peculiar conflito, logo percebeu que o que se desencadeava ali não era uma batalha movida unicamente pelos motivos que determinaram aquela rebelião política. Ficava claro para os assistentes que os dois combatentes se conheciam, e que, a julgar pela elevada e óbvia dose de ódio encarniçado que os possuía, extravasando de suas fisionomias e gestos, alguma grave determinante de caráter pessoal os conduzia àquela desafronta originada, certamente, em interesses e em diferenças particulares.

Severo recuou um pouco, num movimento ágil, dando uma volta por detrás do endemoniado Marcus para proteger-se por um momento debaixo de um arco próximo. Necessitava falar mais, antes de tentar dar cabo, de uma vez por todas, do seu inimigo ferrenho de há muitos anos.

Emitindo uma risada maligna, declarou, provocativo, a voz roufenha:

— Então, posso imaginar o que certamente tu pretendes, de permeio ao calor desta ação ignominiosa: subtrair Blanda! Infame! Pois deixa-me alertar-te para o fato de que nem que todas as legiões de Plutão invadissem Roma e se acercassem do Templo de Apolo, haveriam de obter nisso algum sucesso. Metade do exército, com as suas melhores legiões, se acha concentrado naquela região da cidade, e tentar romper-lhe agora o bloqueio é gesto suicida e inútil, crápula! Ou achas mesmo que não envidaria providências efetivas no sentido de resguardar meu irmão e minha sobrinha?

A isso, contudo, Marcus explodiu de cólera, trêmulo, convulso.

— Celerado! Hipócrita! Bem o sabes que não é à sobrinha ou ao irmão que buscas resguardar, mas sim àquela que, na tua volúpia de sátiro pérfido, queres violar na sua inocência e fragilidade, com os teus impulsos lúbricos e incestuosos. Bastardo! Pois ouve que — sim! — hei de resgatar aquela que já é a minha mulher de direito, e na qual nunca mais haverás de depositar os olhos, nem de molestares com as tuas invectivas odiosas, pois nem Plutão, com todas as suas legiões, conseguirá me deter quando eu alcançar aqueles muros.

Pompílio ouviu-o, lívido. Deu-se uma pausa natural, sombria, enquanto se mediam com ódio descomunal extravasando dos seus olhares.[17] Resfolegantes, os dois homens se encaravam ferozmente, antes que enfim se engalfinhassem no derradeiro e sangrento combate, agora diante da assistência assombrada de vários pretorianos daquele destacamento.

---

[17] Nessa ocasião, ainda uma vez, se defrontavam os velhos inimigos do passado milenar, medindo diferenças que os arrastaram irresistivelmente, por vários séculos, a este tipo de contenda movida pelas forças cegas do ódio, que só faziam ainda mais lhes agravar os débitos espirituais mútuos — o Caio Fábio Quinto e o Ciro Magno da época de Júlio César, em vida narrada na obra anterior, *O pretoriano,* e o Sálvio Sexto Adriano e Barriot, presentes no enredo posterior relatado em *Sob o poder da águia*, publicado pela Lúmen Editorial. (N do A. E.)

Ao mesmo tempo que se dava aquele confronto decisivo entre os dois ferrenhos inimigos, noutra parte da gigantesca metrópole uma jovem lia, com lágrimas pungentes escorrendo pelo rosto delicado, a missiva a qual se obrigou o respeito ao sigilo durante longos dias.

Pálida, apesar da índole naturalmente robusta da sua pouca idade, Claudia sentia-se dominada por um palor pétreo no seu estado de ânimo, ao ver relatadas naquelas linhas escritas por mãos notadamente trêmulas a descrição horrenda da face oculta de seu pai:

Estimada prima; faço-te claras, agora, as graves razões pelas quais, só neste momento, tu foste compelida a ler estas informações tétricas, que tanto sofrimento têm me valido no decorrer deste tempo em que me enclausurei, compulsoriamente, no interior das paredes deste templo, de resto frio e inumano qual um féretro. Haveria de ser nesta hora grave para Roma, Claudia, porque são coisas que dizem respeito a tio Pompílio, e envolvem ameaça séria à vida de Marcus, a quem sou cegamente devotada de corpo e alma, e a quem — sabe! — amo e respeito atualmente como meu marido, porque isto é coisa contra a qual nenhum isolamento forçoso haveria de triunfar, e que se deu naturalmente, com o sofrimento e com a passagem dos acontecimentos e dos tristes dias que tenho vivido.

O tempo é exíguo, e devo, todavia, ser prolixa nestes informes, que devem, ainda nas próximas horas, chegar às tuas mãos por mensageiro confiável. Neste momento, uma rebelião se desencadeia em Roma, Claudia. E tudo isto, de antemão, eu conhecia; mas as implicações particulares desta ação, no que me diz respeito, induziram-me ao silêncio; ainda hoje, devo me evadir de Roma com meu marido, para nunca mais voltar. E peço o teu entendimento para que não te revele, já, o nosso destino. Rogo também para que sejas forte para o que te confio a seguir, minha querida prima, e que diz respeito a teu pai, no esforço de justificar, até certo ponto — se isto é viável! —, a notícia dolorosa que certamente te colherá no decorrer dos próximos acontecimentos. Diz respeito a teu pai e meu tio; e aos horrores dos quais fui alvo, principalmente, durante o extenso período no qual me vejo confinada nos limites deste templo.

Teu pai sempre me assediou, Claudia. E ainda agora aqui, em lugar que se faz mais propício aos seus tentames escusos em certas ocasiões que se apresentam mais adequadas aos seus propósitos ignotos, tenho sido alvo de todo tipo de abordagem lasciva, seja com palavras ou com atitudes violadoras da minha integridade, contra as quais não me aviava mais para atinar com a própria defesa, de vez que qualquer flagrante destas situações impossíveis aqui, neste local, e em se tratando do ser teu pai um magistrado e irmão de um elevado sacerdote, reverteriam em grave suspeita, e em provável acusação de libertinagem e de prevaricação no ambiente sagrado, contra mim, uma sacerdotisa que, como as outras, em qualquer conjuntura semelhante, e em sendo provada a sua culpa, é no mais das vezes excomungada e murada viva.

Entendo o que tal revelação extemporânea representa para o teu coração e, quiçá, para o de tia Aca e o da priminha Virgínia. Todavia, vós me conheceis o bastante, e creio que não duvidais da minha integridade na hora difícil de vos expor estas coisas, no esforço de justificar, apenas em parte, a grave desafronta que nestes momentos deve estar se dando entre Marcus e tio Pompílio, e cujo desfecho é difícil de prever. Mas é que ele me ama, qual vós, Claudia! E, sendo homem e militar, condicionado profundamente pelos métodos ferozes de se lidar com ataques ou com ameaças de qualquer procedência ou natureza, não conhece outro modo de lavar a honra, e de se desafrontar do que ele considera uma injúria sem remissão contra a mulher que ele, igualmente, sempre amou com sinceridade, e da qual busca resguardar a integridade e o sossego íntimo, que já de há muito desconheço. Ainda mesmo que não tenha lhe faltado

— asseguro-te! — os meus cuidados, no sentido de ao menos alertá-lo para a verdade de que tais iniciativas de desafronta em nada contribuem para validar a honra de quem quer que seja, tentando incutir-lhe tênue noção dos preceitos mansos do Nazareno relativos ao perdão, no tocante a estes episódios difíceis do decorrer da vida humana.

Rogando aos deuses o vosso entendimento nesta hora crítica, despeço-me, rogando para vós boa saúde e forças no decorrer dos próximos momentos perigosos em Roma, e protestando eternamente por vós, ainda desta feita, todo o meu leal amor de sempre.

Blanda.

No tranqüilo silêncio dos seus aposentos, Claudia terminou a leitura da missiva e pendeu a fronte desolada, enquanto lágrimas grossas ainda lavavam-lhe o rosto delicado e desfigurado pelo choque, os soluços abafadiços convulsionando-lhe os ombros frágeis, ao passo que descaía-se, exânime, no leito confortável e forrado com sedas luzidias.

Horas depois, no apogeu da crise em Roma, quando as tropas de Galba tomavam as avenidas da vasta metrópole, espraiando-se devastadoramente, como as vagas irresistíveis de poderoso e imbatível oceano armado, um mensageiro esbaforido, provindo do então caótico Fórum, trazia à família Severo a notícia funesta e inesperada de que o magistrado fora encontrado num desvão sombrio do imponente edifício, mergulhado numa poça de sangue, com a espada usada no confronto hediondo com Marcus Flavius ainda presa numa das mãos crispadas, tendo o olhar vítreo e dilatado estranhamente saturado de ódio e, ao peito, enterrada profundamente, uma outra longa espada de punhal maciço.

Capítulo XXXII

Blanda e Marcus Flavius

Arremate daquele dia histórico, em meio à balbúrdia da cidade desorganizada e metida, de resto, num estado de caos agravado, ainda, com a notícia que se disseminara qual rastilho de pólvora, do inexplicável desaparecimento do Imperador romano, veiculada rapidamente pelas tropas que, engrossadas pelos desertores do exército citadino, aliados de improviso às forças lideradas por Galba, haviam invadido o palácio, encontrando-o vazio, aparentemente abandonado e entregue, perigosamente, aos saqueadores e ao domínio de quem primeiro por ali se estabelecesse, em meio ao pandemônio reinante nas ruas circundantes, porque nem mesmo os criados sobraram no majestoso prédio para dar conta do que realmente acontecera.

Um ajuntamento de militares de alto escalão mantém-se em frente ao palácio imperial, organizando-se para o ato seguinte em conjunto com políticos com os quais já haviam acertado de antemão a nomeação precipitada de Galba como Imperador, da forma mais rápida possível, a fim de impor um desfecho decisivo ao tumulto reinante no povo amotinado em todas as ruas e diante dos prédios principais e concentradores da vida social e política de Roma.

Acham-se todos sujos, ensangüentados. Para todo lado são visíveis as baixas da batalha amontoadas nas ruas poeirentas, e os feridos que são recolhidos por legionários empenhados no ajuntamento dos prisioneiros e no socorro dos companheiros.

Em meio a este grupo assim reunido avista-se Tarquínio, montado solenemente ao lado de Mecênio, e a quem se apresenta um oficial que entrou a toda na avenida, em galopada desenfreada, quase atropelando os transeuntes. Imediatamente após segue-o Breno, exaurido, mas dominado pela insuperável sensação de triunfo comum a todos os combatentes vitoriosos ali agrupados.

— Marcus Flavius! — saudou-o Tarquínio, altivo e satisfeito, tão logo avistou o comandante, também exausto, mas aparentando as mesmas excelentes condições por debaixo da falta de fôlego e do ferimento profundo visível no braço esquerdo.

Marcus respondeu-lhe com uma continência firme e altaneira. Tarquínio sabia o que o olhar incendiário do oficial sugeria, mal ocultando a ansiedade que ainda o dominava. E, a título de prêmio pelo excelente desempenho em combate, aludiu logo, conhecendo que, para os seus interesses, os minutos dobavam céleres.

— Sei o que te preocupa — riu-se o superior hierárquico, com conhecimento. — Lutaste braviamente pela nossa causa, qual herói, Marcus Flavius; e, sendo assim, és merecedor do prêmio ao qual almejas. Estás liberado para o teu triunfo final, e para a busca dos teus interesses noutros lugares. Já alertei Maximiniano, em Gênova, para as devidas providências do teu acolhimento; bem como do teu — acrescentou para Breno, parado ao lado atento e silencioso, ainda ocupado em recuperar o precário fôlego. — Estais, portanto, desobrigados em Roma, e desejo-vos sorte na empreitada a que se lançarão em seguida. — E, em tom mais baixo, esquivando-se dos circunstantes presos ao movimento em volta e alheios aos seus comentários: — Tudo em torno do templo já foi providenciado, de modo que aqueles abutres terão uma boa surpresa — riu-se, mordaz, recuperando em seguida a compostura e despedindo-se dos militares com um aceno firme de cabeça.

Marcus devolveu-lhe o sorriso, em agradecimento. Breno o imitou. Depois, sem perder mais tempo, o comandante manobrou as rédeas a propósito e, com um meneio enérgico, instou ao outro para que o seguisse, ambos desaparecendo rua afora logo em seguida, em desabrido e poeirento galope.

Um silêncio tumular reinava nos interiores suntuosos do templo do deus Sol, contrastando fortemente com os rumores do alarido forte provenientes do lado de fora. Naquele dia, tanto sacerdotisas quanto noviços, e sacerdotes em plantão de ofício, receberam da alta hierarquia ordens severas de reclusão nas celas e nas várias dependências residenciais ou de culto, com determinações que lhes coibiam qualquer movimento para o exterior como falta passível de ser punida com exclusão do corpo sacerdotal, ou com tortura ou morte nos casos dos membros mais inexpressivos dos serviços religiosos.

Representantes da guarda pretoriana fortemente armados, em conjunto com espiões e com a própria segurança em serviço permanente no Templo de Apolo, cercavam o prédio de maneira aparentemente inexpugnável, secundados por escudeiros que, nos perímetros externos e mais afastados, lutavam por barrar o acesso à turba enlouquecida que, crendo estar Roma naquele dia sob a cólera conjunta de todos os deuses do Olimpo, buscavam apoio sagrado a fim de sacrificar em favor do restabelecimento da paz e da segurança na cidade. Mas de nada vinham adiantando, até aquele momento, os berros dos legionários alertando a massa convulsionada para que mantivessem distância, já que o templo se achava cerrado por motivos de segurança e para o serviço de culto diuturno usual. Nada se ouvia em meio àquele pandemônio. e a turba empurrava, e era empurrada, sob a observação atenta e distante da corrente militar armada disposta em torno do edifício.

Nos interiores sombrios e silenciosos das alas femininas do santuário, Blanda acha-se encerrada em seu cômodo, o coração descompassado. Não guardava dúvidas das razões da reclusão forçada imposta a todo o prédio, de forma insólita, desde o raiar das primeiras horas daquele dia. Reclinada no leito, a audição fixa, atenta nos rumores longínquos da baderna armada na cidade do lado de fora, em região distanciada da área preservada do templo, sente as lágrimas quentes rolando-lhe pelo rosto pálido e quase infantil. Os pensamentos rodam-lhe em turbilhão na mente superexcitada, e ela perde-se no imaginar, sob os efeitos da exacerbação nervosa que a domina toda, coisas horríveis, desencontradas, acerca da provável reação de Claudia, de Virgínia e de sua tia com a leitura da missiva que lhes enviara em momento de grande aflição. Teriam mesmo lido? E o tio, perecera no combate inevitável provavelmente travado entre ele e Marcus no decorrer daquele dia inesquecível? E Marcus?! Marcus... — ela chegava mesmo a desvairar, adivinhando-se em vias de desfalecimento ou ensandecimento definitivo ante esta possibilidade: —Não teria sido ele o vencido naquela desafronta furiosa? E como, neste caso, prosseguiria ela mesma viva; como conseguiria sobreviver à mercê da sanha vingativa do tio que, em caso de sobrevivência naquela contenda, na certa descarregaria nela, o seu principal alvo, o estopim inocente daquela conjuntura desesperadora, toda a sua sanha de desforra e de lascívia sem peias, assim que a tivesse ao alcance das mãos?

E a mãe? Que Atília não pensaria disso tudo, àquela altura? Por intermédio de Claudia, certamente ela teria acesso aos detalhes determinantes da sua conduta, se tudo, com grande sorte e com as bênçãos dos deuses de Marcus, ou do seu oculto Jesus, corresse a contento. Certamente amaldiçoaria a sua memória, bem como a de seu irmão, de quem não tinha a mínima idéia, a esta altura, do paradeiro, agravando-lhe as dolorosas preocupações.

Todas estas coisas desencontradas desgovernavam-lhe, em redemoinho, a mente febril, quando uma batida insólita e baixa na porta chamou-lhe a atenção.

Sem esperar por tal solicitação àquelas horas do dia, e sob as ordens severas expedidas por seu pai, sua primeira reação foi saltar do leito, entre espantada e espavorida. Mas admirou-se ao escutar justamente a voz de Valério chamando-a do lado de fora.

— Abre sem susto, Blanda. Sou eu...

Eletrizada, sem entender, todavia Blanda não ousou desacatar o chamado imperativo do pai.

Descerrou, portanto, a porta, tímida, e deu passagem a Valério, que gastou um tempo medindo um tanto o seu aspecto desfigurado antes de dar entrada no ambiente acanhado e sóbrio do cubículo.

Blanda, de sua parte, recuou uns passos, olhando-o, sem saber o que pensar, e sem poder imaginar que o que ouviria em seguida era tão inusitado que praticamente a lançaria em incontida vertigem.

— Faz tempo que não me demoro em entrevista contigo, por entre a austeridade das obrigações que me cabem no templo, Blanda. Mas no dia de hoje, neste dia grave e, não sei até que ponto, nefasto para Roma, não quero deixar de dirigir-te algumas poucas e decisivas palavras, uma vez que o destino de agora em diante é incerto para os rumos da nossa cidade, e para o Império Romano, como um todo.

Blanda tentou dizer qualquer coisa, mas a voz não saiu, sumida pela excessiva alteração nervosa; ela estava certa de que algo havia dado errado nos planos delineados com Marcus e que algum destino quiçá terrível os aguardava a partir disso, aos dois.

Assim, Valério, adivinhando-lhe em essência o que lhe povoava o íntimo, entendeu-lhe a natureza da sua inércia e prosseguiu, na intenção de não prolongar para além do necessário na filha os efeitos daquele momento tenso, pois, a despeito de tudo, e a seu modo, a estimava com sinceridade.

— Recebi hoje a notícia agourenta da morte súbita do teu tio Pompílio e meu irmão, Blanda. E concluí que me basta, destarte, a carga ingrata de desventuras que o destino tem me reservado, com a aquiescência dos deuses; eles devem saber o porquê disso tudo, e devo me curvar aos seus desígnios — começou, de chofre, agravando o aspecto lívido que já assenhoreava a fisionomia da jovem, que oscilou.

A isto, Valério a amparou, conduzindo-a até o leito e aludindo:

— Tal notícia não te abate mais do que a mim; poupa-me, portanto, de colapsos nesta hora séria das nossas vidas, porque não posso me demorar contigo. Obrigações outras me chamam — ele anotou, a austeridade do tom ligeiramente tisnada de mal contida contrariedade com o que ele classificava como excessos de fragilidade feminina. E continuou: — De fato, tua síncope, de conjunto com o teu mutismo, me revelam melhor do que qualquer palavra que, nada obstante o teu susto, tal notícia não te evoca qualquer pesar. Conheço os motivos, Blanda, que apenas hoje, intempestivamente, me chegaram aos ouvidos, há pouco, da boca do assassino sanguinário que, amotinado com uma leva de legionários, desbaratou qual fera sedenta o cerco de segurança deste templo, ameaçando-me, e que, de resto, neste instante te aguarda lá fora.

E ante o mutismo ainda agravado e a perplexidade inerte da filha:

— Tarde demais compreendi que, nada obstante sacerdote, e distinguido em alguns momentos com os favores do deus, não disponho do conhecimento de tudo, nem do controle absoluto das coisas. Tu, jovem infeliz, pagaste um preço alto por conta disso, e muitos mais: o jovem sacerdote, no qual teu amante acaba de desferir um golpe mortal, no esforço de forçar a entrada nesta ala, em busca do teu aposento; teu irmão, Breno, metido com ele nesta ação sórdida; e mesmo meu irmão, para cujas dubiedades de caráter não logrei atitude firme e adequada, de dentro da minha cegueira e desmedida arrogância. — Valério despendia um brilho estranho no olhar ao sentenciar daquela forma, a respiração opressa. Lia-se, sem embargo, grande dose de ódio concentrado contra si, contra outros ou outras coisas mais, indefinidas, de mistura com a evidente perturbação daquele minuto crítico de entendimento com aquela filha de quem nunca lograra compreender o íntimo em profundidade. — Pompílio levou-me a crer que tu andavas metida com os cristãos, de soma com insinuações perigosas contra Marcus Flavius como conspirador contra o poder de Roma. A segunda parte das suas denúncias acaba de me ser provada; mas, quanto à primeira, não arrisco confirmações. De qualquer forma, o que tenho a dizer-te, Blanda, é que honro demais o deus, e o ofício religioso de toda uma vida de atribulações, para continuar aquiescendo com o serviço de uma filha nos domínios do lugar sagrado, sendo ela amante e coadunada com um assassino, conspirador militar e político.

— Pai, não sou amante de... — Blanda ia atalhando de inopino, enfim revoltada, as lágrimas escorrendo-lhe abundantemente dos olhos. Mas foi cortada violentamente.

— Não aquiesci oficialmente com esta união, e, se ela se deu desta forma escusa, tenebrosa, da qual adivinho as únicas possíveis minúcias, e de acréscimo sem o meu consentimento, tu és, sim, amante daquele ímpio, Blanda. Não me contestes, nem me desdigas.

A moça emudeceu, erguendo-se de inopino, amedrontada; e Valério empertigou-se com ela, arrematando, num gesto brusco de cabeça:

— Vai, portanto! Mudo o meu parecer, e te liberto do fardo, que, ademais, é fruto de inegável erro meu, no meu modo de ver e de entender a respeito de ti. Vai! —vociferou. — Entrega o teu destino, a teu gosto, a este militar maldito, ou ao Nazareno detestado, ou a quem bem te aprouver; mas desaparece deste lugar sagrado, do qual não és digna. Esquece a mim e aos teus familiares. Com a queda de Nero, o destino de Roma é incerto, e por conseguinte o meu e o de tua mãe, mas estas são coisas das quais não deves mais ocupar-te, por não te dizerem mais respeito. Doravante teu rumo é outro; teu amante aguarda-te, indócil, ao fim do corredor. Dei-lhe a minha palavra de que comparecerias em breve, o que deve ser rápido, porque o Sumo Sacerdote não pode entrar no conhecimento destas infâmias. E eu, de resto, talvez, para me penitenciar das minhas culpas, não intento o ver-te sacrificada da forma mais hedionda prevista para um caso destes, matando, em conseqüência, a tua mãe de desgosto.

Funda amargura transparecia no rosto ralado de sofrimento da jovem, o coração sensível esmagado ao se ver assim repelida pelo genitor, que mesmo ali não se sensibilizava nem lhe alcançava o cerne da alma e dos sentimentos.

— Pai... — ainda tentou, a voz embargada pela amargura e pela forte emoção. Estendeu a mãozinha trêmula para tocá-lo no ombro; mas Valério havia lhe voltado bruscamente as costas e, num gesto irritadiço, não admitiu mais réplicas. Praticamente expulsou-a do quarto, onde ainda se demorou, perdido nos pensamentos desordenados, após a saída cambaleante de Blanda, que penosamente desapareceu na penumbra baça do corredor mal iluminado por tochas bruxuleantes.

Blanda lançou-se ardorosamente nos braços de Marcus Flavius, à sua espera na entrada do prédio em estado de incontida ansiedade. Por longo tempo, estreitaram-se e beijaram-se, apaixonadamente.

Breno, parado ao lado, a fisionomia denunciando claramente o seu esgotamento físico, aguardava com paciência o arrefecimento daquele instante de intensa emoção entre sua irmã e o então cunhado. Blanda chorava convulsivamente, e era preciso acalmá-la o necessário para a longa viagem que empreenderiam em seguida, rumo a destinos afastados de tudo que ela conhecera, até então, como referência de vida.

— Deuses, até a mim este desfecho apanhou desprevenido! Nunca haveria de contar que teu pai reagiria desta forma, meu amor, e, confesso, em me deparando com ele, no calor da discussão cheguei a temer o pior.

A moça meneou tristemente.

—Teus argumentos em relação a tio Pompílio não o convenceriam tão facilmente se ele mesmo, de si, já não o adivinhasse, necessitando apenas de uma confirmação. Conheço a natureza dos sentimentos de meu pai, Marcus — replicou, fixando nele os olhos úmidos e repletos da confiança que depositava num porvir incógnito que, torcia, os recompensaria um pouco daquelas horas de intensa apreensão.

— Em vendo meus passos embargados por ele, no momento justo em que lograva alcançar os teus aposentos, tendo em mãos as chaves que arranquei do postulante que me vi forçado a matar em luta, vi-me compelido a expor-lhe a morte de Pompílio e tudo que sabia do teu martírio durante a tua estadia forçada no templo, quando, em me deparando, e adivinhando minhas intenções, quis ele me assacar injúrias à honra e aos meus direitos ao teu arrebatamento. — E, estreitando contra si a moça, a quem notava ralada de angústia na fisionomia descomposta e nas ameaças de desfalecimento flagrantes na palidez das suas faces juvenis: — Hei de te compensar de todo este dissabor, meu amor. — Indicou Breno com um gesto de alento. —Teu irmão nos acompanha. É um amigo fiel e leal, que me foi valioso nestes momentos de necessidade; a tua convivência com ele haverá de te arrefecer as saudades da família, consolar-te e fortalecer-te nos teus instantes de eventuais desânimos.

Blanda assentiu. Sim. Via-se aliviada de ver que também Breno estava a salvo das conseqüências tenebrosas do levante desencadeado em Roma, sorte esta que não atendeu a Marcus, contudo, no que dizia respeito ao infeliz Cássio.

Abraçando calidamente o irmão, e vendo-se calorosamente correspondida, ela expressou-lhe estes sentimentos:

— Oh, Marcus, lamento tanto pelo teu irmão... É tão injusto, porquanto o sabia tão íntegro e corajoso quanto tu.

— Sim, meu amor — o semblante dele ensombrou-se um tanto —, e eu procuro, neste momento, superar o profundo pesar que me abate o íntimo por todas estas coisas, das quais, todavia, logrei a devida desafronta. — Aludia com intenção, em tom terno, deitando-lhe o olhar profundamente compreensivo e apaixonado. — Sei que tais conceitos não atendem ao perfil amoroso da minha agora consorte, prêmio valioso que trago comigo após todos estes dissabores, conhecendo já as tuas inclinações pela doutrina do crucificado. — E, espalmando-lhe as mãos vigorosas no rostinho agora um tanto revigorado pelo contato do seu sentimento sincero: — Sossega; pois, quanto a isso, embora não me sobre entendimento preciso do que verdadeiramente constitui estes conceitos alheios às minhas concepções religiosas, saberei compreender-te as inclinações neste sentido... tanto mais porque os teus amigos da seita nazarena nos valeram de maneira impagável no arremate destes acontecimentos, de forma que te contarei com vagar durante a nossa jornada. Devo te antecipar, por conta disso, minha querida, que de resto seremos ainda por eles acolhidos brevemente nesta nossa retirada, e durante o decorrer desta noite perigosa para nós, uma vez que estamos ainda entre os muros de Roma. Tudo já se acha acertado.

Um novo brilho iluminou os olhos meigos da filha de Valério.

— Deveras? Mas... a quem aludes? Marcus, não correrão eles risco elevado em nos acolhendo nesta contingência delicada? — ela logo preocupou-se.

Marcus e Breno entreolharam-se, entre penalizados e enternecidos com a capacidade da moça para abraçar preocupações com o bem-estar alheio quando se achava ela mesma, ainda, em situação tão precária e intensa de emoções inéditas.

— Repito-lhe: já está tudo acertado, meu amor, e não deves te preocupar com nada mais. Cuidaremos de ti; conto com a cobertura dos meus superiores, que asseguraram tanto a nossa retirada quanto a chegada em Gênova em clima de segurança e de tranqüilidade. Agora, acalma-te e vem — Flavius frisou de novo. — Tomemos caminho sem mais tardança, pois Lucílio nos aguarda na presença de João e do irmão Josias.

Com isso, a jovem aquiesceu e, na expectativa feliz do reencontro dos seus amorosos amigos partidários dos ensinamentos excelsos de Jesus, seguiu Marcus, mais reconfortada, até o seu cavalo. Ele a ajudou a montar e, retendo-a zeloso contra si, tocou a galope lento, ladeado por Breno, após gratificar regiamente e dispensar, em definitivo, o numeroso destacamento que o secundara valorosamente naquela ação temerária, para que os componentes seguissem seus diversificados e incógnitos rumos e interesses particulares.

Capítulo XXXIII

De volta ao Elysium

O acolhimento dos retirantes incógnitos de Roma na casa de Lucílio foi marcado por momentos de intenso bem-estar, para o grato refazimento, ao menos parcial, do estado de espírito combalido de Blanda, abatido pelos rigores impiedosos da despedida paterna, e com a dor da separação, provavelmente definitiva, de pessoas caras ao seu coração amoroso, quais as primas Claudia e Virgínia, e, principalmente, a mãe, a quem adivinhava dilacerada de sofrimento àquela altura pela perda irreparável de dois filhos, e mesmo Drusila, a irmã de índole rebelde, de quem trazia recordações dos difíceis lances de convivência que compartilharam no decorrer dos anos.

A presença amorável da pequena comunidade cristã ali reunida para recebê-los, contudo, externando sua terna gratidão à jovem romana que tanto os favorecera em tempos passados, proporcionou aos dois militares romanos novas luzes a respeito do que lhes determinava a conduta e o cerne da sublime doutrina de que se faziam portadores, e se encarregou de levantar o ânimo dos hóspedes, pelo menos o suficiente para que cobrassem novos horizontes e delineassem planos esperançosos para o futuro.

Irmão Josias, efetivamente, revelou-se indubitavelmente inspirado quando, durante a reunião fraterna realizada na noite que se seguiu à chegada deles, ofereceu-lhes grata preleção de conteúdo indizivelmente excelso, aludindo o valor inexpugnável de toda ação efetivada sob intentos verdadeiramente fraternos e amantes da justiça e da harmonização entre os seres; recordou o demonstrativo das inigualáveis injúrias suportadas por Jesus no instante crucial, quando todas as suas melhores intenções e atos da sua curta estadia entre nós se reverteram aparentemente improfícuos, ante o elevado estágio de embrutecimento do homem perante as alturas luminescentes de uma presença espiritualmente superior.

Deitando o olhar paternal na reduzida assembléia que lhe escutava as palavras sábias, o ancião aparentava estar nimbado de luz diáfana ao proferir tais conceitos, afiançando aos hóspedes visivelmente exaustos que deveriam apostar na ação sedativa do tempo, e confiar suas amarguras e dissabores ao Altíssimo, desfazendo-se de ódios e de ressentimentos que o passar dos dias lhes comprovaria indesejáveis para a renovação precisa e eficiente das suas vidas. Aconselhou-lhes, de arremate, o perdão das ofensas recebidas, lembrando-lhes que a agressão fortuita é sempre fruto de cegueira da alma, e que noutras vezes, certamente, e sem o saber de fato, todos incorrem na mesma falha de trato na lide com o semelhante, por razões idênticas: por não dispormos de visão e de sabedoria suficientes para abrangermos com correção e com entendimento as determinantes das atitudes alheias.

Mas estes eram conceitos que, nada obstante soassem à alma dócil e sofrida de Blanda como um jorro intenso e luminoso de consolação às chagas que trazia no íntimo, aos dois militares ali presentes, todavia, e compreensivelmente, causavam ainda elevada estranheza aos seus espíritos adestrados exaustivamente nos métodos rudes da violência, e da defesa por intermédio dos recursos da força bruta, mesmo que em ambos já se identificasse, em estado latente, os lampejos de uma nova visão da vida, semeados nos primórdios anteriores àquela renovada jornada terrena, quando, no Elysium, foram preparados por seus Instrutores para oferecerem da melhor forma possível a sua contribuição à nova era que se levantava, em decorrência da presença do sublime Emissário divino na Terra e da sua semeadura em prol de um mundo futuro de maior compreensão e espírito fraterno entre os homens.

A noite correu, assim, sem ser percebida, no interior aconchegante e modesto daquela moradia da periferia romana; e, após os abraços e cumprimentos afetuosos trocados com os anfitriões, os hóspedes enfim se dispuseram a um descanso de algumas poucas horas, antes de se lançarem às aventuras que os aguardavam no caminho difícil para as terras mais distantes da Itália milenar.

Blanda e João se abraçaram por último, carinhosamente, sob a observação amigável e discreta de Marcus Flavius. Entreolhando-se, sabiam que não precisavam de palavras para expressar o que a afinidade pregressa entre as suas almas articulava, silenciosa e perfeitamente.

— João, querido amigo! Nunca te poderei exprimir adequadamente a minha gratidão... — a moça murmurou, porém, o olhar novamente úmido; e ousou acrescentar um pedido final:

— Sinto que, de algum modo, um dia haveremos de nos encontrar novamente. Por ora, contudo, e rogando perdão pelo abuso da tua generosidade, gostaria de obter de ti apenas um favor a mais: assim que possas, procura novamente Claudia, João. Sonda-lhe o íntimo. E, conforme for, transmite a ela, ainda uma vez, o meu carinho e amizade. Intercede junto a ela pelo seu perdão ao meu marido. Pede, também, que diga a minha mãe que jamais a esquecerei ou a retirarei do meu coração, por um minuto que seja, independentemente de como ela se sinta ao meu respeito. Diz-lhes do meu amor a qualquer tempo, João!

Pendeu a fronte; perdeu-se nas palavras.

Outra vez chorava.

O valoroso rapaz assegurou-lhe, fraternal, o seu concurso para aquelas providências; após o que, trocando com Flavius um olhar de entendimento, distanciou-se, ensejando que o marido a encaminhasse ao necessário repouso nos aposentos que lhes foram destinados na singela moradia.

Dobaram-se meses e anos, depois daquela data memorável na qual Breno, Marcus e a sua jovem consorte deixaram a então caótica Roma para destinos desconhecidos, estabelecendo-se durante um período indeterminado em Gênova, região do Noroeste italiano no qual o comandante logrou estabelecer-se com a família recém-formada, dispensando acolhida, de acréscimo, ao cunhado, mais tido em conta de um irmão.

Conforme as disposições de Tarquínio, em arranjo combinado com Marcus Túlio, que possuía valorosos contatos com as maiores hierarquias militares daquela localidade, Marcus Flavius e Breno sediaram-se nos comandos locais, respectivamente como general e como centurião dos destacamentos daquelas terras. E, aos poucos, a vida tomou o seu curso, acalmando os sobressaltos e as lembranças amaras dos lances marcantes e traumáticos vivenciados na agora distante capital do Império.

Aos poucos, a imagem de Roma lhes comparecia ao espírito como miragem fugaz, tendo em conta as vagas diariamente renovadas de ocupações e de atividades presentes no cotidiano daquele inicialmente diminuto agrupamento familiar que, nada obstante, após três anos, foi brindado com a chegada do primeiro filho de Marcus Flavius e Blanda, Estênio Marcus Quintiliano.

A passagem célere do tempo presenteou-os, neste sentido, com mais dois rebentos: um segundo menino que, qual o primeiro, seguiria o rastro do pai na carreira militar, Paulo Tertius; e uma angelical menina, Lídia. Retrato fiel da mãe, com o seu temperamento amoroso e dócil, e em abraçando também os princípios áureos do cristianismo em crescente ascensão no seio mesmo do Império, seria, junto aos demais filhos, tão logo atingisse a adolescência, o seu imprescindível esteio emocional com o decorrer implacável dos anos e dos desafios difíceis que, a despeito de tudo, ainda a aguardariam. Porque, para coroamento dos sofrimentos já quase completamente superados e sepultados nas névoas das lembranças aziagas dos tempos longínquos da queda do governo de Nero, como fantasma ressurrecto, eis que, em dia inesperado, uma notícia funesta qual raio desferido pela fúria dos deuses do Averno atingiu a rotina até então tranqüila da residência do general romano, baqueando Blanda em moléstia imediata, grave e, ao que tudo indicava, fatal às suas energias de matrona combalida pelo desgaste rude das lutas empreendidas no decurso extenso da sua vida.

De inopino, numa tarde fria e nebulosa, Breno invadiu os portões da moradia, sôfrego, provindo de uma carreira desabalada do ambiente da caserna, para comunicar à irmã que, sem que ninguém tivesse visto ou ouvido o que quer que fosse, Marcus foi encontrado morto numa das ruas obscuras e mal freqüentadas de Gênova, estranhamente do mesmo modo como outrora ocorrera com Pompílio Severo, em época já longínqua: mergulhado numa lúgubre poça de sangue, com uma longa espada encravada no peito até a base!

Em recebendo a notícia, Blanda, bem como a contristada Lídia, quase enlouqueceram de desespero. Os filhos homens juraram vingança, já que se evidenciavam os indícios claros de assassínio à sorrelfa. Aparentemente alguém o atraíra solitário até aquele ponto ermo e mal freqüentado, para executar um crime encomendado. E, dados os informes e o aspecto do funesto ocorrido, sem saber exatamente a razão, à mente de Breno logo acorreu a imagem apagada e símile da morte de Pompílio e, por correlação, a lembrança de Marcelo. De fato, ocorreu-lhe estranhamente a recordação de já ter visto no passado o filho do magistrado portando uma espada idêntica àquela, com punhal maciço cunhado por uma águia negra emoldurada em prata e em bronze.

A comprovação do crime, no entanto, nunca atingiu um consenso. E, destarte o juramento sanhento de vingança dos dois rapazes que, filhos amorosos e fiéis até a morte à memória paterna, nunca desistiram do seu propósito de desforra, o destino encarregou-se de desviar-lhes os rumos para o serviço militar em províncias afastadas, fato natural que acompanhou os lances turbulentos comuns à monumental história do Império Romano e aos seus domínios vastos espalhados ao redor do mundo.

Blanda, sob os cuidados extremos e amorosos de Lídia, após o passamento bárbaro de Marcus Flavius, só fez definhar. Abeirando os cinqüenta anos, que para aquela época definia uma longevidade deveras avançada para a média das mulheres, afinal abandonou também toda uma vida de provações ríspidas no palco físico, depois da alegria indizível da visita de Claudia e Virgínia que, sabedoras por parte da missiva enviada por Lídia do estado de saúde precário da prima distante, mas sempre querida, não hesitaram em demover-se em viagem para vê-la, já que de há muito se viam refeitas dos efeitos deprimentes dos acontecimentos dramáticos havidos tantos anos antes.

Ademais, mesmo naquele tempo, João, fiel, havia cumprido o prometido, e transmitido às jovens as palavras finais sinceras e aflitivas de Blanda, quando da sua despedida; tanto mais porque, tanto Claudia quanto Virgínia, secretamente, e em sabendo das iniqüidades paternas, haviam se inclinado definitiva e espontaneamente aos preceitos mansos do cristianismo, de resto proporcionadores de reconforto e de alento às chagas que se fizeram presentes tão precocemente nos seus espíritos exauridos com sofrimentos e atribulações.

Fora, pois, Marcus Flavius em pessoa quem, reunido a vários entes caros ao coração de sua extremada consorte, a recebera de retorno no ambiente celestial do Elysium daquelas épocas, nas quais a cidade espiritual que até hoje recebe almas afins ao espírito romano acolhia os que, perante o julgamento clemente dos deuses do Olimpo, mereciam um período de repouso e de refazimento num recanto de delícias e de recuperação dos sofrimentos das almas.

Correm as décadas. A vida segue o seu curso.

Gradativamente, retornam ao ambiente balsâmico e perolado de luzes desconhecidas de Elysium todos os personagens principais desta trama.

Marcus e Blanda, já ambientados de há muito, e apenas à espera dos seus para a realização do encontro final que lhes proporcionará acalmar as saudades e delinear projetos de futuro em conjunto, sob a assistência amorosa e sábia daqueles mesmos Emissários dos deuses presentes no início desta narrativa, aguardam com visível expectativa, para tanto, apenas a chegada da última pessoa: a querida filha mais nova, Lídia, que, após o decurso de uma vida nobre e digna, está em vias de reunir-se aos jubilosos pais naquelas estâncias celestiais.

O encontro dá-se repleto de emoções dulcíssimas e indescritíveis através de qualquer enunciação humana.

Paulo Tertius, Estênio, Breno e Marcus com Blanda; Claudia e Virgínia, Marcus Túlio e Lélia; e mesmo Atília e Valério Graco, em reencontro comovente e intenso com a filha a quem nunca deixara de amar em verdade — todos eles, afinal reunidos com seus respectivos Instrutores, Emissários, amigos e parentes do invisível, compondo vastíssima legião de afeiçoados, presenciam, entre surpresos e bem impressionados, quando reúnem-se a eles, de aspecto nobre e nimbados de misteriosa e excelsa luz em torno das suas fisionomias radiosas, as presenças amorosas de João, de Matias, do irmão Josias e de Lucílio com a sua radiosa família — todos estes seres heróicos que, de maneira diversificada e valorosa, compartilharam com eles, de uma ou de outra forma, os acontecimentos turbulentos daquela fase difícil da história do Império Romano.

Rindo-se, felizes, por entre as trocas de abraços e de palavras afáveis e entusiásticas, diante da admiração confusa de alguns poucos como Valério, que ainda tenta situar-se no verdadeiro sentido daquela situação, aos poucos todos eles agrupam-se, encantados, em torno de uma figura de alvura iridescente que os aborda, de maneira imprevista, com mansuetude infinita, por entre os aromas e luzes impressivos de uma excelsa e intensa aura perfumada, e iluminada por claridades desconhecidas, indefiníveis.

A Sublime Presença os acolhe a todos, o olhar meigo e amorável, e os braços abertos para recebê-los, serenamente, fazendo-se secundar pelos mais destacados daqueles Emissários do Olimpo. Já naqueles tempos alheios à contagem das horas na Terra, aqueles espíritos distinguiam e reconheciam a elevada importância da Sua Identidade e recente e rápida passagem num mundo que, todavia, ainda hoje reúne em seu regaço acolhedor os mesmos personagens daqueles idos, empenhados sempre, sob novas vestes e nomes, na mesma empresa divina de sedimentar no mundo a derradeira era de paz, onde os homens da totalidade dos quadrantes do planeta enfim lograrão conviver tendo como princípio pétreo o espírito do verdadeiro respeito e fraternidade mútuos, de dentro da riqueza pródiga de todas as suas diferenças.